Golf von Neapel und Cilento

Ischia, Capri, Halbinsel Sorrent und Amalfi-Küste

Franz Wille

GPX-Daten zum Download

www.kompass.de/gpx

Kostenloser Download der GPX-Daten der im Wanderführer enthaltenen Wandertouren

AUTOR

Franz Wille • gebürtiger Tiroler, ist passionierter und erfahrener Wanderer. In Innsbruck studierte er Deutsch und Geografie und unterrichtete anschließend am Gymnasium in Landeck. Seit seiner Pensionierung lebt er in Wien und im Waldviertel und schreibt mit Sachkenntnis und Engagement Wanderführer über seine liebsten Regionen. Im Kompass-Verlag sind erschienen „Ligurien mit Cinque Terre“, „Sizilien und Liparische Inseln“, „Vierwaldstättersee, Gotthard“, „Zürichsee, Kanton Zürich“, „Istrien und Kvarner Bucht“ und „Rennsteig“. Kontakt: franzwille.jimdofree.com

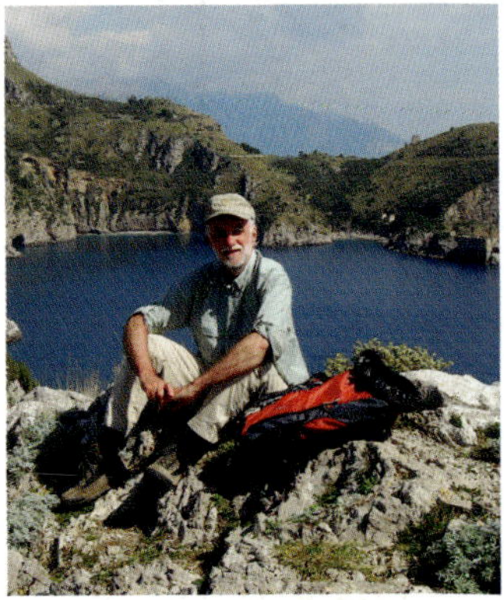

VORWORT

Das Wandergebiet geizt nicht mit Superlativen: Der **Golf von Neapel** zählt zu den berühmtesten Golfen der Welt und ob vom Meer her oder von einem der Panoramapunkte am Vomero – die Lage Neapels am Golf und am Vesuv ist einzigartig. Der **Vesuv** ist der bekannteste und am genauesten beobachtete Vulkan der Welt, der einzige aktive auf dem europäischen Festland und bietet vom Kraterrand sensationelle Blicke. Die Inseln **Ischia** und **Capri** sind weltberühmt, die **Amalfiküste** am Golf von Salerno ist die aufregendste Steilküste Italiens, eine der schönsten Küsten Europas.

Nicht so bekannt aber nicht weniger attraktiv ist der **Cilento** mit seinen Bergen, Hügeln, Olivenhainen, Wäldern und alten Dörfern, ursprünglichen Flusstälern, Steilküsten, Sandstränden und dem sauberen Meer; seit 1991 Nationalpark.

Dem Wanderer bieten sich also großartige Landschaften und herrliche Panoramen; nicht fehlen darf auch ein Stadtrundgang durch die von den Griechen gegründete Altstadt von Neapel.

Schöne Wandererlebnisse wünscht Ihnen

Franz Wille

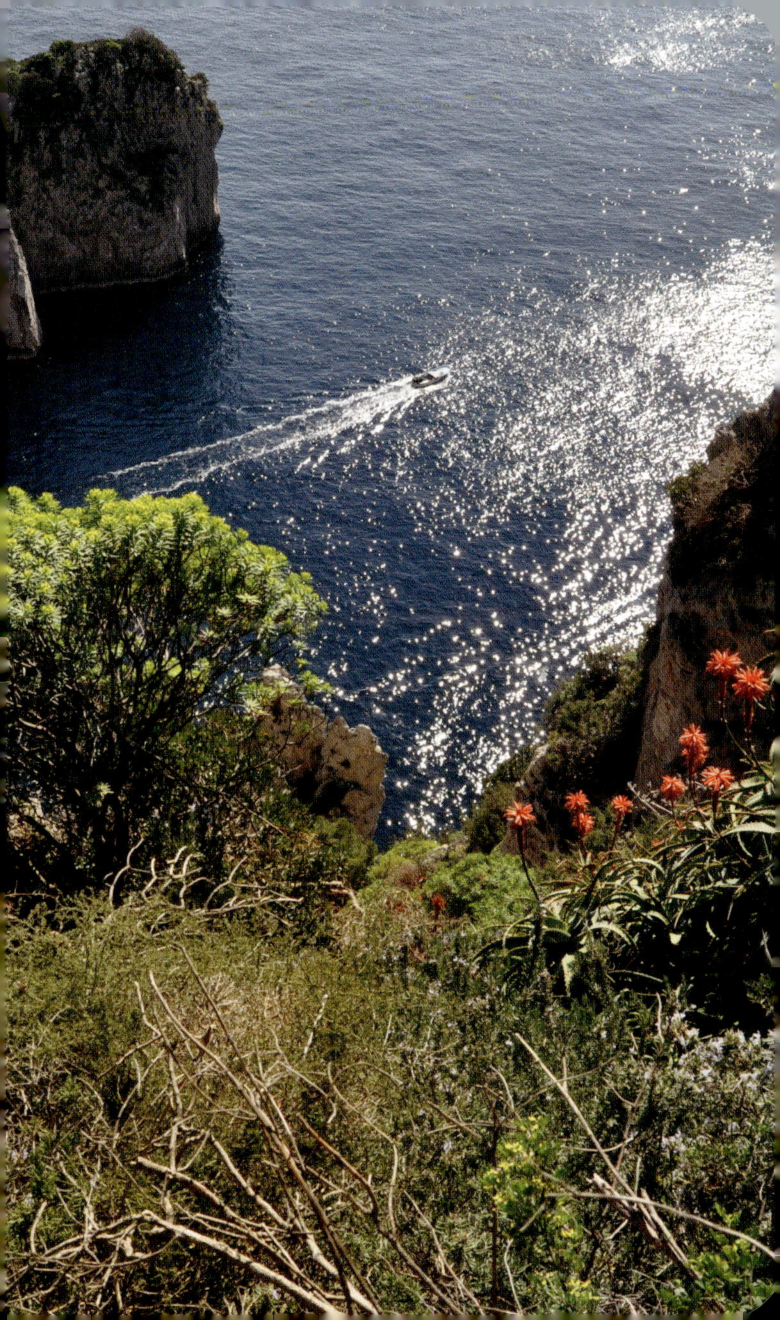

INHALT UND TOURENÜBERSICHT

AUFTAKT

ANHANG

km	h	hm	hm									
6,6	1:30	28	28		✓		✓		✓		✓	
3,5	1:15	140	140	✓	✓		✓	✓	✓			✓
4,2	1:20			✓	✓				✓			✓
6	2:45	320	320	✓				✓	✓			✓
6	2:10	337	447		✓		✓	✓	✓			✓
9,4	4:50	585	712		✓		✓	✓	✓			✓
3,8	1:45	80	400		✓		✓		✓	✓		✓
4,4	2:15	316	316		✓			✓	✓			✓
4,8	2:15	210	240		✓				✓			✓
5,2	2:05	140	181		✓		✓		✓			✓
8,7	3:05	370	370		✓		✓		✓	✓	✓	✓
6,5	3:30	509	369		✓		✓	✓	✓		✓	✓
5	2:40	80	80		✓				✓	✓	✓	✓

INHALT UND TOURENÜBERSICHT

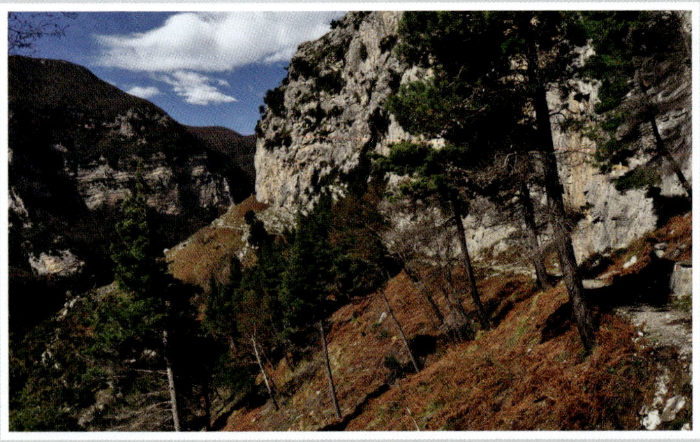

Felsen im Valle Ferriere (Tour 31)

km	h	hm ↗	hm ↘	P	Bus	Seilbahn	Einkehr	Hütte	Winter	Baden	Kultur	Natur
7,2	3:40	461	461		✓			✓	✓			✓
7,2	2:40	169	169		✓		✓		✓	✓		✓
8	2:20	79	474		✓		✓		✓	✓		✓
5	2:20	26	354		✓		✓		✓		✓	✓
6,5	2:25	395	31		✓		✓		✓		✓	✓
12,5	4:00	305	305		✓		✓		✓		✓	✓
8,5	3:00	400	400		✓		✓		✓		✓	✓
4,7	2:40	395	395		✓				✓	✓		✓
8,4	2:30	285	285		✓		✓		✓			✓
7,1	2:10	240	240		✓		✓		✓		✓	✓
6,1	2:15	176	293		✓	✓	✓	✓	✓			✓
5,5	2:50	192	352		✓			✓	✓			✓

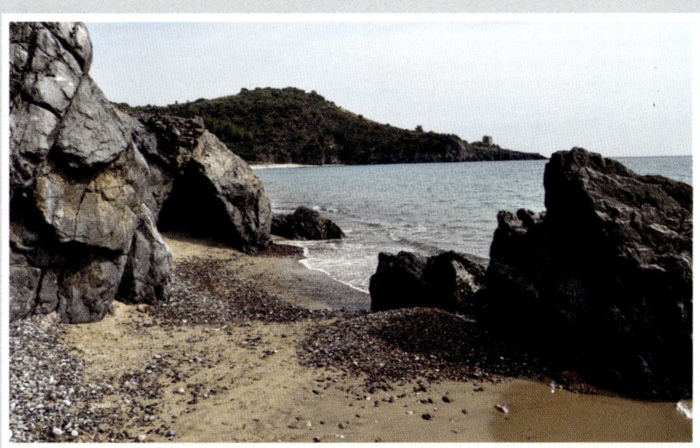

Kleine Felsenbarriere beim Strand Lentiscelle (Tour 54)

INHALT UND TOURENÜBERSICHT

km	h	hm	hm									
9,4	4:30	617	662		✓		✓		✓		✓	✓
4,1	2:15	295	340		✓		✓		✓	✓	✓	✓
7,7	3:10	200	273		✓		✓		✓			✓
9,1	3:00	420	420		✓							✓
9	4:00	860	220		✓		✓			✓	✓	✓
7,8	2:50	215	276		✓				✓		✓	✓
5,2	2:40	326	326		✓		✓		✓	✓	✓	✓
5,8	2:15	268	268		✓		✓		✓	✓	✓	✓
4,8	2:20	416	416		✓		✓		✓	✓	✓	✓
5	2:00	368	122		✓				✓	✓	✓	✓
2,5	1:30	377	1		✓		✓		✓	✓	✓	✓
9,6	4:20	486	486		✓				✓	✓	✓	✓
8,3	3:00	260	260		✓		✓		✓		✓	✓
8,3	3:00	433	433		✓				✓			✓
4,9	2:15	315	175		✓				✓	✓	✓	✓
9,7	5:00	873	873		✓				✓	✓	✓	✓
8,3	4:00	555	479		✓		✓		✓			✓
3	0:45	0	0	✓	✓		✓		✓		✓	
3,8	1:30	95	95	✓	✓				✓		✓	
7,1	3:45	222	222	✓	✓			✓	✓			✓
7	3:10	440	440	✓			✓		✓			✓
2,4	1:30	183	183	✓				✓	✓			✓

INHALT UND TOURENÜBERSICHT

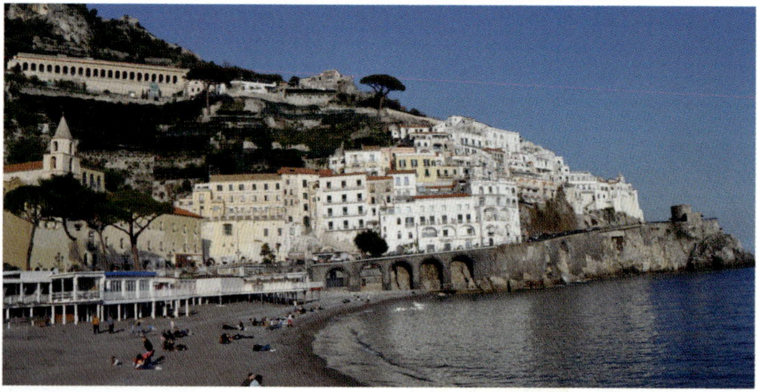

Amalfi

km	h	hm	hm	P								
10,2	3:30	114	120	✓	✓		✓		✓	✓		✓
9,7	3:40	330	330	✓	✓			✓	✓	✓	✓	✓
15,7	4:00	10	10		✓				✓	✓		✓
8,5	2:40	305	325		✓			✓	✓	✓		✓
8,9	2:50	485	485	✓					✓			✓
9,9	3:30	531	531	✓				✓	✓			✓
6,5	2:30	260	260	✓	✓		✓		✓	✓		✓
13,4	3:45	420	420	✓	✓		✓		✓	✓		✓
6,2	2:30	168	168	✓					✓		✓	✓
6,6	2:00	230	230	✓								✓
7,2	3:20	418	418	✓			✓				✓	✓
4,5	2:10	198	198	✓								✓
10,4	3:45	379	379	✓			✓	✓				✓
8,7	2:50	278	430	✓							✓	✓

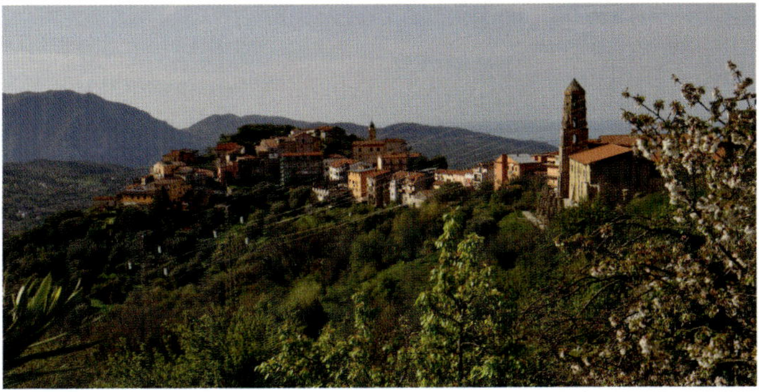

Bergdorf Cucara Vecchio im Cilento

GEBIETSÜBERSICHTSKARTE

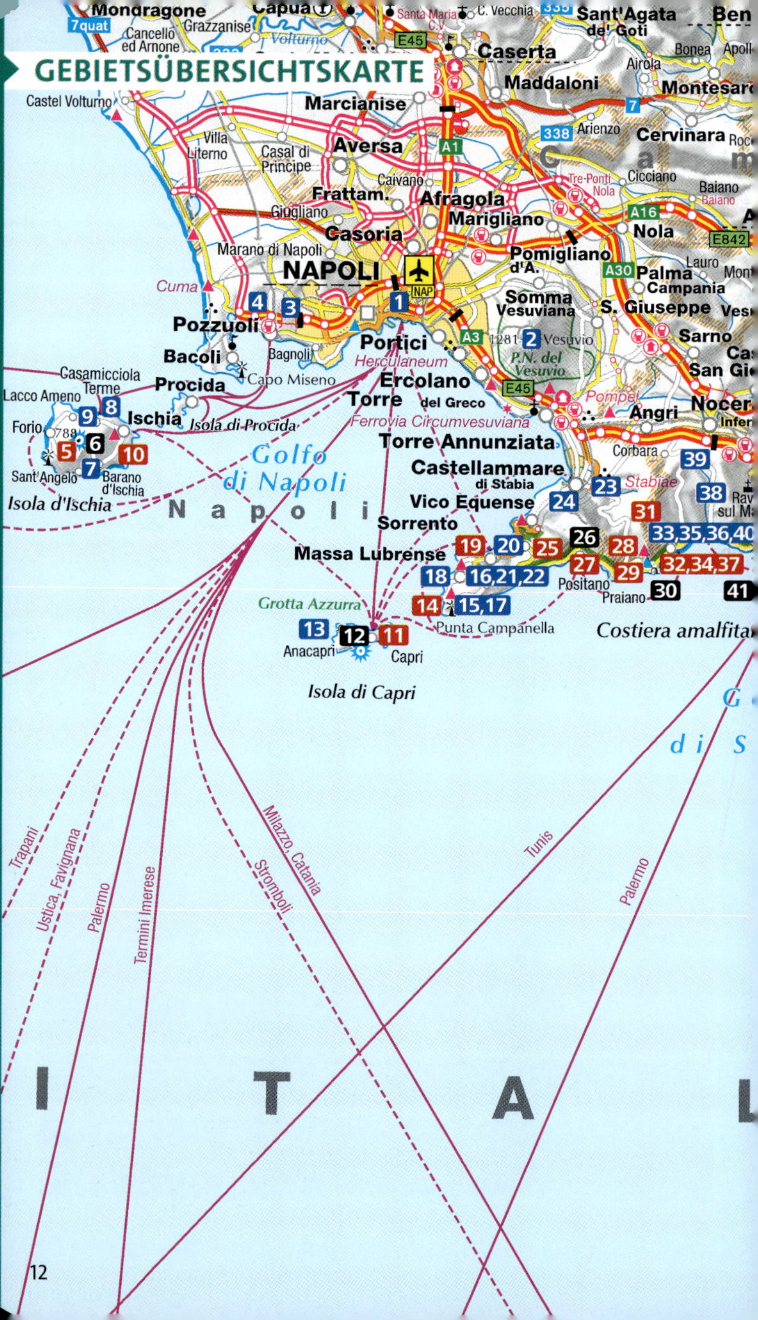

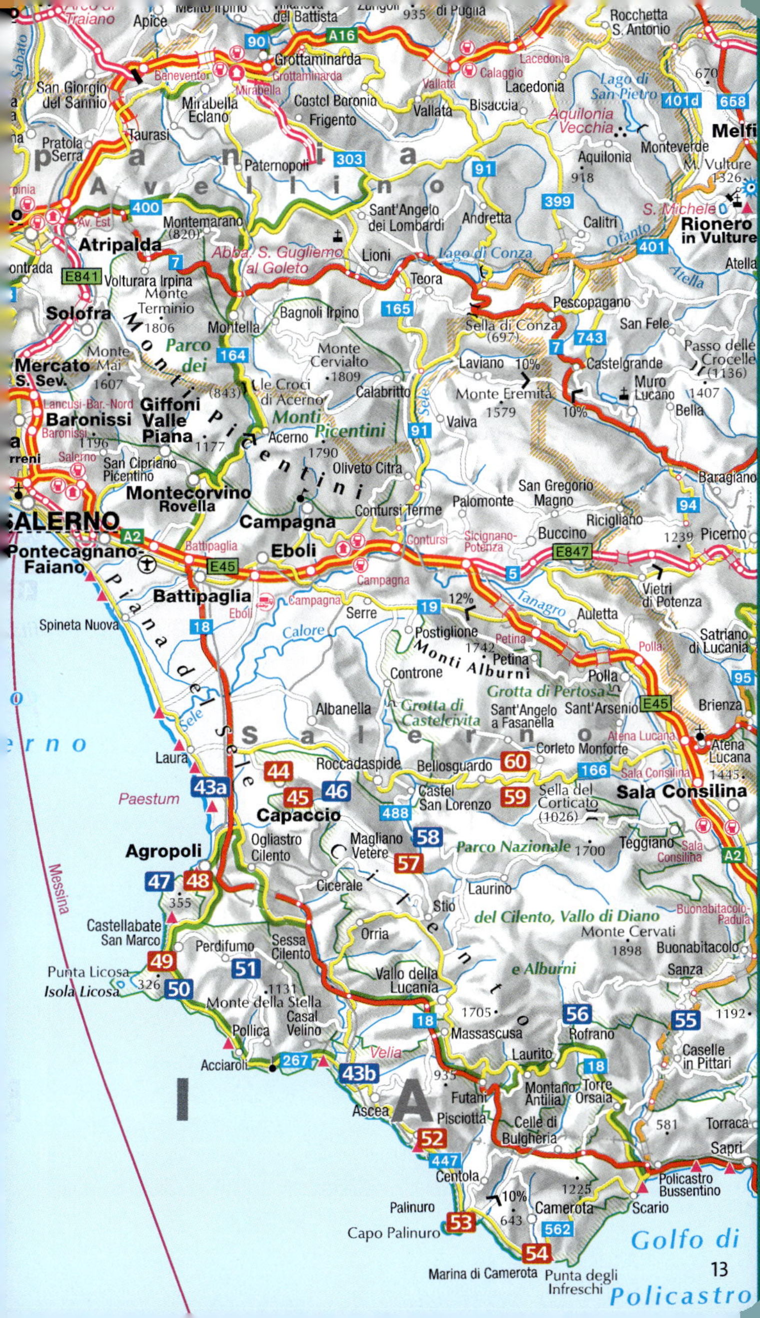

Apice
Grottaminarda
Benevento
Mirabella Eclano
San Giorgio del Sannio
Castel Baronia
Frigento
Vallata
Bisaccia
Lacedonia
Calaggio
Rocchetta S. Antonio
Lago di San Pietro
Aquilonia Vecchia
Aquilonia
Monteverde
Melfi
M. Vulture
Taurasi
Pratola Serra
Paternopoli
Avellino
Sant'Angelo dei Lombardi
Andretta
Calitri
S. Michele
Rionero in Vulture
Atripalda
Montemarano
Abba. S. Guglielmo al Goleto
Lioni
Lago di Conza
Teora
Ofanto
Atella
Volturara Irpina
Monte Terminio
Solofra
Bagnoli Irpino
Montella
Pescopagano
San Fele
Parco dei Monti Picentini
Monte Cervialto
Sella di Conza
Laviano
Castelgrande
Passo delle Crocelle
Mercato S. Sev.
Monte Mai
Le Croci di Acerno
Calabritto
Monte Eremita
Muro Lucano
Bella
Giffoni Valle Piana
Baronissi
Acerno
Valva
San Cipriano Picentino
Oliveto Citra
Baragiano
Montecorvino Rovella
San Gregorio Magno
Palomonte
Contursi Terme
Ricigliano
SALERNO
Campagna
Buccino
Picerno
Pontecagnano-Faiano
Eboli
Battipaglia
Sicignano-Potenza
Vietri di Potenza
Spineta Nuova
Serre
Tanagro
Auletta
Piana del Sele
Calore
Postiglione
Petina
Satriano di Lucania
Monti Alburni
Polla
Controne
Grotta di Pertosa
Albanella
Grotta di Castelcivita
Sant'Angelo a Fasanella
Sant'Arsenio
Brienza
Atena Lucana
Salerno
Corleto Monforte
Laura
Roccadaspide
Bellosguardo
Paestum
Castel San Lorenzo
Sella del Corticato
Sala Consilina
Capaccio
Ogliastro Cilento
Magliano Vetere
Parco Nazionale del Cilento, Vallo di Diano e Alburni
Teggiano
Agropoli
Cicerale
Laurino
Stio
Messina
Castellabate San Marco
Orria
Monte Cervati
Buonabitacolo
Perdifumo
Sessa Cilento
Punta Licosa
Isola Licosa
Vallo della Lucania
Sanza
Monte della Stella
Cilento
Casal Velino
Pollica
Massascusa
Rofrano
Caselle in Pittari
Acciaroli
Velia
Laurito
Montano Antilia
Torre Orsaia
Ascea
Futani
Pisciotta
Celle di Bulgheria
Torraca
Sapri
Centola
Policastro Bussentino
Camerota
Scario
Palinuro
Capo Palinuro
Marina di Camerota
Punta degli Infreschi
Golfo di Policastro

DAS GEBIET

Griechen, Normannen, Spanier – viele verschiedene Kulturen haben das Land am **Golf von Neapel** geprägt. Seine Anziehungskraft beruht auf den landschaftlichen Reizen, seinem einzigartigen Panorama mit Vesuv, Ischia und Capri, dem pulsierenden Leben, dem Reichtum der Baudenkmäler und Kunstschätze sowie den archäologischen Ausgrabungsstätten ersten Ranges. Seit Odysseus ist er ein Sehnsuchtsziel der Reisenden, Generationen von Touristen suchten hier die Erfüllung ihrer romantischen Träume und noch immer zählen Orte wie Amalfi, Sorrent, Positano und Pompeji, die Inseln Capri und Ischia und natürlich die Metropole Neapel zu den Traumzielen der Italiensehnsucht. Und wenn auch der Albtraum – Verschandelung, Verfall, Verbrechen – nie weit weg ist: Nach wie vor bezaubert die so bedrohte wie faszinierende Schönheit dieser einzigartigen Schnittstelle zwischen antiker und moderner Welt.

Zu den schönsten Naturerlebnissen am Golf von Neapel zählen Wanderungen in allen Schwierigkeitsgraden. Vulkantouren zu den kleinen Kratern der Phlegräischen Felder und auf den Vesuv gehören zu einem Neapelbesuch, Ischia und Capri sind mit ihren abwechslungsreichen Wegen attraktive Wanderinseln, die Sorrentiner Halbinsel ermöglicht gemütliches Wandern, in der steilen Amalfiküste dominieren aussichtsreiche Treppenwege und den abwechslungsreichen Nationalpark **Cilento** prägt noch eine wohltuende Harmonie von Natur- und Kulturlandschaft.

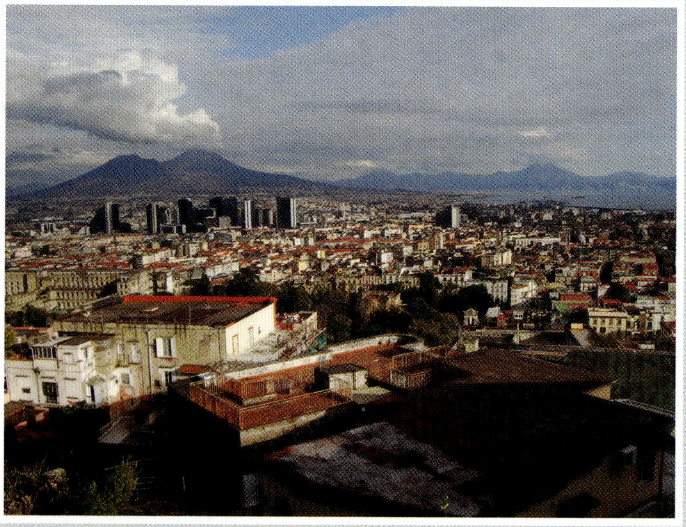

Neapel-Panorama mit Vesuv

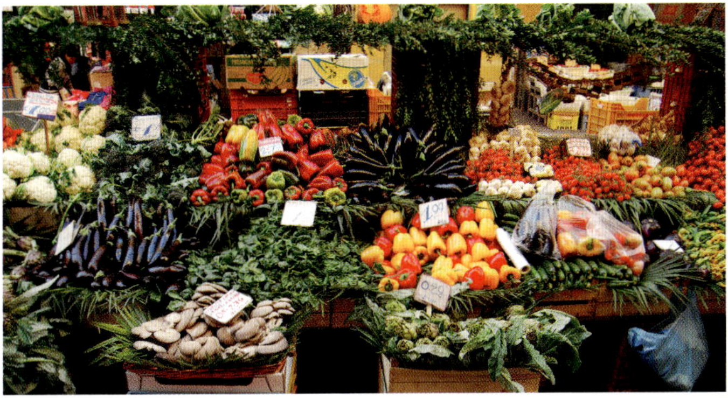

Frisch und bunt – Obst- und Gemüsemarkt in Neapel

Klima, Reisezeit

Die Golfe von Neapel und Salerno zählen klimatisch zu den angenehmsten Urlaubszielen des Mittelmeeres, hier gibt es 300 Sonnentage im Jahr. Die Sommer sind zwar heiß, aber die Meeresbrise macht sie erträglich, vor allem in den höhergelegenen Orten. Die Winter sind an der Küste relativ mild, in höheren Lagen jedoch empfindlich kalt und an manchen Tagen auch stürmisch und verregnet, in den Cilento-Bergen liegt im Winter Schnee, Frühjahr und Herbst sind daher die schönsten Reise- und Wanderzeiten.

Die Touren der ersten 5 Kapitel und an der Cilentoküste sind alle gut mit öffentlichen Verkehrsmitteln machbar, auch Streckenwanderungen. Auf Capri sind nicht einheimische Privatautos verboten, in Neapel, auf Ischia und der Amalfiküste wäre das eigene Auto nur hinderlich, die Busverbindungen sind gut, Parkplätze hingegen kaum vorhanden.

Eine Gefahr ist in den letzten Jahren in der gesamten Region akut geworden – die Waldbrände. Groß gebrannt hat es am Vesuv, mehrere kleine Brände bedrohten in Ischia und dem Cilento bereits Häuser und Naturschutzgebiete. Die Folge ist daher, dass Wege unpassierbar oder als Vorsichtsmaßnahme gesperrt werden können. Keinesfalls Zigaretten unachtsam wegwerfen oder Müll zurücklassen!

1. Kapitel: Neapel

Vom Palazzo Reale blicken sie alle herab, die Repräsentanten der Fremdherrschaften, die **Neapel** jahrhundertelang unter ihrer Kontrolle hatten. Normannen, Hohenstaufen, Anjou, Aragoneser, die Vizekönige der spanischen und österreichischen Habsburger sowie die Bourbonen – sie alle bestimmten im letzten Jahrtausend die Geschichte und Geschicke der Stadt, die einst als koloniale Neugründung ihren Anfang genommen hatte.

Im 8. Jahrhundert v. Chr. begannen die Griechen ein Kolonialreich aufzubauen und Siedlungen auf der Apenninenhalbinsel zu gründen. Ihre im 7. Jahrhundert v. Chr. auf dem Hügel Pizzofalcone errichtete Stadt benannten sie nach der Sirene Parthenope, die der Legende nach an dieser Küste angespült und begraben wurde. Nach dem Sieg über die Etrusker 474 v. Chr. breitete sich die Stadt rasch aus, der Name des neuen und bald bedeutenderen Viertels, Neapolis = Neustadt, die heutige Altstadt, wurde fortan für die ganze Stadt verwendet. Im Jahr 341 v. Chr. besetzten die Römer die Campania. Ihre Herrschaft, in der es zu einer Blüte der ganzen Region kam, dauerte bis zum Beginn des 5. Jahrhunderts n. Chr. Mit der Invasion der Westgoten 406 n. Chr. begann eine Phase der Unsicherheit, die den nachfolgenden Fremdherrschaften den Boden bereitete, 1139 wurde das selbstständige Herzogtum Neapel von den Normannen unterworfen.

Die Herrschaft der verschiedenen Dynastien hatte teils positive, teils negative Folgen für die Stadt. Seit der Staufer Friedrich II. 1224 die erste Staatsuniversität Europas in Neapel gründete, konnte sich die Stadt mit den geistigen Zentren Bologna und Paris durchaus messen. Unter den Häusern Anjou, Aragon und Bourbon entstanden prachtvolle Baudenkmäler. Eine Phase des Wohlstands gab es unter den spanischen Vizekönigen im 16. und frühen 17. Jahrhundert, als die Hafenstadt die Chancen der Entdeckung der Neuen Welt zu nutzen verstand und reger Handel und garantierte Ordnung zu einem starken Bevölkerungswachstum führte. Mit rund 300.000 Einwohnern war Neapel zu Beginn des 17. Jahrhunderts die größte Stadt Europas. Die Rückschläge durch Katastrophen wie die Pest 1656 waren umso verheerender. Für das Volk bedeuteten die ständig wechselnden Fremdherrschaften jedoch auch immer Ausbeutung und Missachtung, Aufstände wurden brutal niedergeschlagen, das Misstrauen gegenüber der staatlichen Obrigkeit sitzt tief und ist bis heute spürbar.

Mit dem Einzug Garibaldis im Jahr 1860 wurde die Ära der Fremdherrschaften beendet und Neapel Teil des neu geschaffenen Königreiches Italien. Die Stadt konnte davon jedoch kaum profitieren. Von der Hauptstadt eines Königreiches wurde sie zur Provinzmetropole degradiert und verlor Status und Ruhm einer internationalen Großstadt. Neapel konnte mit der Entwicklung des stärkeren, industrialisierten Nordens nicht mithalten, bald wurde ein zentrales Problem des neuen Staates sichtbar: Die Mezzogiorno-Frage, der Gegensatz zwischen dem reichen Norden und dem armen Süden, dem Mezzogiorno. Das Bruttosozialprodukt der südlichen Regionen, das Einkommen, der Wohlstand bleiben deutlich hinter dem Norden zurück, die Arbeitslosigkeit ist hoch, die Chancen schlecht.

Auf die unterentwickelten ländlichen Regionen des Südens übte Neapel jedoch eine große Anziehungskraft aus, die Stadt wuchs durch Zuwanderung und Eingemeindungen im 20. Jahrhundert rasant. Als im Jahr 1839 die erste Eisenbahnlinie Italiens zwischen Neapel und Portici eröffnet wurde, begann der Niedergang der „Miglio d'oro", der goldenen Meile zwischen Neapel und Torre del Greco. An diesem Küstenabschnitt hatten die Bourbonen, Adlige und reiche Bürger prachtvolle Villen errichtet, die sogenannten Vesuv-Villen. Die neue Eisenbahn schnitt ihren direkten Zugang zum Meer ab, veränderte das Landschaftsbild und hatte ein starkes Bevölkerungswachstum zur Folge. Durch die Industrialisierung und den Autoverkehr wurde die „Miglio d'oro dann endgültig zu einer tristen Vorstadtlandschaft.

1943 erlitt die Stadt durch schwere Bombardements große Schäden. Skrupellose Spekulanten nützten die Gunst der Stunde. In der Nachkriegszeit floss viel Geld für den Wiederaufbau, jedoch nicht nur in die Projekte, sondern auch in die „Kaste der gierigen Hände", wie die korrupten Machteliten, Wirtschaftsbosse und Camorristi genannt werden. Ungehemmte Bauspekulationen führten zur weitgehenden Vernichtung der schönen Umgebung und einer enormen Siedlungsverdichtung, der Großraum Neapel zählt heute etwa 3,5 Mio. Die Stadt in ihren politischen Grenzen rund 1 Mio. Einwohner, die Bevölkerungsdichte beträgt 8.434 Einwohner/km², ein Spitzenwert in Europa.

Die Stadt wurde im Laufe ihrer Geschichte immer wieder von großen Naturkatastrophen und verheerenden Epidemien heimgesucht: Erdbeben, Vulkanausbrüche, Pest und Cholera gelten als alte Geißeln Neapels. Mangelhafte Stadtplanung und Infrastruktur, Misswirtschaft, Korruption, hohe Verschuldung, hohe Arbeitslosigkeit, Camorra, Müllberge sind die aktuellen Probleme, die die Stadtverwaltung lösen muss.

Aber es gibt auch viel Positives: Ähnlich berühmt wie für seine Lage ist Neapel für seine Musik und Küche. **Pasta** und **Pizza** haben von Neapel aus ihren Siegeszug um die Welt angetreten. Die Qualität der Speisen ist bekanntlich wesentlich abhängig von der Qualität der Zutaten. Sonnengereifte Tomaten in zahlreichen Variationen, die regionale Mozzarella di buffala, die als besonders köstlich gilt, frische Meeresfrüchte – „regional und frisch" garantiert durch die Lage am Meer und das milde

Die Erfindung der Pizza Margherita

Über die Erfindung der klassischen Pizza erzählt man sich folgende Anekdote: Am 11. Jänner 1889 will Königin Margherita, die gerade im Schloss von Capodimonte ein paar Feiertage verbringt, ihren Hofdamen ein kleines Vergnügen bereiten und lässt nach einer Pizza schicken, schließlich hat sie schon so viel von diesem berühmten Gericht reden hören. Ein Bote begibt sich auf Order der Königin zum berühmtesten Pizzabäcker Neapels, Raffaela Esposito, der in der Gegend von Chiaia ein Lokal mit dem Namen „Pietro e basta cosi" betreibt. Er sagt ihm, Königin Margherita erwarte ihn auf Schloss Capodimonte mit einer warmen, duftenden Pizza. Esposito, zuerst erschrocken über die Bestellung, dann aber voller Stolz, macht sich an die Arbeit. Er fängt an mit der üblichen Pizza, so wie er sie immer macht. Aber bald hat er eine Idee, eine wahrhaft glückliche Idee: Margherita ist doch die Königin Italiens, warum also nicht ihr zur Ehre eine Pizza in den drei Farben der Nationalflagge? Weiß, rot und grün ist die Trikolore – für den „pizzaiolo" heißt das: Mozzarella, Tomaten und Basilikum. So wurde die Pizza Margherita geboren, die berühmteste aller neapolitanischen Pizzas.

Klima das ganze Jahr über Gaumengenuss.

Auch hat sich die Stadt in den letzten Jahren herausgeputzt, viele Palazzi wurden restauriert, der öffentliche Verkehr wird verstärkt ausgebaut. Die isolierten S-Bahn-Linien sollen vernetzt werden, der Ausbau des U-Bahnnetzes schreitet voran, allerdings nur langsam, da man bei den Grabungen immer wieder auf archäologische Funde stößt. Die Linie M1 verbindet das Zentrum mit dem Stadtteil Vomero, die von verschiedenen renommierten Künstlern ausgestalteten Stationen der „Metrò del Arte" zählen zu den schönsten Europas.

Auch die Idee der Fußgängerzone ist längst in Neapel angekommen: Piazza Plebiscito, früher ein riesiger Parkplatz, Via Chiaia, untere Via Toledo, Spaccanapoli und einige andere Straßen sind inzwischen verkehrsfrei mit edlen Passagen und Modegeschäften.

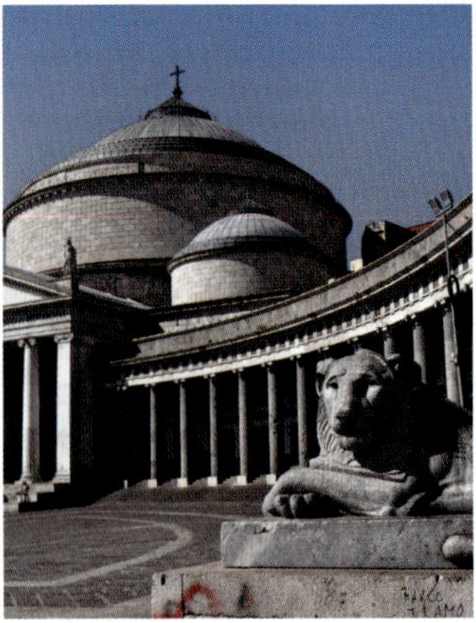

S. Francesco di Paola, Piazza Plebiscito

Phlegräische Felder

Unter der Erdoberfläche westlich von Neapel schlummert ein riesiger Vulkan, die Griechen bezeichneten die Region als „Brennende Felder", italienisch Campi Flegrei, und erklärten die vulkanischen Erscheinungen mit Mythen. Die nicht sichtbare, eingesunkene Caldera (Krater) liegt zu zwei Dritteln unter Wasser und stellt einen von über 20 Supervulkanen der Erde dar. Er umfasst ein 150 km² großes Gebiet, das auch die Inseln Procida und Ischia mit einschließt mit einer Verbindung zur Magmakammer des Vesuvs. Das Gebiet der Phlegräischen Felder ist bei einem hochexplosiven Ausbruch eines Stratovulkans vor rund 39.000 Jahren entstanden, in den Schwächezonen kam es auch später zu peripheren Ausbrüchen, es bildeten sich die vielen kleinen Krater, von denen der Monte Nuovo der jüngste (entstanden 1538) und die seit 2017 gesperrte **Solfatara** die bekannteste ist. Sie und der **Astroni-Krater**, der Krater von **Gauro** und der **Averner-See** sind geschützte Oasen im sonst stark verbauten Gebiet. Nach wie vor ist der Boden unruhig, es gibt größere Landhebungen und Senkungen, Erdbeben erschüttern immer wieder die Region. Die beste Übersicht genießt man von Camaldoli, dem höchsten Punkt des Kraterrandes auf dem Festland.

Im vulkanischen Hügelland sprudeln zahlreiche Thermalquellen, die bereits die Römer als Bäder nutzten, in vielen Ausgrabungsstätten wie Cuma oder Baia lebt die Erinnerung an die Antike weiter. Zentrum ist Pozzuoli, bereits zur Römerzeit ein wichtiger Handelshafen mit großem Amphitheater.
www.portanapoli.de
www.inaples.it

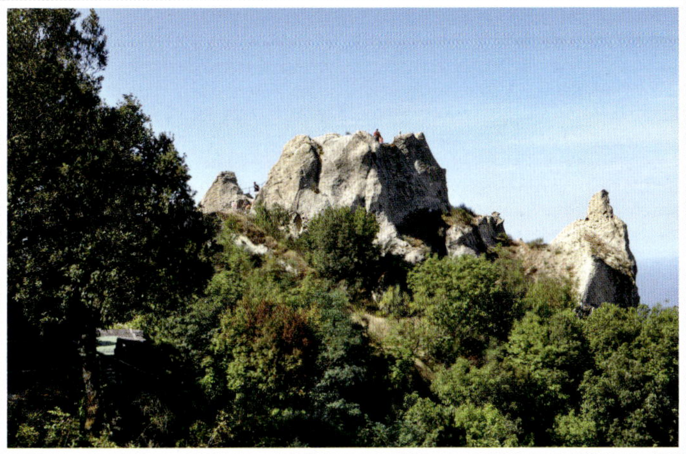

Ischia – Gipfelfelsen des Monte Epomeo

2. Kapitel: Ischia

Den Westzipfel des Golfes von Neapel bildet die 46 km² große Vulkaninsel **Ischia**. Die höchste Erhebung, der **Monte Epomeo**, 789 m, ist ein erloschener Seitenkrater in der Caldera des Supervulkans der Phlegräischen Felder; die endogenen Tätigkeiten sind noch heute in den Fumarolen und zahlreichen Thermalquellen erkennbar. Um das Bergmassiv des Monte Epomeo scharen sich die sechs Inselgemeinden, die heute alle direkt oder indirekt vom Tourismus leben. Auf dem fruchtbaren Boden wird der berühmte trockene Wein Epomeo angebaut und direkt in den Restaurants vermarktet, das milde Klima, die schöne Landschaft, die Thermalquellen und Badestrände locken nämlich jährlich mehr als 5 Millionen Urlauber auf die Insel. Die therapeutische Nutzung der Thermalquellen schätzten bereits die Römer, die Cavascura-Thermen am Marontistrand wurden nach sorgfältiger Renovierung als historische Badeanlage wiedereröffnet.

Die Touristeninsel verdankt ihren Ruf als Urlauberparadies neben den vielen Thermalquellen dem gesundheitsfördernden Klima, der buchtenreichen Küste und der Harmonie zwischen Meer, Landschaft und Siedlungen. Besonders beliebt ist bei Urlaubern das autofreie Fischerdorf Sant'Angelo mit seinen engen Gassen nahe beim Marontistrand. Viele schöne Seiten der gebirgigen Thermalinsel lassen sich nur zu Fuß entdecken: Wanderwege führen zu herrlichen Aussichtspunkten, durch Weinberge, Kastanienhaine, durch Pinien- und Steineichenwälder und zum Gipfel des Monte Epomeo. Mangelhaft ist jedoch die Markierung, hier bleibt noch einiges zu tun, manche Touren erfordern Orientierungssinn, auch gutes Schuhwerk ist bei den steilen, manchmal steinigen Pfaden wichtig.

Der öffentliche Verkehr ist gut ausgebaut, zwei Haupt-Buslinien umrunden die Insel vom Hafen Ischia Porto aus: Die Linie CD, Circulare Destra, rechts herum und die Linie CS, Circulare Sinistra, links herum, lokale Linien ergänzen die Hauptrouten. Es ist empfehlenswert, sich gleich beim Busbahnhof in Ischia Porto eine Drei- oder Sieben-Tageskarte zu besorgen, dazu gibts einen Fahrplan und einen praktischen Haltestellenplan für die ganze Insel. www.pithecusa.com

3. Kapitel: Capri

Capri, 5 km vor der Sorrentiner Halbinsel gelegen, besteht aus einem einzigen massiven Kalksteinblock, geologisch ein Ausläufer des Apennin, und unterscheidet sich somit deutlich von den vulkanischen Schwesterninseln Ischia und Procida. Mit 10,4 km² ist die Insel relativ klein und erst seit der letzten Eiszeit vom Festland getrennt.

Das Kalkgestein bildet eine spektakuläre Steilküste mit vielen Grotten, auf dem Hochplateau liegen zahlreiche Weingärten und Gärten, die Mittelmeerflora ist eine der vielfältigsten Italiens.

Seit römischer Zeit priesen die Dichter Capri als einen „auf dem Wasser treibenden Paradiesgarten", als „Inkarnation der Schönheit". Als August Kopisch, der Dichter der Heinzelmännchen, 1826 die Welt auf das Wunder der **Blauen Grotte** aufmerksam machte, wurde die Insel zum Sehnsuchtsort für Romantiker und Künstler, und seit 1929 der schwedische Arzt und Schriftsteller Axel Munthe im Bestseller „Das Buch von San Michele" seine Beziehung zur Insel beschrieben hatte, strömen jährlich Hunderttausende Touristen auf die Insel. Die meisten der zahlreichen Tagestouristen steuern direkt die Piazzetta in Capri-Stadt, die Villa San Michele in Anacapri und die Blaue Grotte an, was zu längeren Wartezeiten bei den kleinen Bussen führen kann; von Marina Grande führen aber auch ein Treppenweg und eine Standseilbahn hinauf in die Stadt. Abseits dieser Brennpunkte kann man ruhige und genussvolle Wanderungen unternehmen. Hauptsehenswürdigkeiten von Capri sind nämlich die wunderbare Landschaft, die eleganten Häuser und die gepflegten Gärten mit ihrem Meer von Blüten und Früchten, empfehlenswert ist ein Standquartier auf der Insel. www.capritourism.com

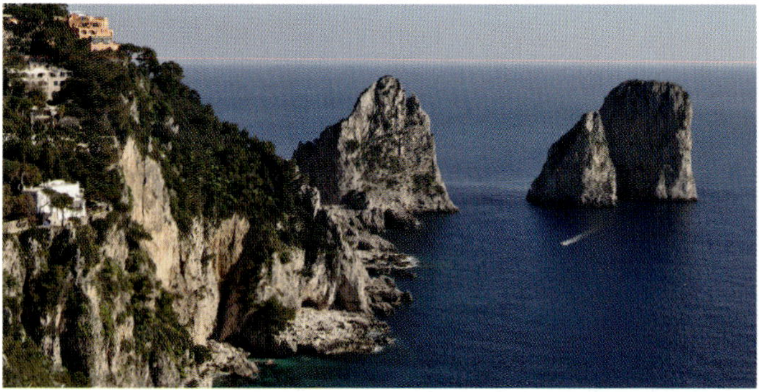

Capri, Steilküste bei den Faraglioni

4. Kapitel: Halbinsel Sorrent

Die **Monti Lattari** schieben sich als schmal auslaufender Sporn, als Halbinsel zwischen den Golf von Neapel und den Golf von Salerno. Geologisch präsentiert sich die Penisola Sorrentina zweigeteilt: Im Norden findet sich Tuff bis in den Raum Massa Lubrense, Sorrent liegt auf einer breiten, senkrecht zum Meer abfallenden Tuffklippe. Die Formen sind sanfter, die Böden besser, die Landwirtschaft findet hier günstige Bedingungen vor. Der Süden und die Westspitze der Halbinsel bestehen, wie auch die Insel Capri, aus Kalk. Durch Abholzung kam es zur Verkarstung, die Formen sind schroffer, die Böden karger.

Die große Geschichte teilt sich die Halbinsel mit der Metropole Neapel: Phönizische und griechische Besiedlung, römische Ausweitung, zahlreiche Fremdherrschaften von den Byzantinern über die Normannen bis zu den Bourbonen, die erst mit dem Einzug Garibaldis in Neapel 1860 endeten. Alle haben, in unterschiedlichem Ausmaß, ihre Spuren hinterlassen und die Entwicklung der Halbinsel mitgeprägt.

Bis heute finden sich in der Architektur die griechischen Grundelemente: Ein Kubus mit flachem Kuppelgewölbe und wenig Öffnungen, um die Hitze draußen zu halten. 326 n. Chr. eroberten die Römer Neapel, damit begann auch ihre Herrschaft über die Halbinsel Sorrent, die griechische Kultur blieb jedoch noch präsent. Als die römischen Kaiser Augustus und später Tiberius ihre Residenzen aufs Land in die bezaubernde Küstenregion von Sorrent und Capri verlagerten, setzten sie damit eine nachhaltige Entwicklung in Gang.

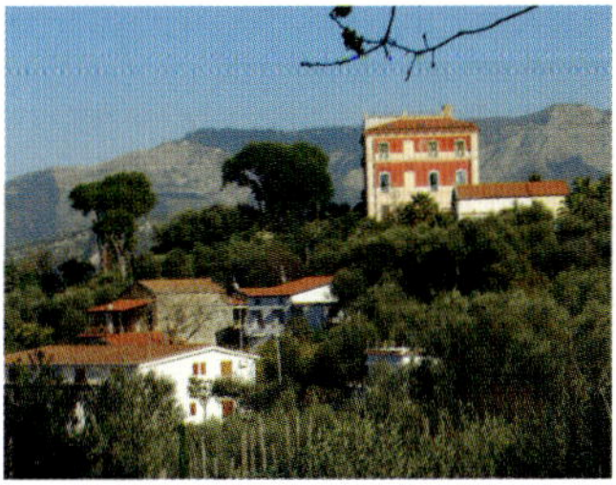

Villa bei Sorrent

Hochgestellte Persönlichkeiten folgten ihrem Beispiel und errichteten ihre Landsitze in bevorzugten Lagen auf der Halbinsel. Es entstand eine Streusiedlung, man spricht von der „Citta mancata“, der verfehlten Stadt. Ausgedehnte Weingärten, Oliven- und Zitronenhaine lagen zwischen den Villen der Mächtigen. Bis heute hat sich mit Ausnahme von **Sorrent** keine Stadt auf der Halbinsel entwickelt, die typische Streusiedlung ist geblieben.

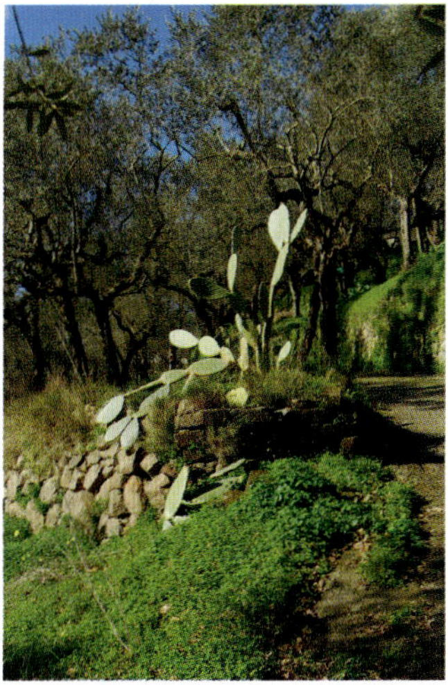

Olivenhain bei Torca

An die Zeiten der Fremdherrschaften erinnern vor allem noch die Wachtürme der Aragoneser entlang der Küste, Normannentürme genannt. Sie dienten der Verteidigung und der Alarmierung mittels Rauchzeichen bei Überfällen der Sarazenen aus Nordafrika. Zur Zeit der Fremdherrschaften ab dem Ende des römischen Reiches verlor die Halbinsel stark an Bedeutung. Nur während der Barockzeit vom 16. bis 18. Jahrhundert erlebte das westliche Ende einen begrenzten Aufschwung. Davon zeugen noch heute die vielen Klosteranlagen, Palazzi und Villen mit prächtigen Gärten, die neapolitanische Adlige und reiche Kaufleute anlegen ließen. Die Erfindung der Dampfschifffahrt führte im 19. Jahrhundert zu einem Niedergang peripherer Regionen und kleiner Häfen, da die großen Handelsschiffe dort nun nicht mehr anlegen konnten. Da war es für Sorrent ein besonderer Glücksfall, dass die Engländer Ende des 18. Jahrhunderts die Schönheit der Stadt und der Halbinsel entdeckten. Prächtige Hotelanlagen entstanden, bis heute ist der Tourismus neben der Landwirtschaft der wichtigste Wirtschaftsfaktor.

In der Landwirtschaft waren es die Zitronen, die Weltruhm erlangten. Sie wurden bereits von den Römern angepflanzt, ihren intensiven Anbau haben jedoch erst die Araber betrieben. Bei der Sorrentiner Zitrone handelt es sich um eine besondere Sorte. Die große Frucht wird von einer dicken weißen Innenschale umhüllt und strömt einen intensiven Duft aus. Dank ihres relativ milden Geschmacks wird sie gern in Scheiben geschnitten und mit Zucker bestreut serviert. Die äußere Schale wird fein zerschnitten und zu einem köstlichen Likör (Limoncello), verarbeitet.

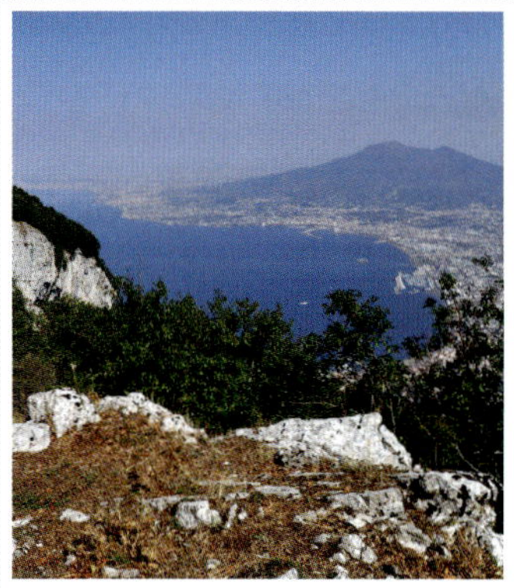

Vesuvblick vom Monte Faito

Die besondere Art des Anbaus bestimmt immer noch maßgeblich das Landschaftsbild. Zwischen großen Stangen, den Pergolas aus Kastanienholz, sind Matten gespannt, die die Früchte vor Frost, Starkregen, Hagel und übermäßiger Sonneneinstrahlung schützen und so die längstmögliche Reifezeit der Früchte an den Zweigen garantieren.

Aufgrund der ausgedehnten Streusiedlungen ist die Halbinsel seit alters her von einem dichten Wegenetz durchzogen. Es sind meist direkte Verbindungswege, die in stetem Auf und Ab die Halbinsel durchqueren. Viele sind Treppenwege, fast alle sind sie inzwischen betoniert oder asphaltiert. Naturwege sind selten, die schönsten führen zur Punta Campanella, zur Bucht Marina di Ieranto und abschnittsweise dem Südhang entlang.

Die Wanderungen lassen sich gut von Massa Lubrense, S. Agata oder Sorrent aus durchführen, zu allen Orten gibt es passende Busverbindungen, darüber hinaus sind von Sorrent auch Tagesausflüge nach Capri möglich. www.sorrentotourism.com

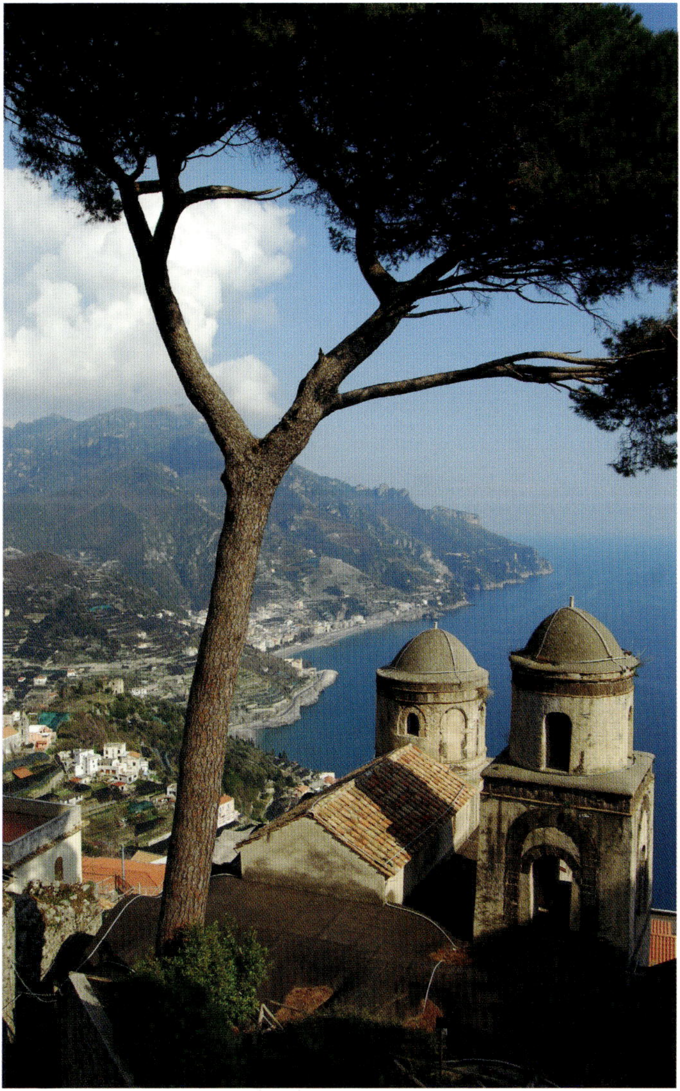

Ravello – S.S. Annunziata

Fast senkrecht fallen die Monti Lattari am Golf von Salerno hinab ins Meer und bilden eine spektakuläre Kulisse, die aufregendste Steilküste Italiens. Seit 1850 verbindet die **Amalfitana**, die 40 km lange Straße zwischen Positano und Vietri sul Mare, die kleinen, pittoresken Ortschaften und die ehemals mächtigen Hafenstädte untereinander. Vorbei an tiefen Schluchten und schroffen Felsen schlängelt sich das schmale Asphaltband mit atemberaubenden Ausblicken von Ortschaft zu Ortschaft, eine perfekte Symbiose aus Himmel, Wasser und Land – die schönste Küstenstraße der Welt, wie sie oft genannt wird.

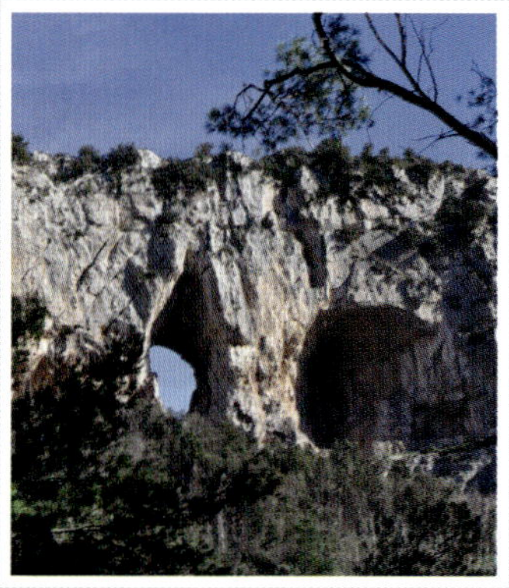

Felsloch im Monte Gambera

Jedoch – die Schönheit hat ihren Preis. Bevölkerung und Touristen leiden unter Platzmangel und vor allem unter dem überbordenden Verkehr, der schon durch die Einheimischen die Grenzen der Belastbarkeit erreicht und durch die vielen Touristen dann oft völlig zusammenbricht, obwohl Wohnmobile und Gespanne verboten sind. Aber die überfüllte und überteuerte Badesaison ist ohnehin nicht die günstigste Wanderzeit.

Naturgemäß sind viele Wege an der Küste steil, Treppenwege führen oft in direkter Linie nach oben, Hang- und Höhenwege sind hingegen oft angenehm flach.

Als Standort empfiehlt sich neben den Küstenorten auch das ruhigere Agerola. Die Unterkünfte sind günstiger, die Busverbindungen gut und günstig, die Fahrt mit dem Bus den steilen Hang hinunter nach Amalfi noch spektakulärer als die eigentliche Küstenstraße. Für die An- und Abreise bestehen auch Busverbindungen direkt zum Hauptbahnhof in Neapel. www.amalfitouristoffice.it

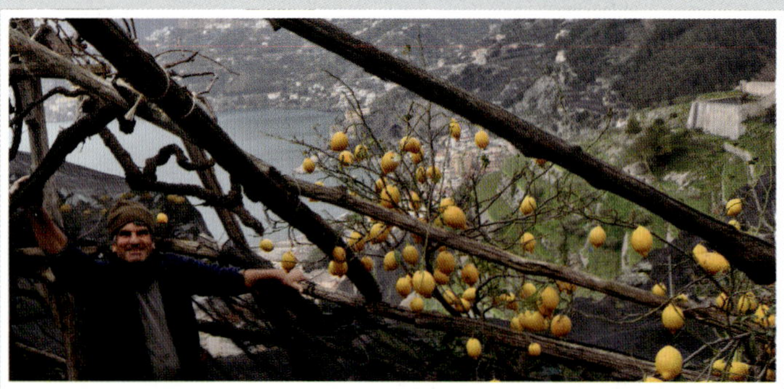

Zitronengarten an der Amalfiküste

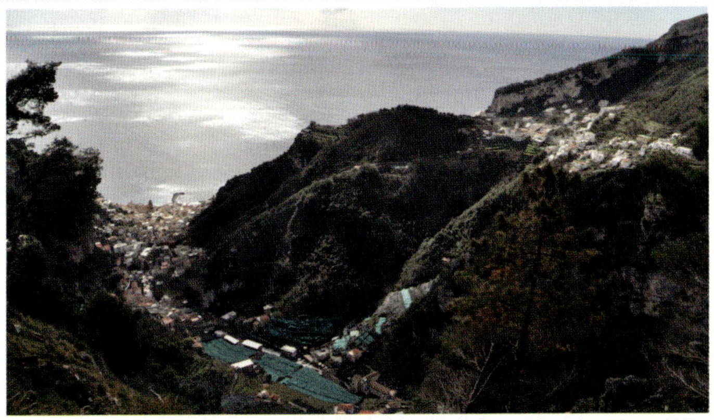

Blick auf Amalfi und Pogerola

6. Kapitel: Cilento

Südlich von Paestum liegt der **Cilento** mit weißen Stränden, sauberem Wasser, bis 1.900 m hohen Bergen und einer alten Kulturlandschaft. In der Antike wurde das Gebiet südlich der Flussmündung des Alento „Cis alentum" genannt, „diesseits des Alento", die heutige Fläche des Cilento reicht im Norden über die Mündung des Alento hinaus bis nach Agropoli und Paestum. Im Süden reicht der Kalk bis an die Küste, im Norden und Westen finden sich Sandsteine und magmatische Gesteine. In den Kalkregionen gibt es die typischen Karsterscheinungen wie Höhlen, Schlucklöcher, Flussversickerungen und Karstquellen. Die Menge der Niederschläge, überwiegend fallen sie im Winter, ist in der Bergregion mit durchschnittlich 1.200 mm/Jahr relativ hoch, deshalb ist diese auch reich an Quellen und Bächen. Der Cilento ist eine alte, schon in prähistorischer Zeit besiedelte Kulturlandschaft, später Grenz- und Mischgebiet zwischen den Kolonien der Magna Graecia und den ursprünglichen etruskischen und lukanischen Völkern; lebendig wird diese Vergangenheit in den zwei Archäologieparks Paestum und Elea-Velia.

Alte Handelswege zwischen dem Ionischen und Tyrrhenischen Meer kreuzen die Region, die im 17. und 18. Jahrhundert grausame Zeiten er-

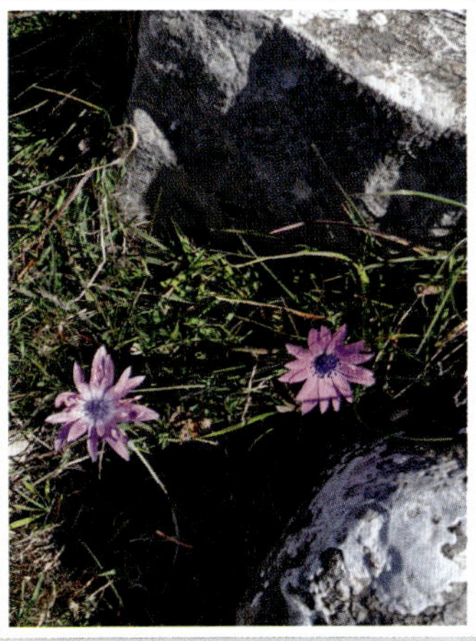

Anemonen blühen im Kalkgebirge

lebte, als feudale Barone die Bauern gnadenlos ausbeuteten. Dagegen kämpften die Briganten, die als Freiheitskämpfer bis heute verehrt werden und in deren Tradition sich auch die Camorra zu sehen versucht.

Zum Schutz der Natur und Bewahrung der alten Kulturdenkmäler wurde 1991 der 1.800 km² große **Parco Nazionale del Cilento, Vallo di Diano e Alburni** eingerichtet und 1998 zum UNESCO-Welterbe erklärt.
www.cilentoediano.it

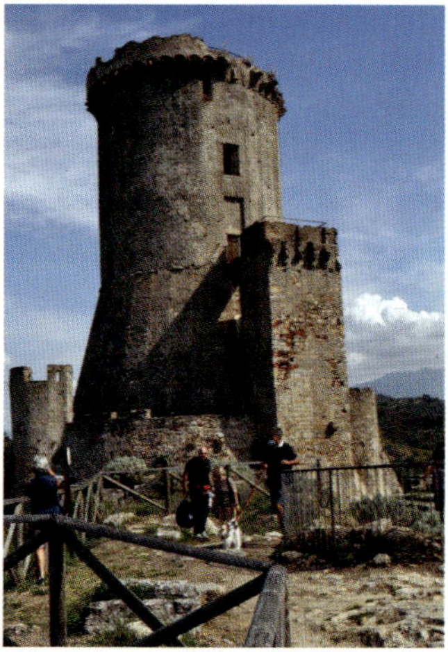

Velia – mittelalterlicher Rundturm

Buchtenreiche Küsten, Hügelregionen mit ausgedehnten Olivenhainen und sich harmonisch in die Landschaft fügenden Dörfern, Bäche mit Wasserfällen, natürlichen Aufstauungen und der größten Fischotterpopulation Italiens kennzeichnen den Nationalpark mit seiner weitgehend intakten Balance zwischen Mensch und Natur. Die Küsten des Cilento mit ihren kilometerlangen Sandstränden sind heute eine beliebte Ferienregion für italienische Familien und in den Sommermonaten daher sehr voll, große Hotelbauten findet man aber nicht, beschaulich verläuft das Leben nach wie vor in den Bergdörfern.
www.cilento-ferien.de

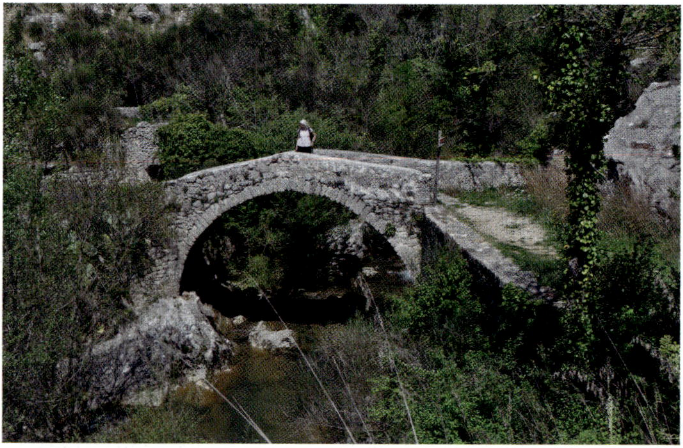

Mittelalterliche Brücke bei der Cascate Auso

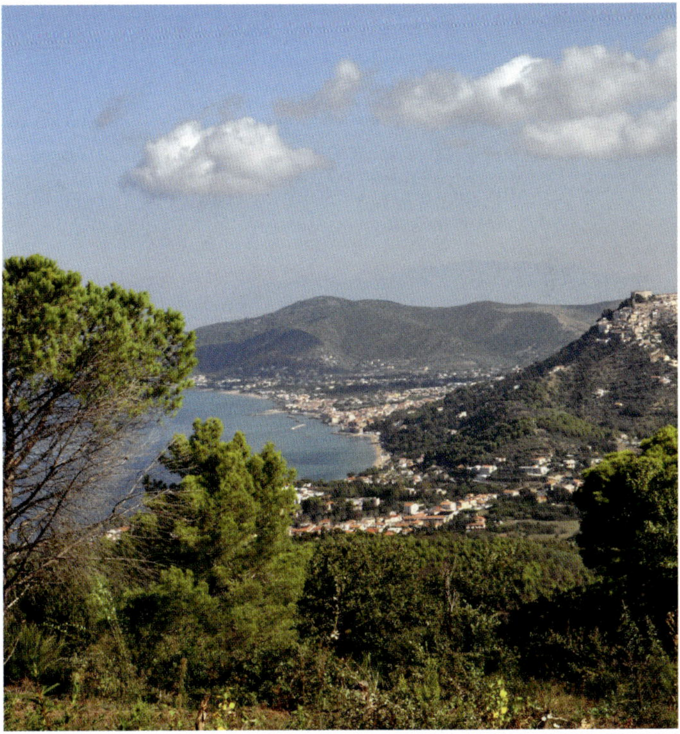

Castellabate und Küste

Auf den karstigen Bergen erstrecken sich oberhalb von 1.000 m große Buchen- und Silbertannenwälder, Birken, Eichen und Ahorne mit einer vielfältigen Tierwelt: Wildschweine, Wildkatzen, Dachse, Wölfe, viele Vogelarten, auch Greifvögel wie Adler oder Uhu, haben hier ihren Lebensraum.

Zu wünschen übrig lässt jedoch der öffentliche Verkehr, das Auto ist hier unverzichtbar. Die Bahnlinie Napoli–Salerno–Reggio di Calabria durchquert zwar den Cilento, die Bahnhöfe liegen jedoch meist weit abseits der Orte, die Bergdörfer sind schlecht an die Bahnhöfe angebunden. Information, Netz und Frequenz der privaten Buslinien, die die Region erschließen, sind sehr dürftig, besonders abseits der Küste und außerhalb der Sommermonate. Buslinien und Fahrpläne unter:
www.cosat.it (TPL Salerno)
www.sitabus.it

Mietwagen:
Agropoli: Agropolirent,
Piazza Stazione www.agropolirent.it
S. Maria di Castellabate, Abholung an mehreren Bahnhöfen: Antares 91
www.antares91.com

ALLGEMEINE TOURENHINWEISE

SCHWIERIGKEITSGRADE

■ **LEICHT**
In der Regel gut angelegte und gut markierte Wege ohne echte Gefahrenstellen, die jedermann begehen kann. Das schließt aber kurze, kräftige Steigungen nicht aus.

■ **MITTEL**
Wege und Steige auch in steilem Gelände, ein Mindestmaß an Wandererfahrung, Trittsicherheit und festes Schuhwerk sollten nicht fehlen.

■ **SCHWER**
Anspruchsvolle, zum Teil auch recht lange Touren mit teils ausgesetzten und gefährlichen Stellen. Orientierungsvermögen, Kondition, Schwindelfreiheit und Trittsicherheit sind ebenso notwendig wie die richtige Ausrüstung.

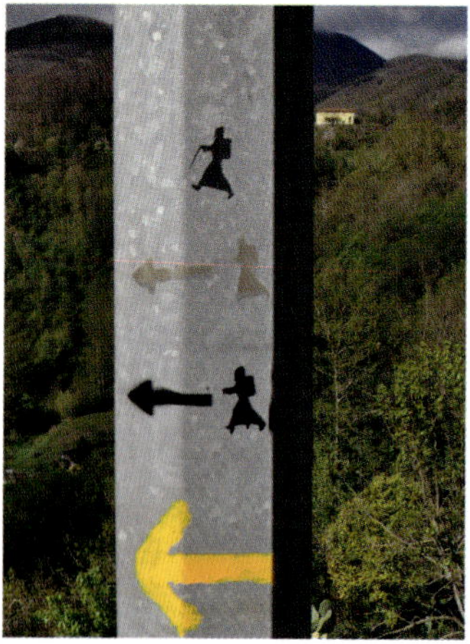

Markierungen

Gehzeiten und Schwierigkeitsgrade können nur Richtwerte sein. Angegeben ist die reine Gehzeit ohne Pausen, Faktoren wie Wetter (Hitze!) und individuelle Voraussetzungen sind zu berücksichtigen. In den Karst- und Gebirgsregionen sind feste Schuhe notwendig, für alle Touren gilt: Wasser und Sonnenschutz mitnehmen!

Einkehr
Das Einkehrsymbol auf der Seitenleiste bezieht sich auf die Einkehrmöglichkeiten unterwegs. Da die Öffnungszeiten saisonal häufig wechseln, sollten Sie sich bei Bedarf vorher genauer informieren.

Kinder
Die Einstufung „Geeignet für Kinder" bezieht sich auf gehtüchtige Kinder ab 10 Jahren. Bei allen Touren ist erhöhte Vorsicht geboten, es gibt immer wieder steile Hänge und Abbruchkanten!

Karten:
Ischia, Procida: Kompass-Karte Nr. 680
Capri: Kompass-Karte Nr. 681
Vesuv, Halbinsel Sorrent, Amalfiküste: Kompass-Karte Nr. 682

Unter der Seite www.caimontilattari.it finden Sie die offiziellen vom CAI markierten und mit neuen Nummern versehenen Wege der Monti Lattari, die Markierung vor Ort und die Freihaltung lassen allerdings oft zu wünschen übrig.

Cilento: 2 TCI-Karten Nr. 6, 1:50.000

MEINE LIEBLINGSTOUR

Die imposante Landschaft, die interessante Vegetation und die wunderbaren Ausblicke machen die Wanderung durch den Naturpark Valle delle Ferriere im bergigen Hinterland von Amalfi zu meiner Lieblingstour. – Tour 31

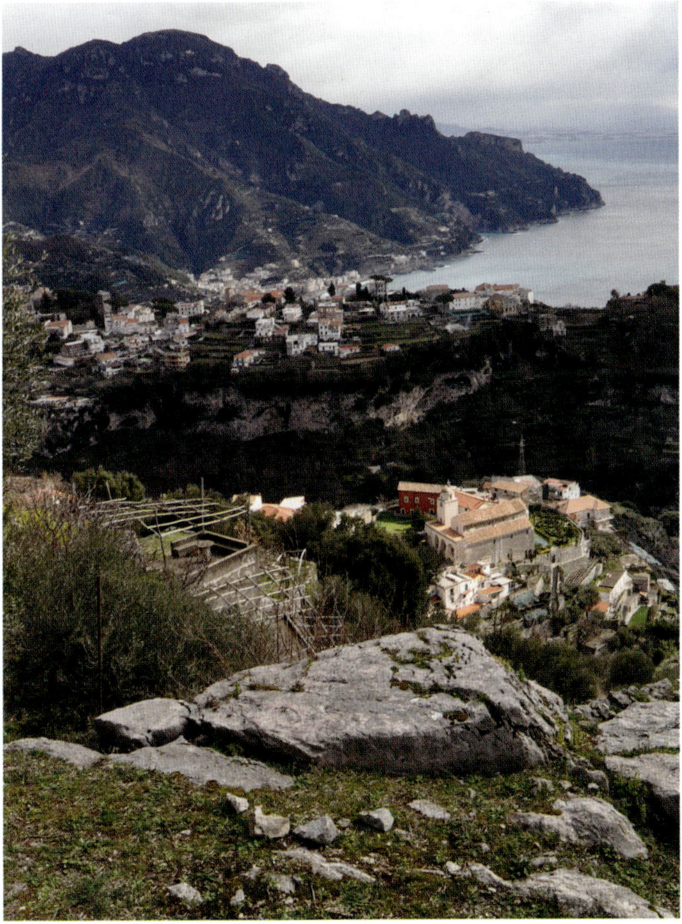

Blick von der Punta d'Aglio auf Ravello und die Küste

MEINE HIGHLIGHTS

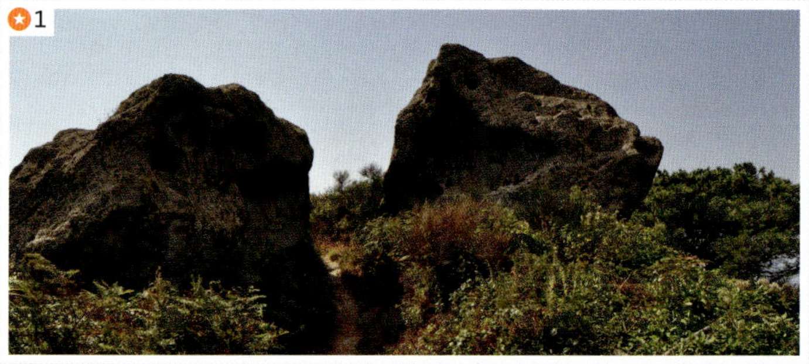

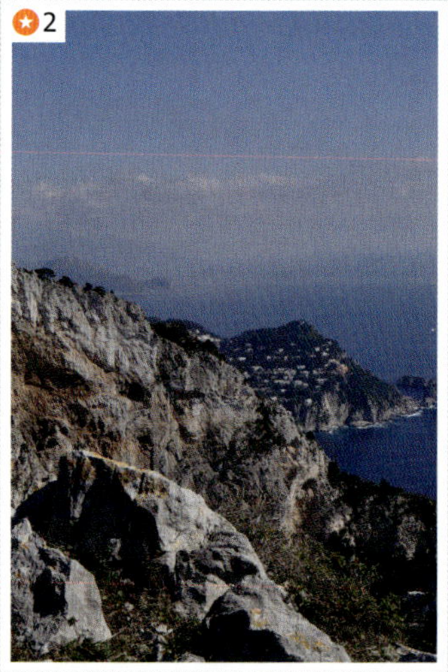

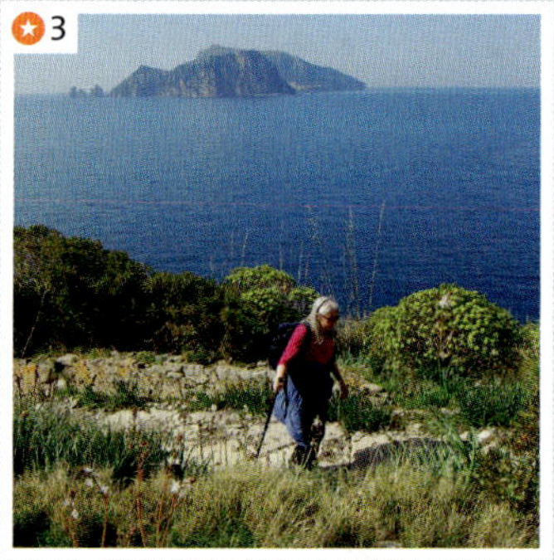

2: Capri – Vom höchsten Inselberg, dem Monte Solaro, liegt Ihnen Capri zu Füßen, auch Auf- und Abstieg führen über aussichtsreiche Wege. Sehr zu empfehlen ist am Ende ein Besuch der Villa San Michele.
→ Tour 12, Seite 72

1: Ischia – Nicht umsonst ist die Tour von Fontana auf den Monte Epomeo ein Klassiker. Die herrliche Aussicht vom Gipfel und das Bergrestaurant entschädigen für die Mühen des Anstiegs, auch der Abstieg führt aussichtsreich durch eine faszinierende Felslandschaft.
→ Tour 5, Seite 48

3: HI Sorrent – Auf dem schönen Weg am Ende der Sorrentiner Halbinsel zur Punta Campanella haben Sie immer Capri im Blick, beim Rückweg bietet der Doppelgipfel des Monte Costanzo ein herrliches 360°-Panorama.
→ Tour 14, Seite 78

4: Amalfiküste – Der berühmte „Weg der Götter" fasziniert immer wieder aufs Neue und macht die spektakuläre Landschaft der Amalfiküste ohne allzu große Mühen erlebbar.
→ Tour 28, Seite 124

5: Cilento – Abwechslungsreich gestaltet sich die Wanderung durch Macchia und Wald über den küstennahen Aussichtsgipfel Monte Tresino. Nach den Ruinen des verlassenen Bergdorfs San Giovanni gehts zum freien Gipfel und dann zurück zur Baia Trentova mit schönem Sandstrand.
→ Tour 48, Seite 188

4

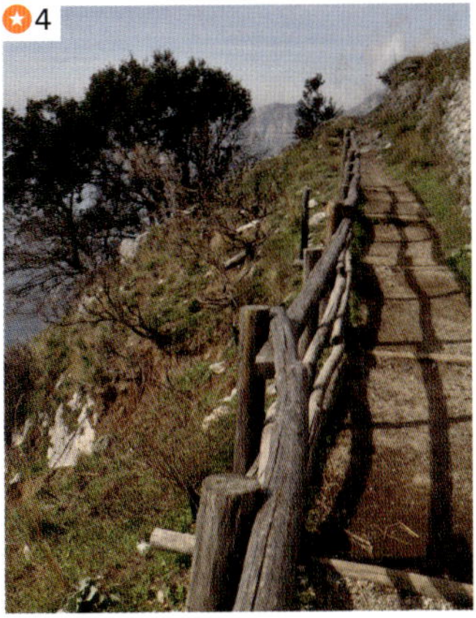

5

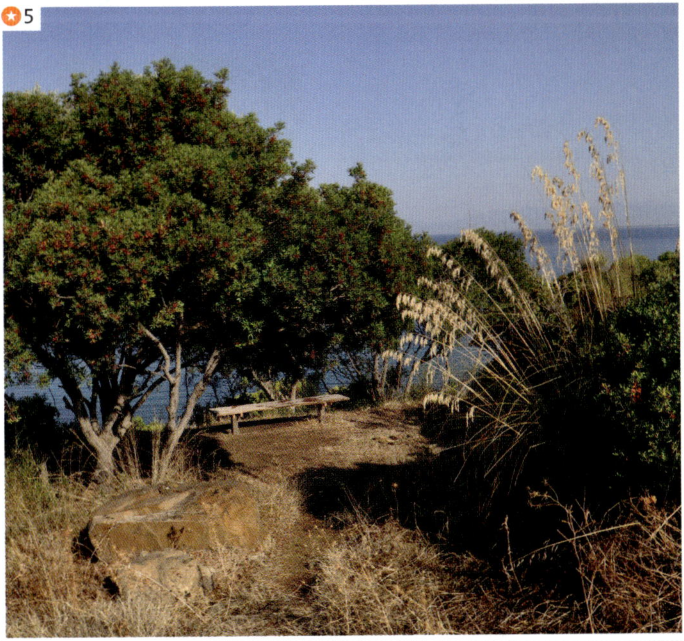

1

STADTRUNDGANG NEAPEL

Durch die Altstadt

6,6 km 1:30 h 28 hm 28 hm

START | Bahnhof Napoli Centrale
Anfahrt: Züge aus allen Richtungen
[GPS: UTM Zone 33 x: 438649 m y: 4522650 m]
CHARAKTER | Stadtspaziergang mit vielen Besichtigungs- und Einkehrmöglichkeiten. Die angegebenen Gehzeiten werden durch die Besichtigungen weit überschritten.

Der Rundgang führt durch die 1997 von der UNESCO zum Weltkulturerbe erklärten Altstadt mit ihrer langen Vergangenheit und urbanem Leben; für den Besuch des Archäologischen Nationalmuseums sollten Sie genügend Zeit einplanen.

▶ Der Stadtspaziergang beginnt am **Bahnhof Napoli Centrale** 01. Sie gehen rechts der neu gestalteten Piazza Garibaldi, Metrostation, entlang bis zum Ende und biegen dort rechts in den breiten Corso Giuseppe Garibaldi. Nach der kleinen Piazza Principe Umberto führt die Via C. Rosaroll halb links zur **Porta Capuana** 02. Dieser Renaissance-Triumphbogen aus weißem Marmor zwischen zwei mächtigen Rundtürmen gilt als eines der schönsten Stadttore Italiens, der Platz ist seit Jahren in Umgestaltung und soll weiter verkehrsberuhigt werden. Sie durchqueren die Porta und gehen dem **Castel Capuana** rechts entlang. Die Festung und Herrschaftssitz aus dem 12. Jahrhundert, aus der Zeit des Normannenkönigs Wilhelm des

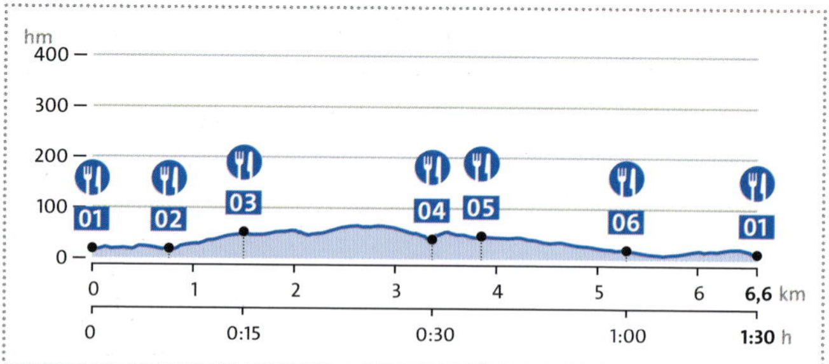

01 Napoli Centrale, Bahnhof, 17 m; 02 Porta Capuana, 17 m; 03 Dom, 35 m; 04 Piazza Dante, 45 m; 05 Santa Chiara, 30 m; 06 Porta Nolana, 17 m;

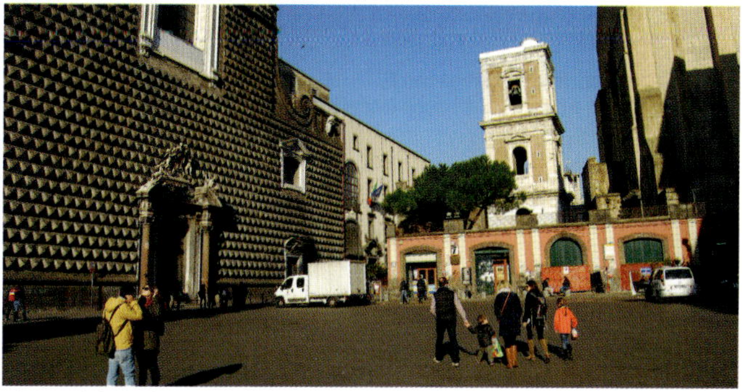

Piazza del Gesú

Bösen, wurde von den Hohenstaufen erweitert. Vizekönig Don Pedro di Toledo verlegte den Gerichtshof in das wuchtige, palastartige Schloss, der Doppeladler, das Wappen der Habsburger, prangt noch immer über dem Eingang. Gegenüber dieses Eingangs biegen Sie in die Via Tribunali, den alten „decumanus major". Von den vielen Kirchen am Weg zur Piazza Dante sollten Sie vor allem den Dom und San Lorenzo Maggiore besuchen.

Der **Dom** 03, etwas zurückversetzt an der Via Duomo, ursprünglich ein mächtiges gotisch-angiovinisches Gotteshaus, wurde im Laufe der Geschichte mehrmals grundlegend verändert. Sehenswert sind vor allem zwei Kapellen: Links liegt hinter der Cappella Restituta das Baptisterium mit großartigen Mosaiken aus dem frühen Christentum. Die Cappella San Gennaro auf der rechten Seite ist dem Stadtpatron Neapels gewidmet und ein Meisterwerk des neapolitanischen Barock aus dem frühen 17. Jahrhundert.

Neapels Schutzheiliger, **San Gennaro**, ist vor allem wegen des Blutwunders berühmt, das erstmals für das Jahr 1389 bezeugt ist. Zweimal im Jahr, am ersten Maiwochenende und am 19. September, wird die fest verschlossene Ampulle, die angeblich das getrocknete Blut des Märtyrers enthalte, gedreht und gewendet. Sollte es sich nicht verflüssigen, gilt das als böses Omen. Was die Ampulle tatsächlich enthält, darüber gibt es nur Spekulationen, es ist das bestgehütete Geheimnis der Stadt. Die plausibelste wissenschaftliche These ist, dass sich eine thixotropische Substanz, also eine Art Gel, das sich verflüssigt, wenn es geschüttelt wird, darin befindet.

Was der Heilige nicht verhindern konnte, ist bekannt. Die Gläubigen sind jedoch davon überzeugt, dass ohne die schützende Hand ihres Stadtpatrons alles noch viel schlimmer gekommen wäre. Das größte, unwiderlegbare Wunder: San Gennaro hat Neapel bisher vor der totalen Zerstörung und dem Untergang gerettet.

Weiter auf der Via di Tribunali erreichen Sie bald **Basilika** und **Kloster San Lorenzo Maggiore**, errichtet auf dem **ehemaligen**

römischen Forum. Die Ausgrabungen unter der Kirche können besichtigt werden, sehenswert ist auch die Basilika mit ihrer gotischen Struktur. www.sanlorenzomaggiorenapoli.it

Kurz nach der dem jahrhundertealten Totenkult geweihten Santa Maria delle Anime del Purgatorio (davor befinden sich drei bronzene Totenköpfe) liegt auf Nr. 362 links ein besonders schönes Beispiel des neapolitanischen Barock: der **Palazzo Spinelli**. Nicolo Massari ließ sich beim Umbau des aus dem Jahr 1500 stammenden Palastes von Sanfelice inspirieren. In den harmonischen Rundhof baute er ein kunstvolles Treppenhaus auf engem Raum.

Am Beginn der Piazza Luigi Miraglia empfiehlt sich ein Abstecher durch die Calata S. Severo zur **Cappella Sansevero**. Der mit einem Schleier aus Marmor überzogene Christus, „Christo Velato", ist ein Meisterwerk von Guiseppe Sammartino, Zeitkarten online buchbar. www.museosansevero.it Zurück und weiter auf der Via di Tribunali biegen Sie nach dem Eingang zur Poliklinik in den Verbindungsweg nach rechts ab zur **Piazza Bellini** mit Überresten griechischer Befestigungsmauern, der Statue des Komponisten und ruhigen Cafés in schöner Lage zwischen viel Grün. Von hier aus bietet sich auch ein Besuch des **Archäologischen Nationalmuseums** an (siehe „Alles außer wandern"); durch die Via Santa Maria di Costantinopoli kommen Sie direkt hin.

Von der Piazza Bellini gelangen Sie anschließend durch die von Buchhandlungen gesäumte Via Porta Alba auf die **Piazza Dante** **04**, Metrostation U1 Dante. Der große Platz an der Via Toledo wurde von Luigi Vanvittelli 1757 im Auftrag des Bourbonenherrschers Karl III. geplant.

Kurz nach der Piazza zweigt links von der Via Toledo die Via Cisterna dell'Olio ab, durch diese gelangen Sie verkehrsfrei zur **Piazza del Gesù Nuovo** mit der Mariensäule im Rokoko-Stil in der Mitte. Rechts der Piazza steht die Hauptkirche der Anjou, die ihnen auch als letzte Ruhestätte dienen sollte; **Santa Chiara** **05**. Im 18. Jahrhundert barockisiert und 1943 durch einen Bombenangriff schwer beschädigt ist das Gotteshaus nach sorgfältiger Restaurierung wieder in

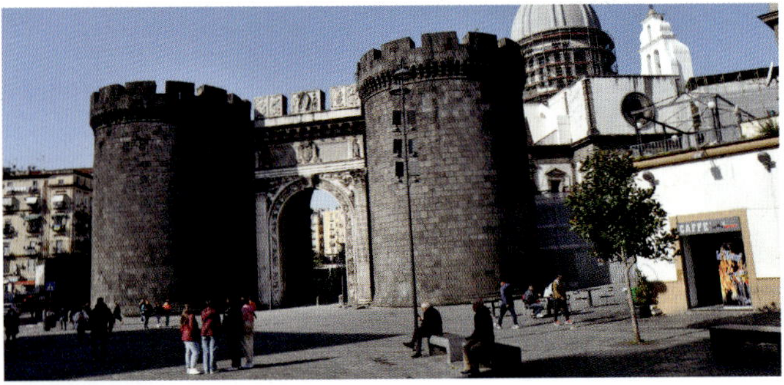

Porta Capuana – Tor zur Altstadt

Spaccanapoli – Neapels Altstadt

Trotz ständiger Umwälzungen – Neapels Altstadt ist in ihrer Anlage bis heute griechisch. Auf einem leicht geneigten Hang wurde die Stadt in regelmäßigem Grundriss errichtet. Drei „decumani", nicht mehr als sechs Meter breite Längsachsen, werden von rund 20 „cardines", nicht breiter als vier Meter, geschnitten. Die bekannteste der Längsachsen ist die über die Altstadt hinausreichende 2 km lange, gerade **Spaccanapoli**, die das Zentrum in zwei Teile spaltet, „spaccare" = spalten, teilen. Der unmittelbare Eindruck der Altstadt: eng und dunkel, aber lebendig. Größere Plätze fehlen, dafür gibt es zahlreiche Innenhöfe und einige kleinere Plätze.

Diese Struktur war für die Machthaber schwer zu kontrollieren, so konnten die „seggi", Standesvertretungen nach dem demokratischen Vorbild der griechischen Bruderschaften, bis 1799 die kommunale Selbstverwaltung behaupten. Keiner der zahlreichen Fremdherrschaften war es gelungen, den historischen Kern der Stadt ganz zu kontrollieren, zumal die Herrscher in ihren Machtzentren vor den Mauern nicht die Sprache des Volkes sprachen.

Am deutlichsten drückten die Anjou der Altstadt ihren Stempel auf. Sie ließen ab 1266 die Stadt mit bedeutenden Sakralbauten im Stil der französischen Gotik überziehen. San Domenico, San Lorenzo, Santa Chiara und viele andere später barockisierte Kirchen gehören bis heute maßgeblich zum Erscheinungsbild der Altstadt.

Ein besonderes Problem wird heute zunehmend sichtbar – das verwendete Baumaterial, der vulkanische Tuff. Der Abbau erfolgte früher an Ort und Stelle; unten baute man ab, oben baute man auf. Weite Teile der Stadt sind unterhöhlt von Kavernen und Stollen, voll mit Katakomben und Friedhöfen, im 2. Weltkrieg dienten sie auch als Luftschutzkeller. Doch Tuff verwittert leicht, die alte Bausubstanz droht zu zerbröseln. Während künstlerisch wichtige Kirchen sorgfältig restauriert wurden und werden, ist eine Sanierung der Wohnblocks nicht in Sicht. Der Stadt fehlt das Geld, die Bewohner fürchten die Gentrifizierung. Durch eine Sanierung würden viele ihrer Hinterhofarbeitsplätze verschwinden, die Mieten würden steigen und die alten ärmeren Bewohner würden abgedrängt in die anonymen und tristen Vorstadtsiedlungen. Also wird ausgebessert und abgewartet, schlimmer als am Stadtrand kann's nicht werden.

Ein nachvollziehbarer Standpunkt, und manches wird ja auch besser: Autos werden zunehmend aus dem Zentrum verbannt, die Spaccanapoli, die Via Tribunali und die kleinen Plätze sind inzwischen autofrei, von kleinen Lokalen gesäumt und von Touristen geschätzt.

seiner ursprünglichen gotischen Reinheit zu bewundern.

Der gotische **Kreuzgang** des Klosters, im 18. Jahrhundert mit Schatten spendenden Laubengängen versehen, deren Sitzbänke und Säulen mit Majoliken aus Capodimonte verkleidet sind, hat seit der Reduktion der Bepflanzung jedoch einiges an Suggestion verloren.

Reinster Barock findet sich in der gegenüberliegenden Kirche **Il Gesù Nuovo**, einem von den Jesuiten umgebauten Palast, dessen Fassade mit herrlichen Peperinquadern im Diamantschnitt erhalten blieb.

Die nun folgende Via Benedetto Croce ist Teil **Spaccanapolis**, die die Altstadt unter wechselnden Namen durchschneidet. Im Palazzo Filomarino, Nr. 12, wohnte Benedetto Croce, einer der bekanntesten Philosophen Italiens des 20. Jahrhunderts und Kämpfer gegen den Faschismus. In der Nr. 19, dem Palazzo Venezia, befindet sich im Hinterhof einer der versteckten Gärten Neapels mit dem stimmungsvollem Café Pa-Ve.

An der belebten **Piazza San Domenico Maggiore** mit der Pestsäule und Straßencafés liegt die gleichnamige Kirche umgeben von großen Palästen. Im Palazzo Sangro di Sansevero wohnte einer der wichtigsten Lautenvirtuosen und Komponisten des frühen 17. Jahrhunderts, Carlo Gesualdo. Kirche und Kloster San Domenico Maggiore, Ende des 13. Jahrhunderts unter Karl II. von Anjou als Hauptsitz des Dominikanerordens errichtet, wurden durch die häufigen Umbauten zu einem wenig überzeugenden Stilgemisch von der Gotik bis Barock und Neugotik.

Weiter auf der Spaccanapoli gelangen Sie nach der Piazzetta del Nilo mit der liegenden Skulptur des Vaters Nil, auch als Corpo di Napoli/Körper von Neapel, bezeichnet, bald zu einer charakteristischen Querstraße. An der **Via San Gregorio Armeno** reihen sich nach der barocken Kirche und Kloster mit schönem Kreuzgang zahlreiche Läden der Kunsthandwerker des Krippenbaus, der in Neapel eine lange Tradition besitzt, aneinander.

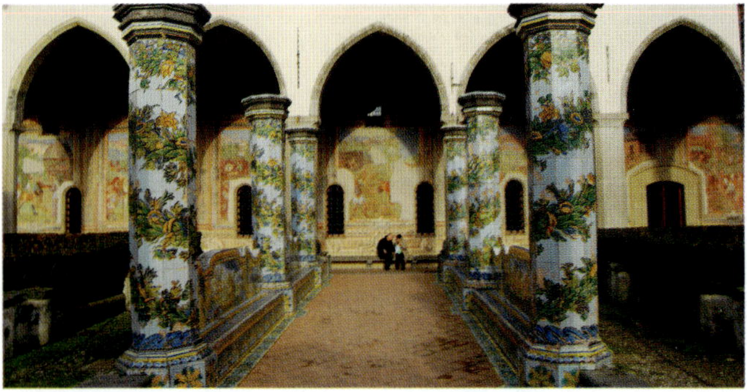

Santa Chiara, Majolika-Kreuzgang

Weiter geht es auf der Spaccanapoli. Nachdem Sie die Via Duomo überquert haben gehen Sie geradeaus und dann halb rechts durch die Via Forcella. Dieses Viertel gilt als die Hochburg der Camorra, die hier durch die triste Wohnsituation den idealen Nährboden findet, auch jenseits des Corso Umberto setzen sich in den „Quartieri bassi" die schlechten Wohnverhältnisse fort.

Nachdem Sie den breiten Corso Umberto überquert haben spazieren Sie die verkehrsfreie Via Nolana bis zur **Porta Nolana** 06, einem Stadttor aus dem 15. Jahrhundert. Die Trattoria „Da Giovanni", Via Sopramura 9, nahe dem Stadttor, ist seit Jahren bekannt für solide neapolitanische Küche. Bevor Sie zum nahen **Bahnhof** 01 zurückkehren empfiehlt sich auch noch ein Bummel durch die von Fischhändlern gesäumte Marktstraße Via Sopramura zur Kirche **Santa Maria del Carmine** am Ende der Straße. Auch diese gotische Kirche des Karmeliterordens wurde im Laufe der Jahrhunderte stark verändert und barockisiert. Am auffälligsten ist der 75 Meter hohe Campanile, dem im 17. Jahrhundert eine oktogonale, mit Majoliken verkleidete Kuppel aufgesetzt wurde. Hinter der Kirche liegt die große **Piazza del Mercato**, früher Richtplatz der Stadt. Hier wurde 1268 der junge Herzog Konradin von Hohenstaufen, Enkel Friedrich II., enthauptet, womit auch das Herrschergeschlecht der Staufer endete – er hatte vergeblich versucht, das Königreich von den Anjou zurückzuerobern.

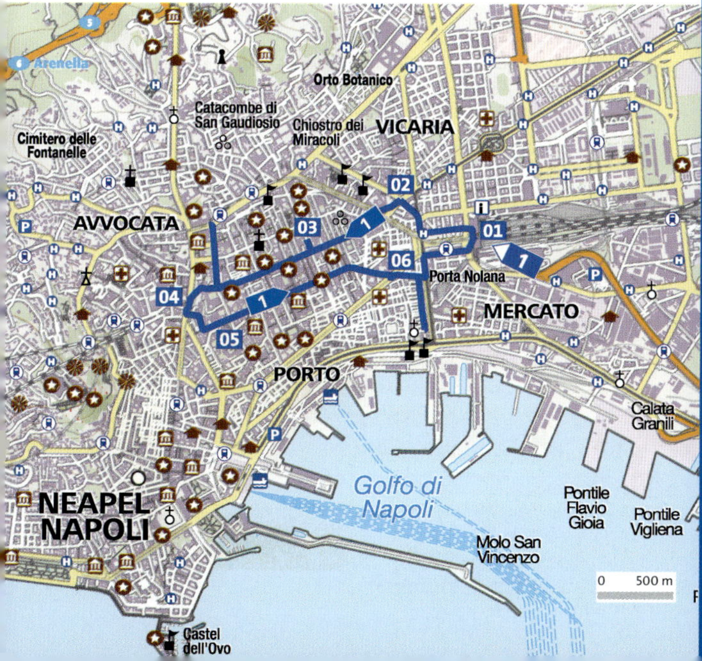

VESUV

Der touristische Ausflug

3,3 km 1:15 h 140 hm 140 hm

START | Infobüro nahe Parkplatz Quota 1000
Anfahrt: EAV-Bus vom Bahnhof Pompei/Scavi, ab 8 Uhr, Vesuvioexpress vom Bahnhof Ercolano, ab 9.30 Uhr, die Fahrkarten sind günstig und nur im Bus erhältlich.
[GPS: UTM Zone 33 x: 451584 m y: 4519843 m]
CHARAKTER | Aussichtsreicher Gipfelspaziergang auf gut gesichertem Weg halb um den Krater. Eintrittsgebühr, Zugang ab 9 Uhr, Bars am Kraterrand.
Mit Bergführer ganz um den Krater, Extragebühr, Bergführer warten bei der Ticketkontrolle am Parkplatz.

Der **Vesuv** ist ein touristisch voll erschlossener Vulkan. Er wird bei Schönwetter von zahlreichen Besuchern gestürmt, die ihre Eintrittskarte lösen und dann alleine halb um den Kraterrand und wieder zurückgehen. Auch dieser Ausflug ist lohnend, es empfiehlt sich jedoch durchaus mit einer Gruppe um den ganzen Kraterrand zu gehen, das Erlebnis ist intensiver und weniger touristisch. Die Eintrittskarten werden im Infobüro an der letzten Kehre verkauft, der Bus hält hier zum Aussteigen, Ticketkontrolle und Parkplatz befinden sich etwas weiter oben.

▶ Vom **Infobüro** 01 gehen Sie auf der Straße weiter zum Parkplatz, ab 10 Uhr ist dieser voll und

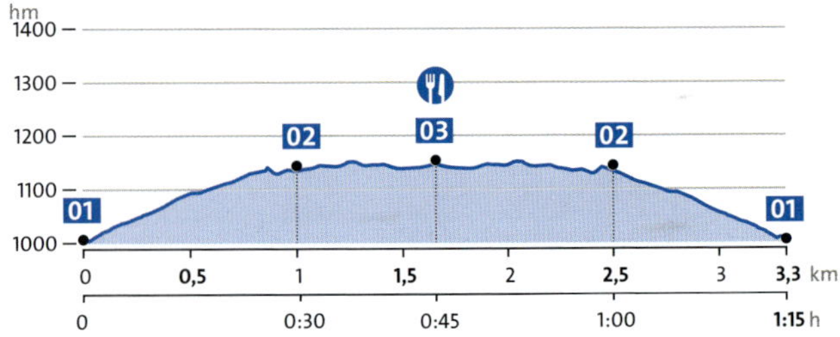

01 Infobüro, 1000 m; 02 Kraterrand, Beginn, 1130 m; 03 Bar, 1140 m;

Tipp:

Der Ausflug ist an schönen Tagen lohnend, nehmen Sie den ersten Bus, danach wird's voll, außerdem hüllt sich der nahe dem Meer stehende Vesuv zu Mittag gerne in einen Wolkenkranz. Ausrüstung: Auch für einen einfachen Spaziergang sind feste Schuhe und eine Windjacke empfehlenswert.

Achtung! Wenn die Corona-Schutzmaßnahmen noch gültig sind, muss man vor dem Besuch auf www.vivaticket.com online ein Ticket mit Zeitfenster buchen und herunterladen, auf dem Vesuv gibt es dann kein Internet mehr.

Autofahrer müssen an der Straße weiter unten parken. Nach der Ticketkontrolle steigen Sie auf breitem Schotterweg in Serpentinen an bis zum **Kraterrand** 02. Mit herrlichen Blicken auf Neapel, seinen Golf und in den 230 m tiefen Krater, Durchmesser 700 m, wandern Sie dem Kraterrand entlang, am Weg liegen drei Bars, die mittlere ist die schönste. Bei der dritten **Bar** 03 endet der offiziell freigegebene Weg, auf demselben Weg kehren Sie wieder zum Ausgangspunkt zurück.

Die kurze Wanderung erlaubt noch einen passenden ergänzenden Besuch der Ausgrabungen von Pompeji, der Bus fährt direkt hin.
www.guidepomei.com

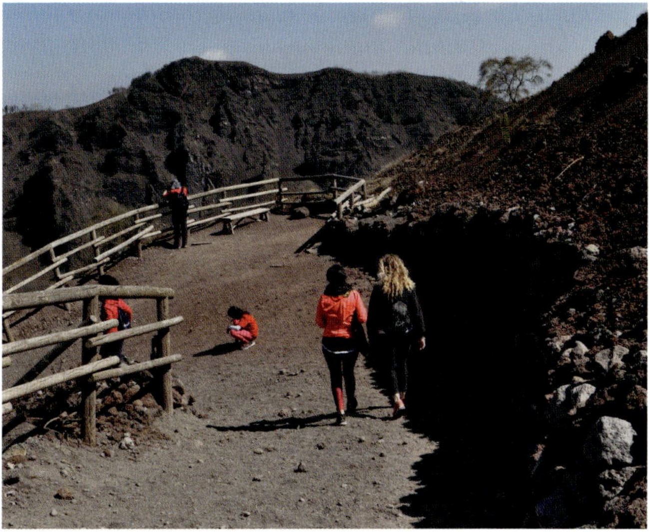

Kraterweg am Vesuv

Vesuv

Der Vesuv, das Wahrzeichen Neapels, ist ein typischer Strato- oder Schichtvulkan, dessen Kegel einen Durchmesser von 16 km hat und aus einer Wechselfolge von Lavaergüssen und Lockermassen aufgebaut wird. In der Antike bestand der Vulkan aus einem einzigen Kegel, seit dem verheerenden Ausbruch 79 n. Chr., bei dem die Spitze des Monte Somma einstürzte und eine Caldera bildete, sind es im oberen Teil zwei – der ältere Monte Somma, 1132 m, und der jüngere, eigentliche Vesuv 1281 m hoch, eingebettet in die Somma-Caldera. Die beiden Kegel sind im Norden durch das Valle del Gigante und im Osten durch das Valle dell'Inferno getrennt.

Der Vesuv gehört zum Typus der Explosionsvulkane, bei dem ein Großteil der Lava durch Explosionen in die Luft geschleudert wird, im Gegensatz zum Ätna zeigen sich an seinen Flanken nur wenige Seitenkrater. Seit dem letzten großen Ausbruch im Jahr 1944 befindet sich der Vesuv im Fumarolenstadium bei geschlossenem Schlot, seine auf früheren Bildern so charakteristische Rauchfahne fehlt, mit einer neuerlichen Aktivität muss jedoch gerechnet werden.

Wie der Ätna bringt auch der Vesuv Unglück und Segen, er gibt und nimmt. Die Hänge des Vesuvs werden teilweise landwirtschaftlich genutzt, auf dem fruchtbaren Boden gedeihen Obst, Gemüse und Wein – darunter der berühmte Lacryma Christi. Seit 1995 stehen weite Teile unter Naturschutz und gehören zum „Parco Nazionale del Vesuvio", in dem ein Netz von verschiedenen Wanderwegen angelegt wurde.

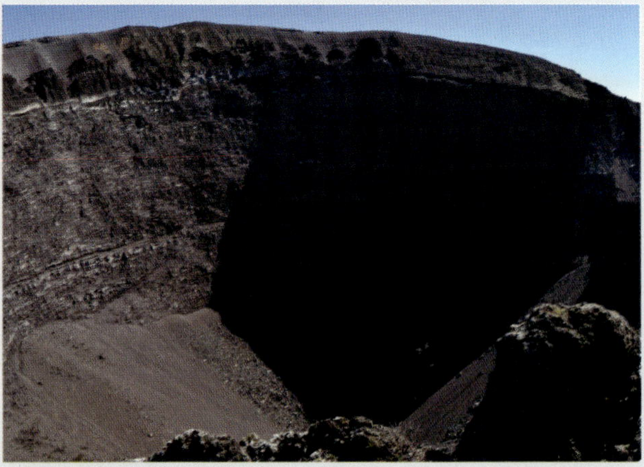

Krater des Vesuvs

Anmerkung: Verheerende Brände im Juli 2017 haben jedoch Teile der Pinien-, Kastanien- und Eichenwälder zerstört, die Vegetation wird Jahre brauchen, um sich wieder zu erholen. Die Lage ist sehr unübersichtlich und unsicher, etliche Wege sind gesperrt oder dürfen nur mit autorisierten Führern begangen werden. Deshalb wurde nur der Aufstieg zum Kraterrand, eine touristische Attraktion ersten Ranges, in diesen Führer aufgenommen.

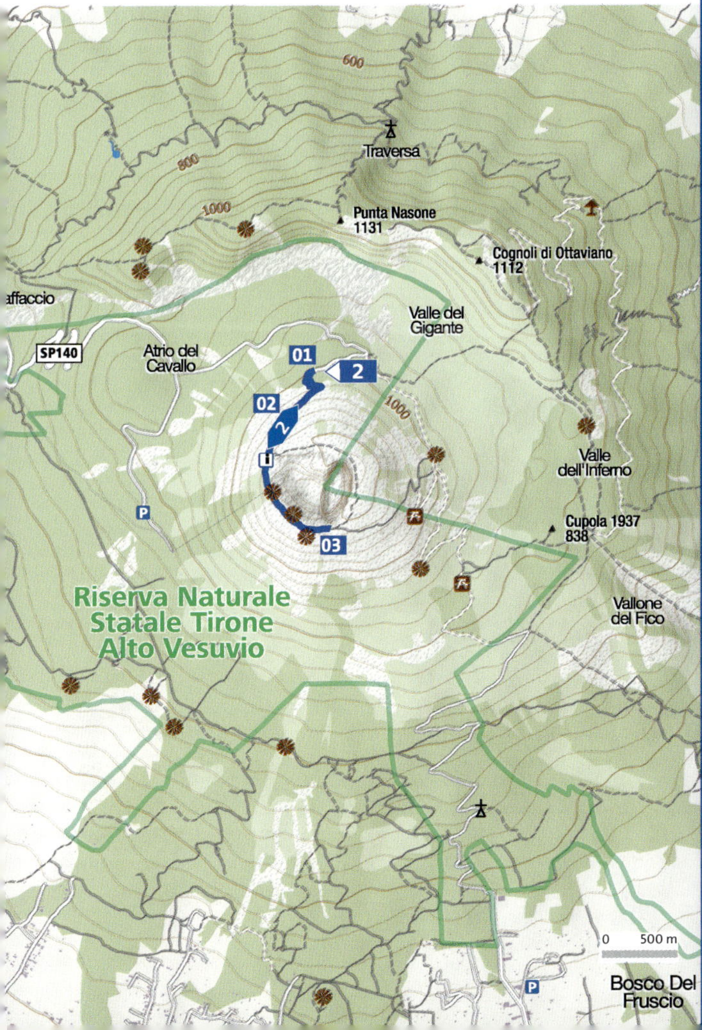

ASTRONI

Naturoase im Krater

4,2 km 1:20 h

START | Eingang zum Naturschutzgebiet, Via Agnano Astroni 468
Anfahrt mit Auto: Tangenziale, Ausfahrt Agnano, den Schildern zur WWF-Oase Astroni folgen.
Mit Bus: Im Sommerhalbjahr Bus 514 Sa., So., Fei. vom Bahnhof Bagnoli nach Astroni, sonst Bus C12 ab Bahnhof Mergellina bis Haltestelle Vittorio Emanuele, 20 Min. Fußmarsch bis Astroni
[GPS: UTM Zone 33 x: 429131 m y: 4521369 m]
CHARAKTER | Gemütliche Rundtour auf vorgeschriebenen Wegen durch die urwaldartige Vegetation im Astroni-Krater, schattig.

Der ausgeschilderte Rundkurs führt vom **Eingang** 01 zum **Belvedere** 02, dann zum **Lago Grande** 03 am Kraterboden und über den **Picknickplatz** 04 wieder zum Eingang zurück.

Der 250 Hektar große **Astroni-Krater** entstand vor 3.700 Jahren, bis ins Mittelalter waren die heißen Quellen für ihre Heilwirkung bekannt. Vom 15. bis zum 19. Jahrhundert war er exklusives königliches Jagdgebiet, seit 1987 steht der waldreiche Krater mit den Seen am Kraterboden unter staatlichem Naturschutz, betreut vom WWF. Sonn- und Schattseite, trockene und feuchte Böden lassen auf kleinstem Raum ganz unterschiedliche Pflanzen gedeihen, wobei sich der Wald unten und die mediterrane Macchia an den oberen Hängen ausbrei-

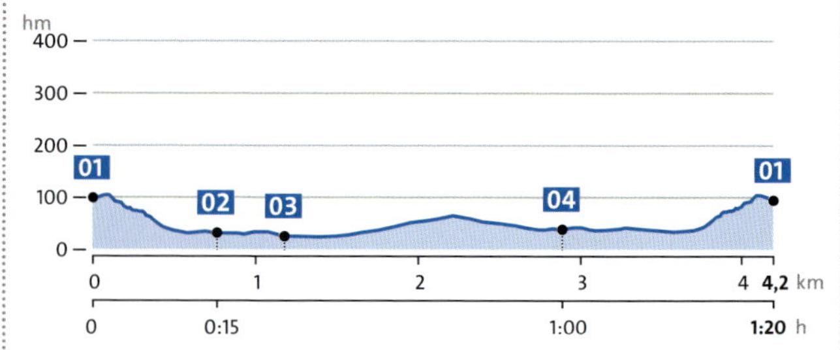

01 Eingang, 100 m; 02 Belvedere, 80 m; 03 Lago Grande, 40 m;
04 Picknickplatz, 40 m;

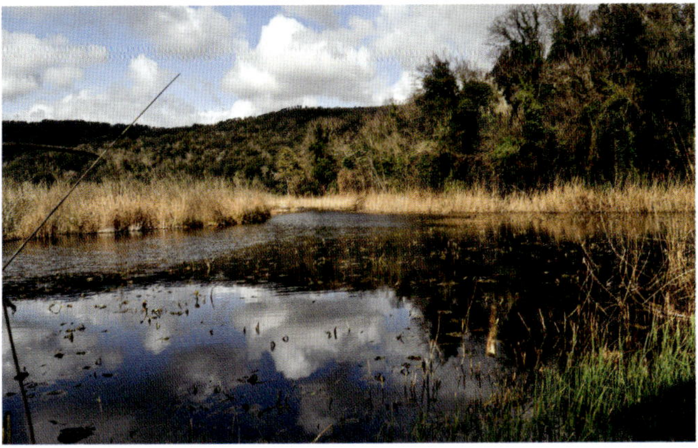

Kratersee Lago Grande

tet. Der Wald ist ein artenreicher Mischwald aus Kastanien, Eichen, Hainbuchen, Ahornen, Ulmen, Robinien und Eschen, oft mit Efeu umrankt. In den feuchteren Gebieten an den Seen stehen Schilfgras, Salweiden und Pappeln.

Vielfältig ist auch die Fauna: Füchse, Marder, Igel und Siebenschläfer haben hier ihren Lebensraum,

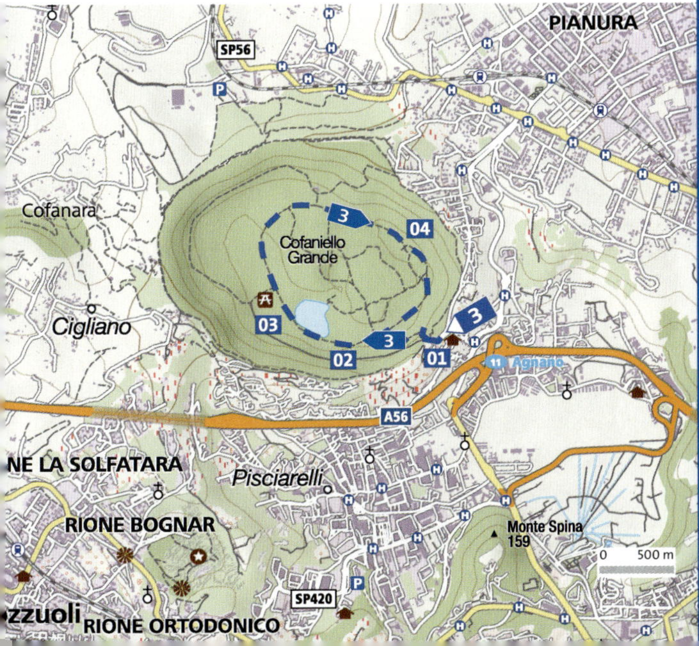

in den Bäumen nisten Raubvögel wie Uhu oder Falken, in den Seen tummeln sich zahlreiche Wasservögel; insgesamt wurden mehr als 130 Tierarten gezählt. In dieser Naturoase gibt es jedoch eine ähnliche unselige Entwicklung und Aufschaukelung wie am Vesuv: Eintrittsgebühr und Zugangsbeschränkungen wurden nicht akzeptiert, die Absperrungen an vielen Stellen niedergerissen. Dies führte zu weiteren Beschränkungen, der Rundweg am Kraterrand wird bis auf Weiteres nicht mehr geräumt, er ist geschlossen und auch de facto nicht passierbar. Die Öffnungszeiten sind auf Samstag, Sonntag und Feiertag beschränkt, die Teilnahme an einer Führung ist in der Nebensaison obligatorisch.

An der Kassa (Eintrittsgebühr), erhalten Sie ein Faltblatt mit den verschiedenen Rundwegen. Besonders schöne Stellen sind das Belvedere 5 Minuten auf der Straße nach dem Eingang, der große Rast- und Picknickplatz und die Seen am Kraterboden.

Für Kinder ist vor allem der **Dino-Park** eine Attraktion, 30 lebensgroße Dinosaurier und andere prähistorische Tiere können auf dem Rundweg bestaunt werden. Aktuelle Öffnungszeiten der Riserva Naturale Cratere degli Astroni: www.crateredegliastroni.org

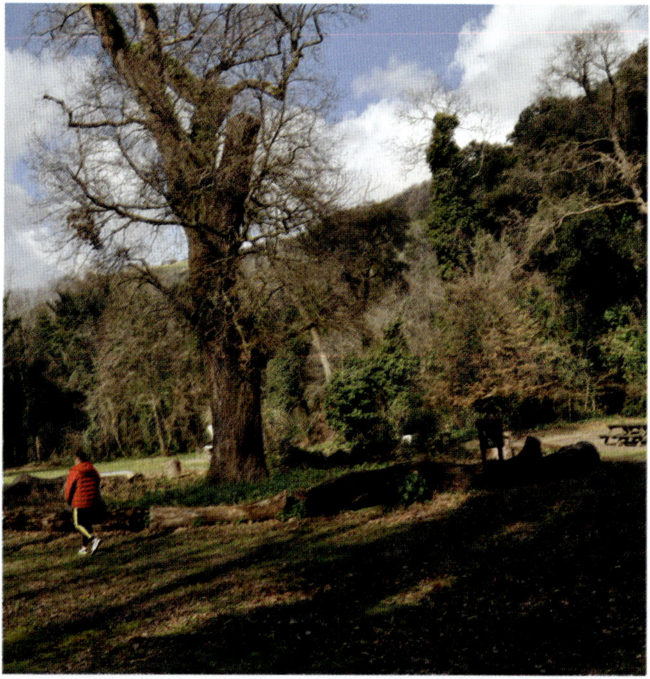

Picknickplatz am Kraterboden

MONTE GAURO

Kraterrand mit drei Gipfeln

6 km 2:45 h 320 hm 320 hm

START | Porta di Campiglione bei der Zufahrt zum Kraterboden
Anfahrt: Kein Bus. Auto: Tangenziale, Ausfahrt Pozzuoli/Campagna, dann Via Campiglione bis zur Porta di Campiglione.
Bei der Gabelung an der Porta rechts, die Zufahrt zum Kraterboden ist verboten, US-militärisches Sperrgebiet, am Straßenrand und Ende der Straße Parkmöglichkeit.
[GPS: UTM Zone 33 x: 425105 m y: 4522605 m]
CHARAKTER | Interessante Rundwanderung mit herrlicher Aussicht über den Krater und ins Umland auf guten Wegen und Pfaden. Keine Markierung, ein steiler Auf- und Abstieg, halbschattig.

Sie starten die Tour an der **Porta di Campiglione** 01 in der Bresche des Kraterrandes am Ende der rechten Straße vor dem Schranken. Durch den Schranken gehen Sie auf dem Sträßchen leicht ansteigend, nach 5 Minuten biegt nach der Messstation 579 rechts der Pfad hinauf ab, er führt durch Felsen zur Ostseite des Kraterrandes. Auf dem mit Schilfgras etwas zugewachsenen, aber deutlich erkennbaren Pfad wandern Sie mit freier Sicht unterhalb des Monte Corvara. Er geht in einen Weg über, Sie kommen zu einem Schranken und machen einen kurzen Abstecher zur sichtbaren **Ruine** 02 auf einer kleinen Terrasse.

Zurück zum Schranken wandern Sie nun geradeaus auf dem Fahr-

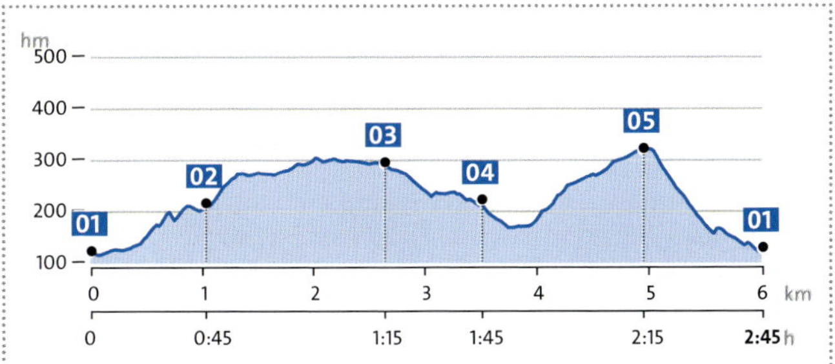

01 Porta di Campiglione, 110 m; 02 Ruine, 180 m; 03 Monte S. Angelo, 280 m; 04 Senke, 150 m; 05 Monte Barbaro, 300 m;

weg weiter, eine Absperrung vor einem Haus umgehen Sie auf dem Pfad rechts und dann auf dem Weg weiter bis zur Chiesa S. Angelo auf dem **Monte S. Angelo** 03. Die Kirche stammt aus dem 12. Jahrhundert und hat, entsprechend ihrer strategischen Position, Festungscharakter. Sie ist geschlossen, vom Rastplatz davor genießen Sie eine weite Sicht über den ganzen Krater und die Campi Flegrei bis hinüber nach Camaldoli.

Vor der Kirche biegt der Weg links hinunter in den Krater, er macht auf halber Höhe eine Rechtskehre und führt am Kraterhang Richtung Meer zu einer **Senke** 04 im Kraterrand mit schönem Blick auf den kreisrunden Avernersee. Nun gabeln sich die Wege (später treffen sie wieder zusammen). Der linke Weg führt weiter dem Hang entlang, der rechte steigt steil hinauf zum Kraterrand, bei einer Abzweigung wieder rechts, der Aufstieg

Monte Gauro

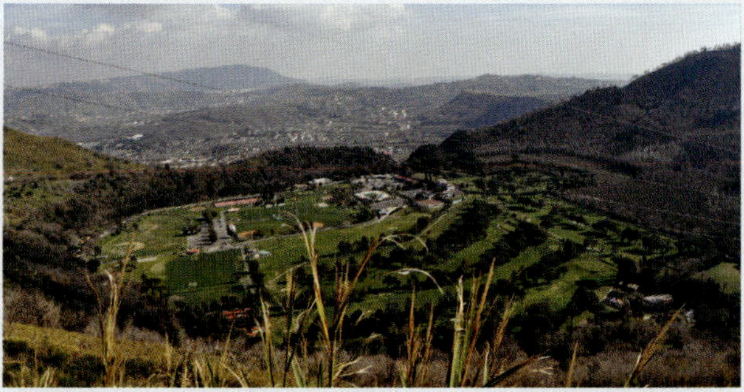

Monte Gauro – Blick über den Krater

Der **Monte Gauro**, der Majestätische, ist ein vor 10.000 Jahren entstandener Vulkan in den Campi Flegrei mit drei Gipfeln im Kraterrand: Im Osten der Monte Corvara, 320 m, im Norden der Monte S. Angelo, 310 m, und im Süden der Monte Barbaro, 335 m. Der Krater mit einem Durchmesser von 800 m heißt Campiglione, eine Bresche im Kraterrand, die Porta di Campiglione, bildet den Zugang zum Kraterboden. In diesem befindet sich der Carney Park (Golfplatz und andere Sportanlagen der US-Navy), Zutritt verboten.

Die Tour führt daher dem Kraterrand entlang, neben der herrlichen Aussicht ist auch die unterschiedliche, stark von der Lage abhängige Vegetation interessant: Auf der Schattseite dominiert Wald mit Kastanien, Eichen, Hainbuchen und Feldahornen, auf der Sonnseite findet sich die typische mediterrane Macchia mit Myrte, Mastixstrauch, Zistrosen und Ginster.

Info Phlegräische Felder siehe Gebiet, 1. Kapitel

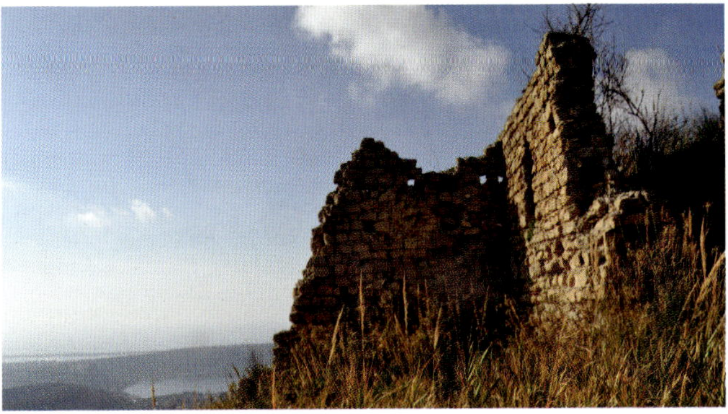

Ruine der Einsiedelei

lohnt sich. Bei einer Abzweigung eines mit einem Erdwall versperrten Weges machen Sie den kurzen Abstecher über den Erdwall zur Ruine der ehemaligen Einsiedelei S. Salvatore am **Monte Barbaro** 05 in herrlicher Aussichtslage – der Blick schweift zurück nach S. Angelo, über den Avernersee, Pozzuoli und Procida nach Ischia.

Sie gehen auf dem breiten Weg weiter, er fällt bald sehr steil ab direkt hinunter zum Kraterboden, bei Nässe Rutschgefahr. Knapp vor dem Kraterboden sehen Sie rechts am Fuße der Tuff-Felswand zwei antike Höhlen. Ein Pfad führt nun am Zaun des Golfplatzes entlang zurück zum Ausgangspunkt 01.

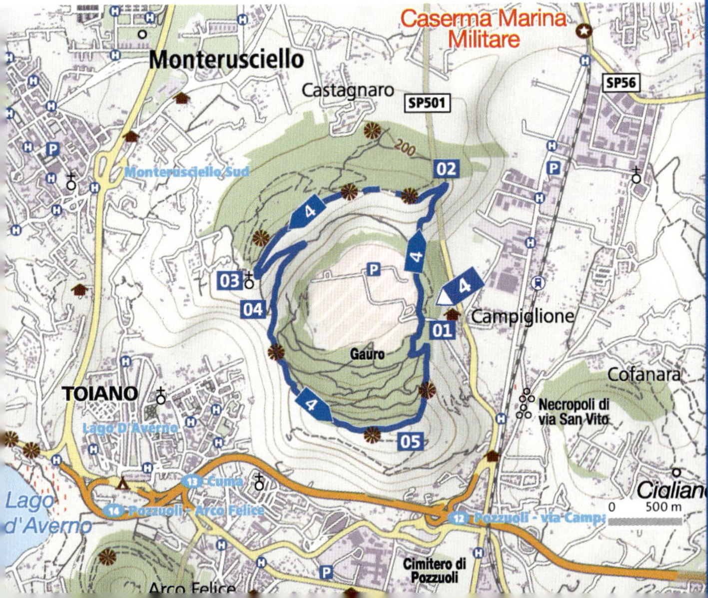

MONTE EPOMEO • 865 m – SERRARA BELVEDERE

Klassischer Aufstieg – aussichtsreicher Abstieg

6 km 2:10 h 337 hm 447 hm

START | Fontana, Zentrum
Anfahrt: Busse CD und CS
[GPS: UTM Zone 33 x: 407006 m y: 4508237 m]
CHARAKTER | Aussichtsreiche Wanderung im Monte Epomeo-Massiv, dem höchsten Inselberg. Gute Wege und Pfade, kurze steile Abstiegspassagen, wenig Schatten. Rot-weiße Markierung und einzelne Wegweiser.

Auf der klassischen Aufstiegsroute, dem kürzesten Weg, steigen Sie auf zum **Monte Epomeo** mit seiner herrlichen Aussicht und dem Gipfelrestaurant. Der Abstieg erfolgt auf einer Panoramaroute, den spektakulärsten Tiefblick gibts vom Aussichtsfelsen mit Gipfelkreuz. Am Weg liegt auch das Ausflugsrestaurant Bracconiere, Ihr Ziel ist das Belvedere von Serrara, wieder mit bester Sicht – auch vom Restaurant im 1. Stock.

Sie starten die Wanderung zum Monte Epomeo in **Fontana** 01 nach einem Kaffee in der gleichnamigen Bar an der zentralen Piazza. Wenige Schritte auf der Straße nach Westen biegen Sie gleich in die steile Via Epomeo (Wegweiser). Sie treffen auf eine breitere Zufahrtsstraße, gehen

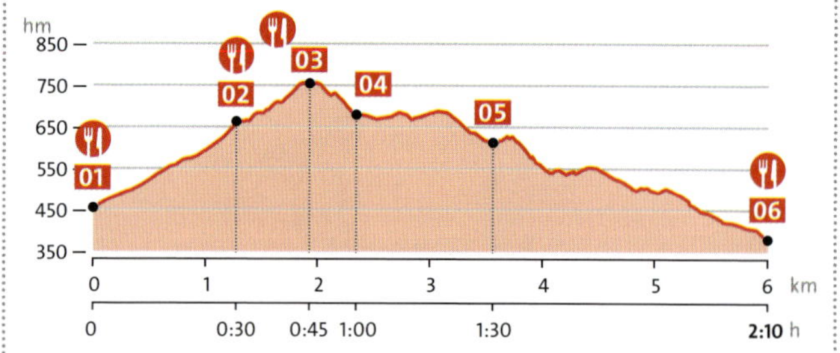

01 Fontana, 450 m; 02 La Porta di Agartha, 660 m;
03 Monte Epomeo, 787 m; 04 Sattel, 680 m;
05 Belvedere dei Frassitelli, 600 m; 06 Serrara Belvedere, 340 m;

Troglodytenhäuser

In den Felsen „Pietra dell'Aqua" sehen Sie rechts des Weges ein schönes Beispiel einer in einen großen Tufffelsen gehauenen Wohnhöhle, ein Troglodytenhaus. Der weiche vulkanische Tuffstein ist aufgrund der Gaseinschlüsse sehr porös, eignet sich gut als Baumaterial und wurde, wie auch im unterirdischen Neapel, oft ausgehöhlt für Wohnungen und Lagerräume. Im Monte Epomeo-Massiv finden sich etliche ausgehöhlte Tufffelsen wie die Einsiedelei San Nicola, oft liegen sie versteckt im Wald und boten den Bauern auch ein gutes Versteck vor den gefürchteten Piraten.

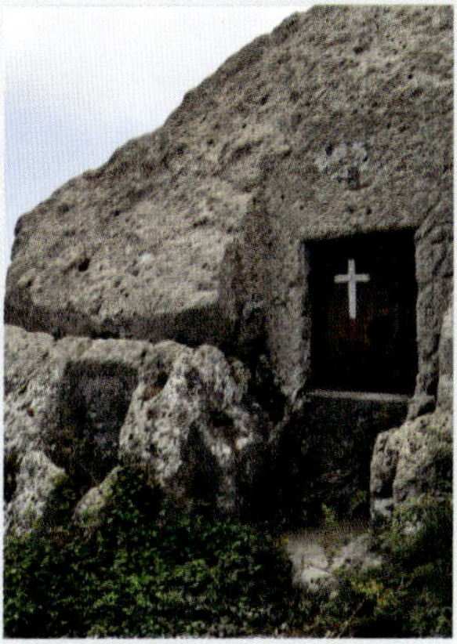

Tryglodytenhaus bei Pietra dell'Aqua

ihr entlang und biegen nach der ersten Piniengruppe nach links in den anfangs betonierten Weg, eine Abkürzung zur über die Straße ausgeschilderten Route. Er setzt sich als Hohlweg fort und trifft wieder auf die Straße, nach 5 Minuten weisen Sie die Pfeile dann links in die Betonstraße. Vorbei am Ausflugsrestaurant Miscillo Sapori gehts weiter steil aufwärts bis zum Restaurant/Bar **La Porta di Agartha** **02**.

Hier beginnt der weniger steile Naturweg, gegen Ende des Hohlweges zweigt links ein aussichtsreicher Pfad Richtung Forio als

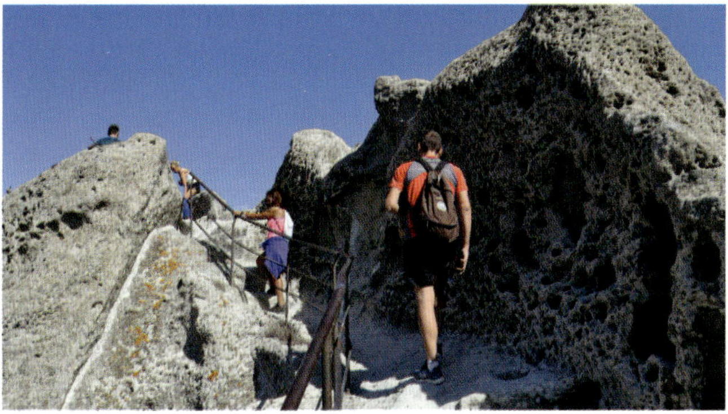

Gipfelfelsen des Monte Epomeo

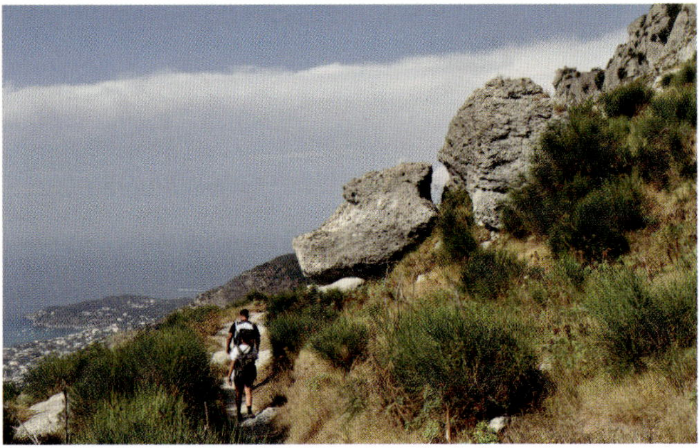

Beim Belvedere dei Frassitelli

Abkürzung zum Sattel ab. Nach dem Hohlweg eröffnen sich die ersten freien Blicke. Bei den in den Tufffelsen gehauenen Stufen zweigt wieder ein Pfad zum Sattel ab. Auf einem felsigen Hohlweg steigen Sie weiter auf und biegen vor den Stufen nach links zur in den Gipfelfelsen gehauenen Einsiedelei **San Nicola**. Von der Aussichtskanzel an der Felsspitze des **Monte Epomeo** 03 bietet sich dann ein herrliches 360°-Panorama über die Insel. Bei einer Einkehr im Bergrestaurant La Grotta da Fiore können Sie noch zum Aussichtspunkt Richtung Norden gehen, durch die Gaststube und 50 m auf dem Pfad weiter, hier sieht man die bizarren Gipfelfelsen besonders schön.

Zurück zur Abzweigung bei der Felsplatte, steigen Sie jetzt nach rechts auf dem steilen Pfad zum **Sattel** 04 ab. Nun beginnt eine gemütliche Panoramastrecke; auf einem Güterweg wandern Sie dem Kamm entlang zu den Felsen **Pietra dell'Aqua**. Danach biegen Sie bei einer Gabelung mit Aussichtspunkt, Blick zur Felsszenerie mit Gipfelkreuz, nach rechts hinunter, nach links gehts wenig attraktiv steil abfallend nach Fontana zurück. Vor den ersten Felsen biegt der rot-weiß markierte Pfad nach rechts hinunter. Unbedingt empfehlenswert ist der kurze Abstecher auf dem von Ginster gesäumten Pfad zum Aussichtsfelsen **Belvedere dei Frassitelli** 05 mit Gipfelkreuz und spektakulärem Tiefblick auf Forio.

Zurück zu den Felsen biegen Sie nun nach links hinunter und steigen auf gutem Pfad durch die felsige Landschaft ab und gehen beim ersten und zweiten Querweg nach links. Nach der Felsszenerie treffen Sie bei den ersten Häusern auf die Stichstraße, der Sie nun nach Serrara hinunter folgen. Nach 10 Minuten passieren Sie das Ausflugsrestaurant Bracconiere und nach 15 weiteren Minuten sind Sie dann beim **Belvedere von Serrara** 06 angelangt und genießen den letzten Panoramablick der Tour – oder den ersten der Tour 7.

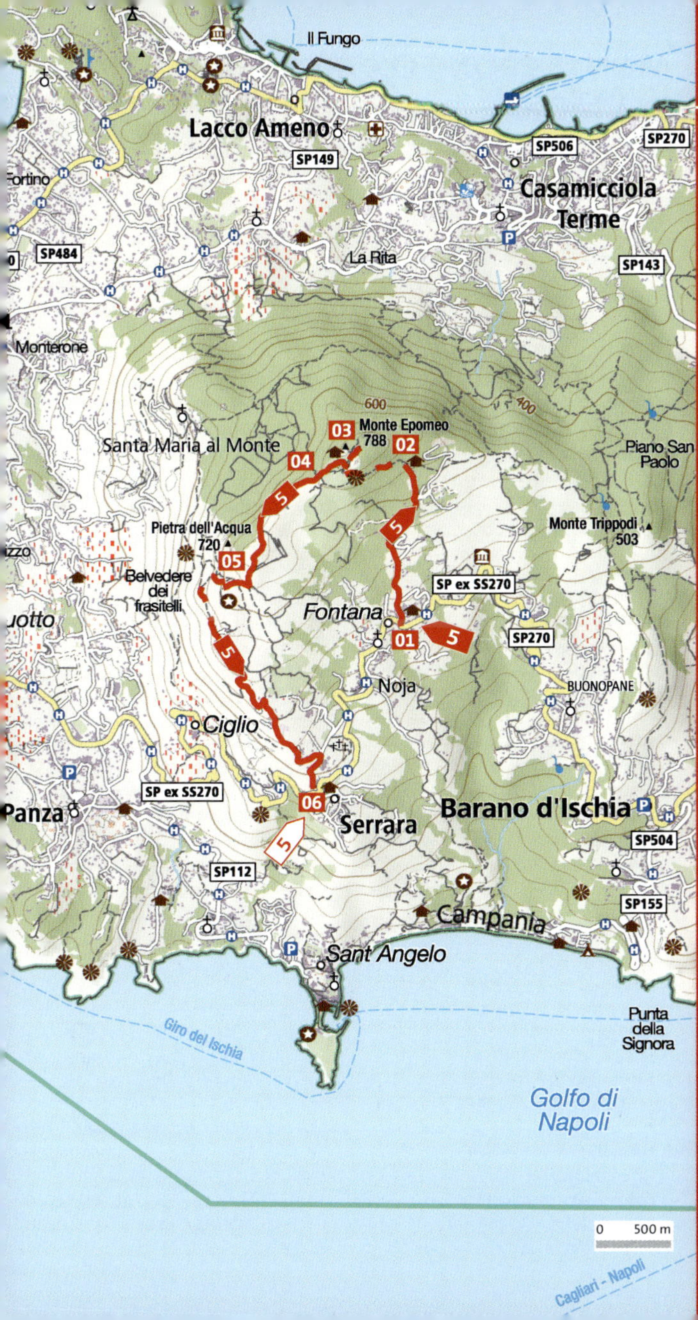
Il Fungo
Lacco Ameno
SP149
SP506
SP270
Casamicciola
Terme
Fortino
SP484
La Rita
SP143
Monterone
600
400
Monte Epomeo
788
03
02
04
Santa Maria al Monte
Piano San Paolo
Pietra dell'Acqua
720
05
Monte Trippodi
503
Belvedere
dei
frasitelli
SP ex SS270
Fontana
01
SP270
Noja
BUONOPANE
Ciglio
06
Serrara
Barano d'Ischia
Panza
SP ex SS270
SP504
SP112
SP155
Campania
Sant Angelo
Punta
della
Signora
Giro del Ischia
Golfo di
Napoli
0 500 m
Cagliari - Napoli

6

MONTE EPOMEO • 787 m – S. MARIA DEL MONTE

Von Fiaiano nach Forio

9,4 km 4:50 h 585 hm 712 hm

START | Fiaiano, Zentrum
Anfahrt: Bus 6 von Ischia Porto
[GPS: UTM Zone 33 x: 409535 m y: 4508816 m]
CHARAKTER | Ausgedehnte Wanderung durch das Monte Epomeo-Massiv mit hervorragenden Aussichtspunkten.
Bis S. Maria del Monte meist schattige Waldwege und -pfade, letzter Abschnitt sonnig auf Zufahrtssträßchen. Steile Abstiegspassagen, ab dem ersten Drittel rot-weiße Markierung, davor ist Orientierungssinn notwendig.

Die Wanderung durch das Monte Epomeo-Massiv von Ost nach West führt durch stark bewaldeten Tuff mit Hohlwegen, kleinen Schluchten und bizarren Felsformationen Am spektakulärsten sind die Gipfelfelsen des **Monte Epomeo** mit ihrem herrlichen Panoramablick, ein Restaurant mit Aussichtsterrasse lädt zur Einkehr. Ebenfalls in Aussichtslage steht die alte Kirche **S. Maria del Monte**, die Tour endet in Forio bei einem der schönsten Gärten der Insel, dem **Giardino Ravino**.

▶ Sie starten die Wanderung im **Zentrum von Fiaiano** 01 nach einem Kaffee in der Nick Bar. Hier gabelt sich die Straße, Sie nehmen die linke Via Duca degli Abruzzi. Sie steigt bald an und

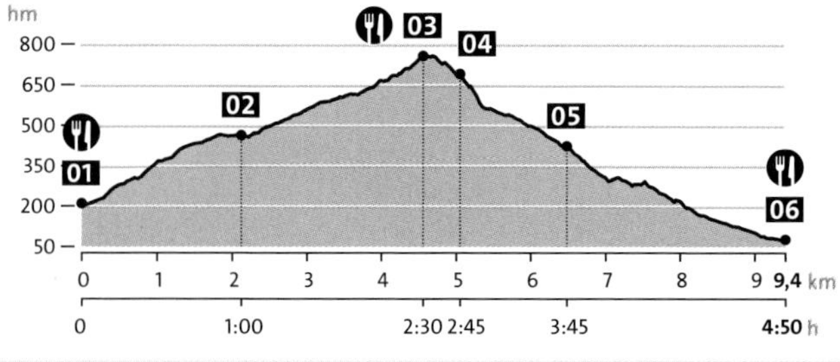

01 Fiaiano, 202 m; 02 Piano San Paolo, 460 m; 03 Monte Epomeo, 787 m; 04 Sattel, 680 m; 05 S. Maria del Monte, 401 m; 06 Forio, 75 m;

Giardino Ravino

In dem 6.000 m² großen Giardino Ravino kommen Kakteen- und Sukkulentenliebhaber auf ihre Kosten, auch sonst gibt es zahlreiche Raritäten zu bestaunen, unter anderem ein seltenes Exemplar der Wollemi Pine (Wollemia nobilis); Erholung nach dem Rundgang bietet ein stimmungsvolles Café.
Ende März – Mitte Nov., tgl. außer Di., Do. 9 – 19 Uhr. www.ravino.it
Ähnlich attraktiv ist eine weitere mediterrane Gartenanlage in Forio, die Giardini La Mortella. Der kunstvoll gestaltete Landschaftspark oberhalb des Francesco-Strandes zählt zu den schönsten Gärten Italiens. www.lamortella.org

bei einer Kurve als Abkürzung geradeaus den Treppenweg hinauf. Sie treffen wieder auf die Straße und biegen nach 100 m nach links in den gepflasterten Weg. Durch einen tief eingeschnittenen Hohlweg steigen Sie an, der Weg macht einen Rechtsschwenk, bei einer Abzweigung mit verblasstem Wegweiser „Buceto" biegen Sie nach links. Nach einem Rastplatz an einer hohen Trockenmauer geht der Weg in einen Pfad über, bei einer Kreuzung rechts, Wegweiser Piano San Paolo. Weiter durch einen Taleinschnitt aufwärts. Wenn der Weg flach wird stößt von rechts der Weg von Cretaio, Tour 9, hinzu. Sie bleiben auf dem Hauptpfad, kurz auf einigen Stufen ansteigend und dann leicht abfallend kommen Sie zum großen Picknickplatz am **Piano San Paolo 02**.

Hier rechts und bei der gemauerten Wasserfassung dann wieder rechts, Tour 9 führt geradeaus weiter. Der Pfad mit Mountainbikespuren steigt nun stufenweise an, bei einer größeren Abzweigung geradeaus ins offene Gelände, an einem kleinen Haus vorbei, bei der Gabelung danach den ab nun rot-weiß markierten Weg. Der Blick wird nun freier

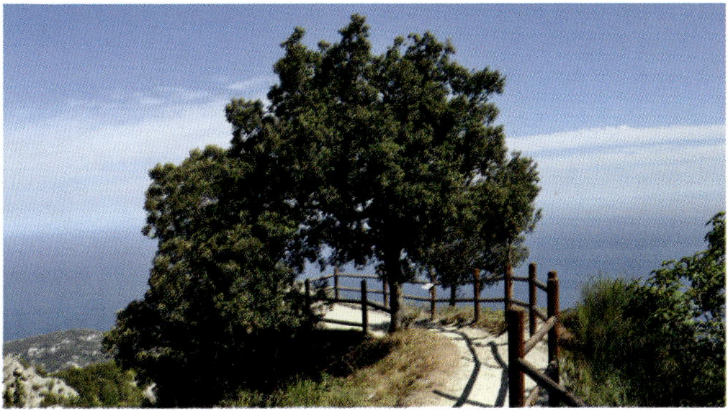

Aussichtspunkt am Monte Epomeo

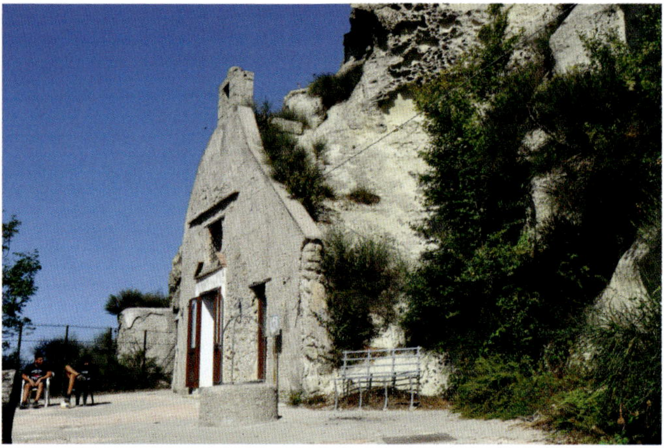

Grottenkapelle San Nicola

und es geht am Waldrand entlang, beim Querweg rechts, in der Kurve den Pfad geradeaus und beim Querpfad links. Durch eine kleine Tuffschlucht kommen Sie zur Straße und steigen dann durch Wald weiter auf und bei der Gabelung rechts.

Sie treffen vor der Bar **La Porta di Agartha** auf die Zufahrtsstraße. Wegbeschreibung zum **Monte Epomeo** **03** und hinunter bis zum Sattel siehe Tour 5.

Vom **Sattel** **04** führt Tour 5 geradeaus weiter, zur Kirche S. Maria del Monte biegen Sie rechts in den Pfad hinunter. Auf deutlich rot-weiß markiertem Pfad steigen Sie steil durch Wald und Felsen ab und folgen aufmerksam den Wegweisern Forio in Serpentinen durch den Wald. In rund einer Stunde sind Sie bei der alten Kirche **S. Maria del Monte** **05** in schöner Aussichtslage angelangt.

Der weitere Weg nach Forio ist über die Zufahrtsstraße ausgeschildert. Die erste Serpentine können Sie abkürzen wenn Sie von der Kirche den steilen Weg hinuntergehen, bei der Gabelung

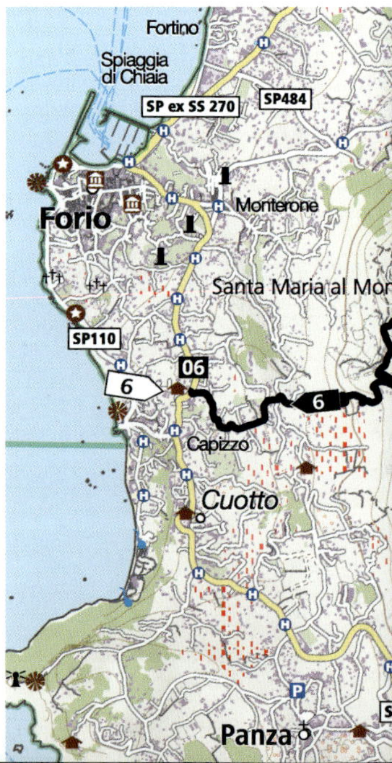

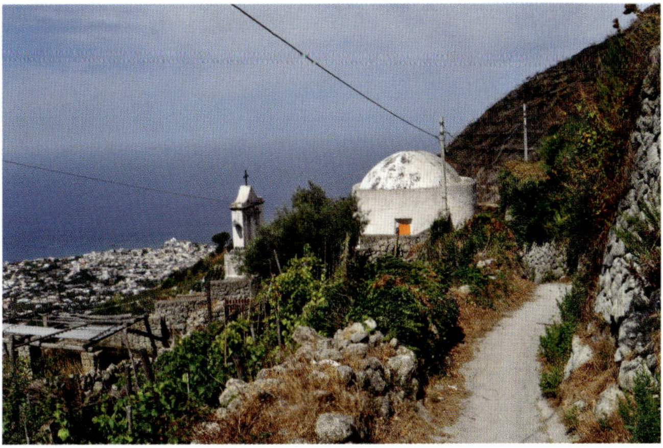

S. Maria del Monte

geradeaus und den Treppenweg. Auf der Via Corbara gehts dann durch den terrassierten Hang mit Gärten, Villen und zunehmender Verbauung hinunter nach **Forio 06**, die Hauptstraße erreichen Sie durch die Via Bocca beim sehenswerten Giardino Ravino.

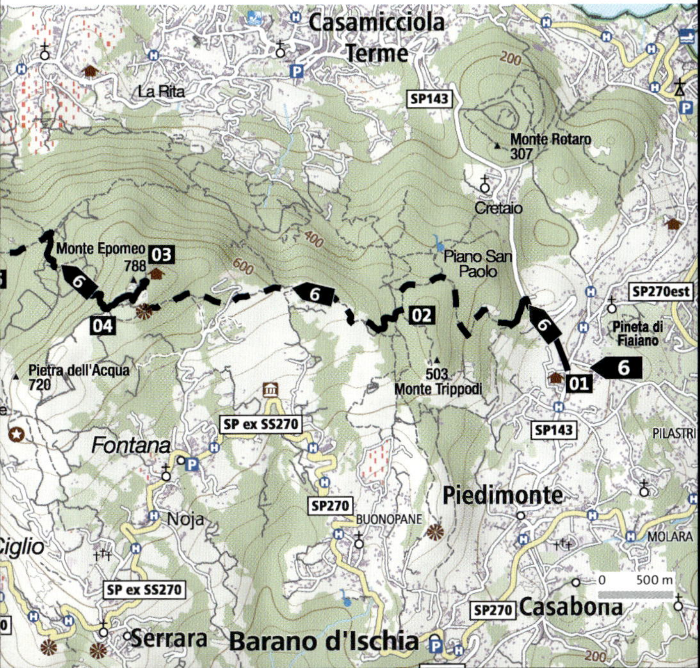

SERRARA BELVEDERE – SANT'ANGELO

Zum Marontistrand

3,8 km | 1:45 h | 80 hm | 400 hm

START | Serrara Belvedere
Anfahrt: Busse CD, CS
[GPS: UTM Zone 33 x: 406453 m y: 4507081 m]
CHARAKTER | Landschaftlich interessante Kurztour, teilweise steiler Abstieg auf Wirtschaftsweg, Einkehr- und Bademöglichkeiten, wenig Schatten.

Die trockene Südabdachung des Monte Epomeo ist im Gegensatz zum Norden kaum bewaldet und deutlich stärker von der Erosion geprägt und hinterlässt die bizarr geformten Tuffsteinblöcke und tiefe Schluchten. Die Wanderung führt von der Aussichtsterrasse in Serrara rund 350 Höhenmeter hinunter zur Mündung der Schlucht Cava Scura ins Meer. Am Weg liegen die Tuffsteinformationen Pizzi Bianchi, in der Terme di Cavascura und am Fumarolenstrand kann man baden wie die Römer, im pittoresken kleinen Fischerort S. Angelo klingt die Tour aus.

Nach einem Kaffee in der Bar La Floreana am **Belvedere Serrara** 01 mit seinem herrlichen Panorama starten Sie die Wanderung hinunter nach Sant'Angelo. Bei der Bushaltestelle und Kirche biegen Sie hinunter in die Via Andrea Mattera (Wegweiser Maronti). Sie geht am Ende in die Via Lesca, einen teils staubigen Fahrweg über, der oft steil und teilweise als Hohlweg den Hang hinunterführt. Bei einem Bauernhof eröff-

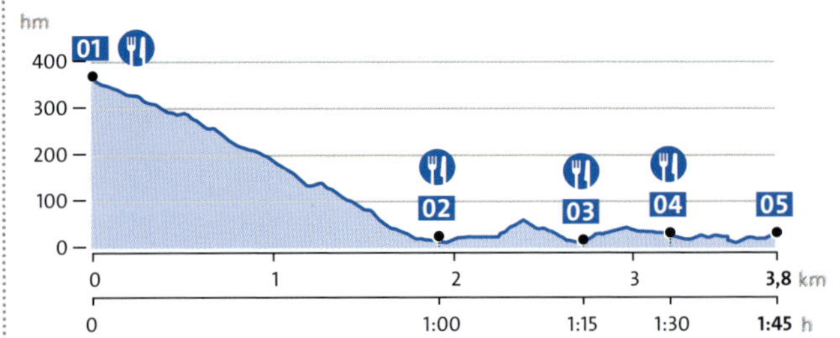

01 Serrara Belvedere, 340 m; 02 Cava Scura, 0 m; 03 Fumarole Petrelle, 30 m/0 m; 04 Sant`Angelo, 30 m/0 m; 05 Busstation, 20 m;

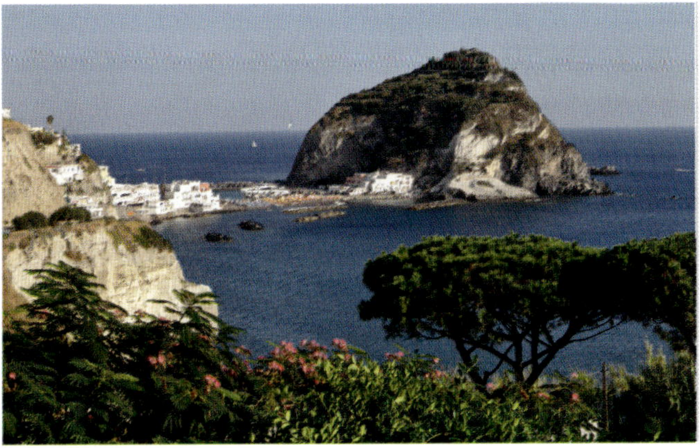

Sant'Angelo mit der Felsinsel La Roia

nen sich links schöne Blicke auf die Pizzi Bianchi; die Verwitterung hat hier pittoreske Formen im weißen Tuffstein geschaffen. Immer wieder bietet sich eine weite Aussicht über die von Schluchten durchzogene Landschaft, beeindruckend ist dann die Durchquerung der Mündung der **Cava Scura** 02. Einige Lokale laden zur Einkehr zwischen den hohen Tuffwänden. Bei der Taverne Pietro Paolo zweigt links der Zugang zu den antiken und in den Tuff gehauenen Bädern der **Terme di Cavascura** ab.

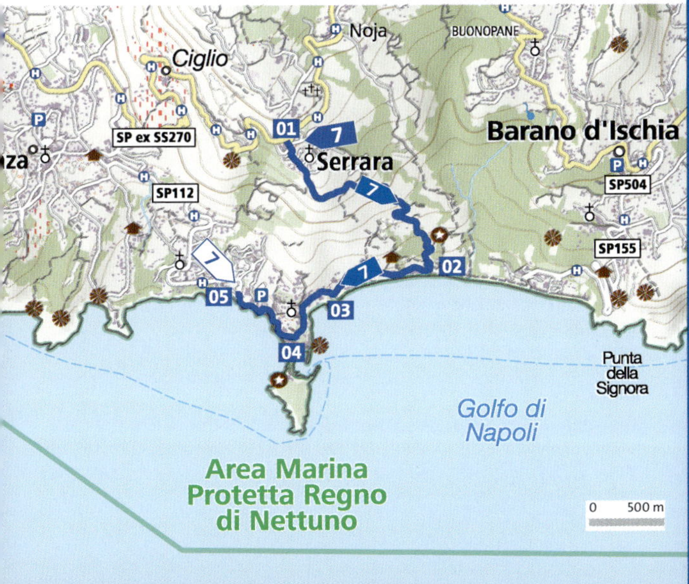

Vor der Küste biegen Sie beim Wegweiser S. Angelo rechts hinauf, nach einem kurzen Anstieg gelangen Sie durch ein Felsentor zum Hangweg oberhalb der steilen Uferfelsen. Bei der Schlucht Petrelle gehts wieder hinunter zur Einkehr- und Bademöglichkeit am Strand von **Fumarole Petrelle** 03, ebenfalls mit heißen Quellen.

Anschließend geht's wieder kurz aufwärts, vorbei an der Therme Aphrodite und auf dem Panoramaweg nach **Sant'Angelo** 04. Im kleinen Ort am südlichsten Punkt der Insel floriert der Tourismus. Ein verkehrsberuhigter, sauberer Ortskern mit mediterraner Architektur, steilen Gassen und Treppenwegen, Sandstrände, ein kleiner Hafen und die markante vorgelagerte Felseninsel La Roia geben ihm seinen unverwechselbaren Charme.

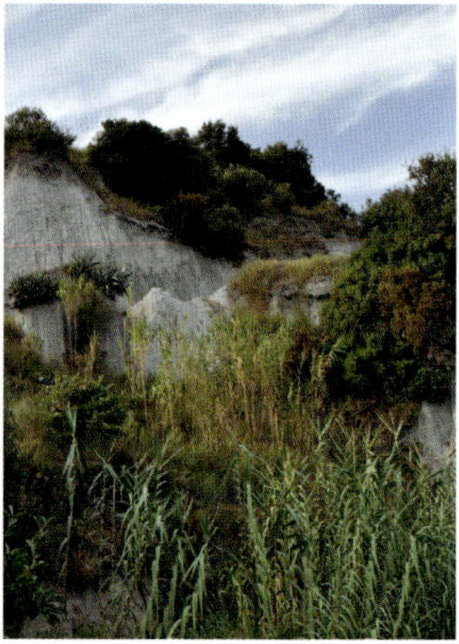

Pizzi Bianchi

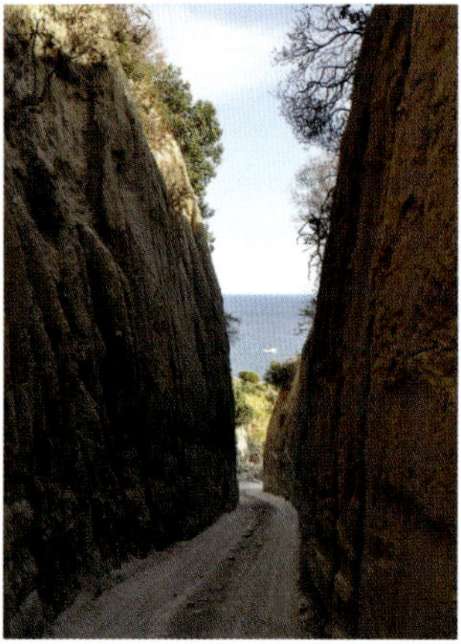

Hohlweg durch den Tuff

Auf dem Weg zur **Busstation** 05 Wegweiser) bieten sich dann die schönsten Blicke auf Ort, Strand und Felseninsel.

Marontistrand

Der Marontistrand ist der längste und bekannteste Strand der Insel. Früher konnte man den 2 km langen Streifen aus Sand und dunklem Kies durchgehend zu Fuß begehen, nach Erdrutschen und Uferbefestigungen ist das nicht mehr möglich. Auf der Ostseite ist er durch eine Straße an Barano angebunden, hier gibts etliche Strandlokale. Hauptattraktionen sind die Unterwasser-Fumarolen in der Mitte des Strandes, die das Baden auch in der kälteren Jahreszeit erlauben, und die antike Cavascura-Therme, wo man die Wirkung des Heilwassers erleben kann; schon die Römer badeten hier.

MONTE ROTARO • 787 m

Eine Kraterwanderung

4,4 km 2:15 h 316 hm 316 hm

START | Casamicciola Terme, Castiglione
Anfahrt: Busse CD, CS
[GPS: UTM Zone 33 x: 409126 m y: 4511295 m]
CHARAKTER | Angenehme Rundwanderung im und um den bewaldeten Krater Fondo d'Oglio am Monte Rotaro. Feine schattige Wege, rot-weiß markiert.

Der erloschene Vulkan **Monte Rotaro** ist der Hausberg von Casamicciola und gilt als der schönste Vulkankrater der Insel. Der im 4. Jahrhundert n. Chr. zum letzten Mal ausgebrochene Vulkan ist heute vom „Bosco della Maddalena", einem schönen Pinienwald, der jedoch unter der Trockenheit der letzten Jahre gelitten hat, bedeckt, im Krater, dem Fondo d`Oglio, dominieren Steineichen. Auf zwei stimmungsvollen Rundwegen wandern Sie durch die Kraterlandschaft – einmal innen zum Kraterboden und einmal oben am Kraterrand über die höchste Erhebung, den Monte Rotaro.

Sie starten die Wanderung an der Bushaltestelle **Casamicciola/ Castiglione** 01 Richtung Ischia Porto bei der Villa 5 Pini. Gegenüber der Zufahrt zur Villa biegen Sie in die Straße bergwärts mit rot-weißer Markierung; sie führt in Serpentinen zum Wald hinauf. Am Waldrand endet die Straße, Sie gehen auf dem ansteigenden breiten Weg geradeaus weiter,

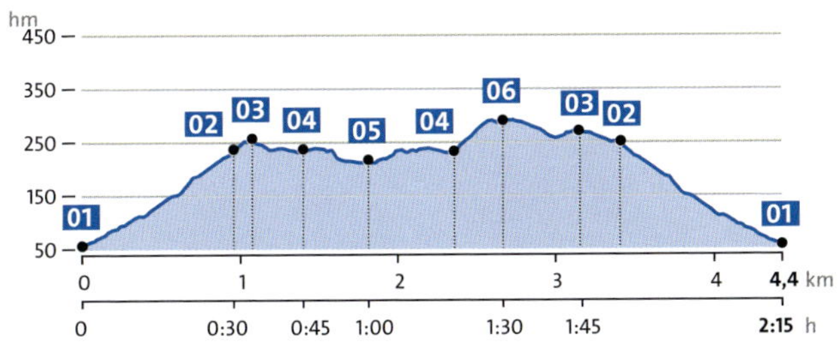

01 Casamicciola/Castiglione, 60 m; 02 Wegverzweigung, 210 m; 03 Wegkreuzung, 250 m; 04 Wendeplatz, 230 m; 05 Kraterboden, 181 m; 06 Monte Rotaro, 307 m;

von rechts kommen Sie zurück. Bei einer Rechtskehre bietet sich ein freier Blick auf Ischia Porto, auf schönem Waldweg gelangen Sie dann zu einer **Wegverzweigung** 02 hinter einer Infotafel mit den Wegen im Monte Rotaro-Gebiet. Hier wandern Sie auf dem mittleren Weg weiter, der rechte ist dann Ihr Rückweg.

Sie kommen zu einer großen **Wegkreuzung** 03 und gehen hier rechts. Der Weg führt nun bereits am inneren Kraterhang entlang zu einer hier endenden breiten Zufahrtsstraße mit **Wendeplatz** 04. Hier geht's links und in den Weg zwischen den Mauern auf dem folgenden schönen Pfad gehen Sie nun innen um den Krater Fondo d'Oglio. Bei einer Abzweigung vor Stufen nehmen Sie den unteren Weg und wandern langsam hinunter zum stimmungsvollen Rastplatz am **Kraterboden** 05, 181 m.

Auf dem Pfad weiter kehren Sie zum Hinweg und zum **Wendeplatz** 04 zurück. Nach wenigen Metern auf der Straße beginnt links bei den Stufen der Anstieg auf einem Pfad zum Kraterrand;

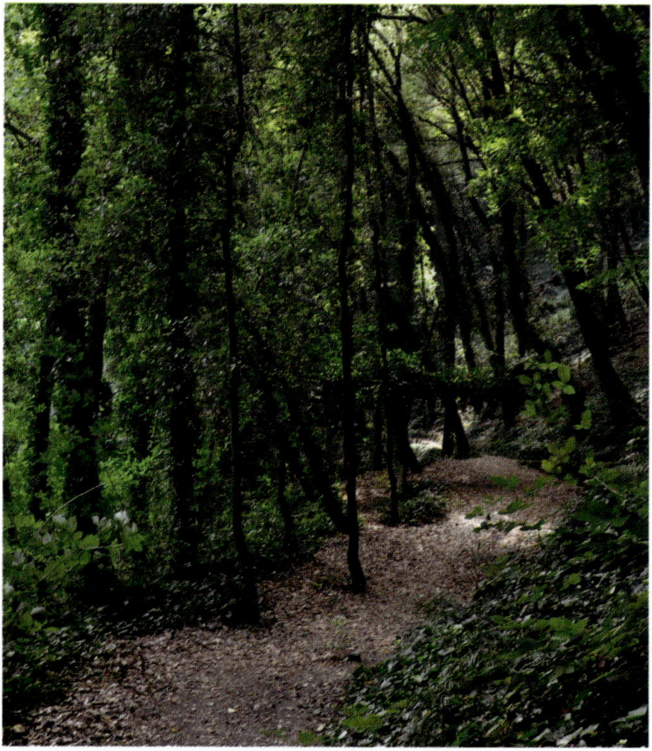

Der Krater ist von dichtem Wald bedeckt

der höchste Punkt ist der **Monte Rotaro** 06, 307 m.

Sie wandern weiter auf dem schattigen Pfad dem Kraterrand entlang, manchmal eröffnen sich Ausblicke auf den Monte Epomeo und später auf Ischia Porto. Von rechts stößt dann der breite Weg von Cretaio hinzu, bei der folgenden Gabelung nehmen Sie den oberen Weg weiter dem Kraterrand entlang. Er beginnt bald abzufallen und führt hinunter zur großen **Wegkreuzung** 03.

Auf dem Hinweg kurz zurück und bei der **Wegverzweigung** 02 nun nach links. Bei der nächsten Gabelung gehen Sie rechts, der stufige Weg führt Sie hinunter zum Ende der Straße und auf dem Herweg dann zurück zur **Bushaltestelle** 01.

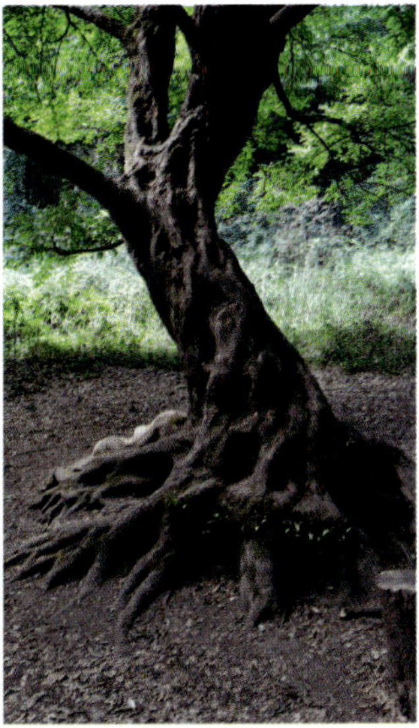

Am Kraterboden

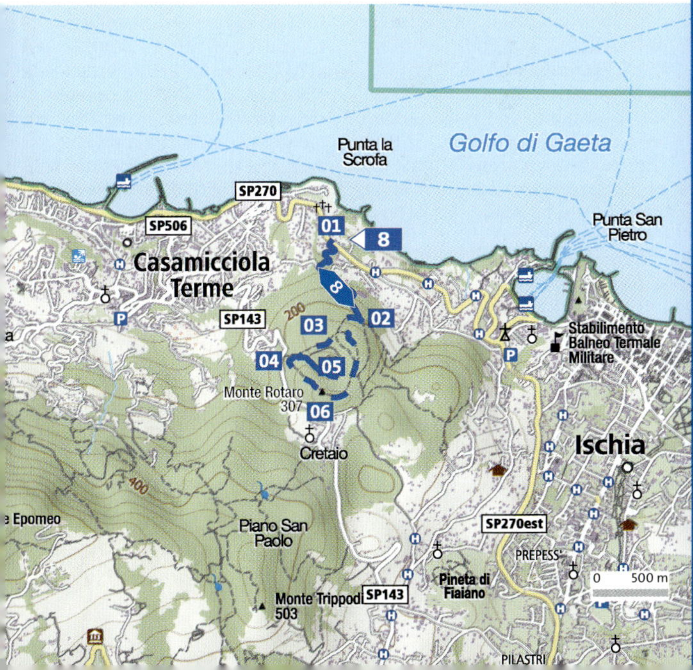

9 CRETAIO – BUONOPANE

Zur Madonna di Candiano und zur Nitrodiquelle

4,8 km | 2:15 h | 210 hm | 240 hm

START | Cretaio, Kirche
Anfahrt: Bus 16 von Casamicciola, Piazza Marina
[GPS: UTM Zone 33 x: 409050 m y: 4509946 m]
CHARAKTER | Lohnenswerte Wanderung mit zwei unterschiedlichen Abschnitten – im ersten Teil mit Anstieg durch Wald und schattig, im zweiten Teil aussichtsreich über sonnige Höhen. Überwiegend Pfade, im zweiten Abschnitt zum Teil steinig, am Ende Zufahrtsstraße. Keine Markierung, Orientierungssinn erforderlich.

Höhepunkte der Nord-Süd-Wanderung über die östlichen Höhen des Monte Epomeo-Massivs sind die Aussicht von der Geländekante mit der Madonnenstatue und die Thermalquelle Fonte delle Ninfe Nitrodi am Ende der Tour. Diese Heilquelle ist seit der Antike bekannt, die Griechen weihten sie Apollon und den heilkundigen Nymphen, den Nitrodes. 12.000 Liter kommen hier pro Stunde bis zu 29 Grad warm aus dem Berg; therapeutische Wirkung zeigt das Thermalwasser bei Hauterkrankungen und Problemen der Verdauungsorgane.

▶ Sie starten die Wanderung in **Cretaio** 01 bei der Bushaltestelle Chiesa im Zentrum. Bei dem roten Einfahrtstor beginnt der steile Hohlweg, auf dem Sie nun durch den bewaldeten Hang hinaufsteigen. Er ist nicht markiert, oft zweigen kleine Pfade ab, sie bleiben aber auf dem Hauptweg aufwärts. Vorbei an Erdkellern bei der

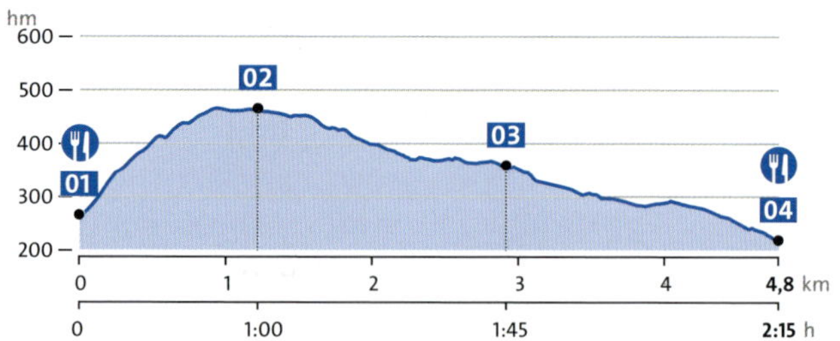

01 Cretaio, 250 m; 02 Piano San Paolo, 460 m; 03 Madonna di Candiano, 383 m; 04 Buonopane, Nitrodipark, 220 m;

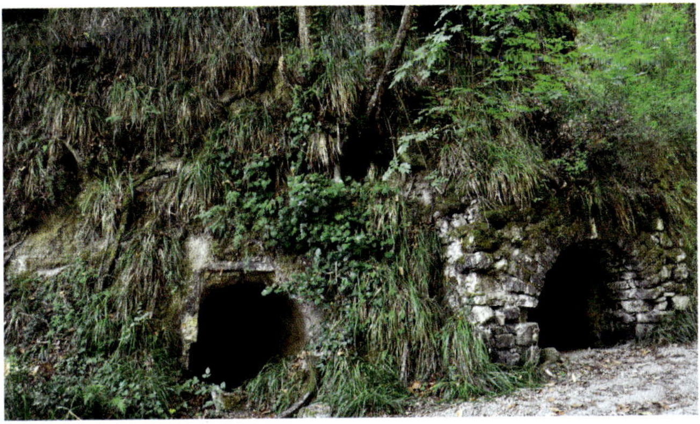

Traditionelle Erdkeller im Tuffgestein

Verzweigung etwas später halten Sie rechts. Wenn der Weg flacher wird stößt von links ein erster Weg aus Fiaiano herauf hinzu, hier geht's rechts weiter. Bei der Gabelung dann wieder rechts mit einer spärlichen Markierung mit gelben Punkten. Halten Sie immer die Richtung bei; der Pfad wird auch von Mountainbikern verwendet und weist Radspuren auf, steilere und flachere Passagen wechseln sich ab. Wo Sie die Geländestufe erreichen treffen Sie auf den Weg von Tour 6 von Fiaiano herauf und gehen hier

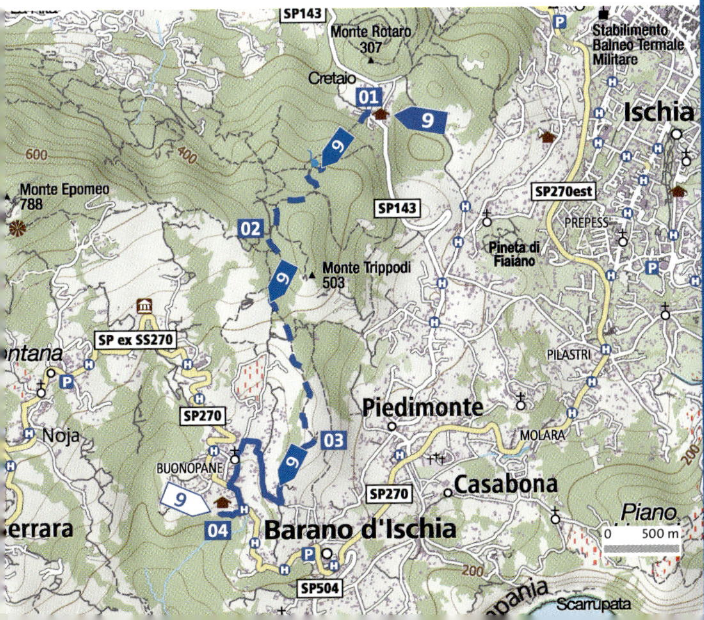

rechts flach weiter, später über einige Holzstufen und dann leicht abfallend kommen Sie zum großen Picknickplatz am **Piano San Paolo** 02.

Danach geht's rechts weiter und bei der gemauerten Wasserfassung geradeaus; Tour 6 zweigt hier rechts ab. Nun wird die Orientierung einfacher. Sie bleiben auf dem deutlichen Hauptpfad, er fällt leicht ab und führt durch Niederwald mit viel Farn am Fuße des Monte Trippodi entlang. Das Gelände wird langsam felsiger, Sie ignorieren alle Abzweigungen, auch die gepflasterte Rechtsabzweigung beim freien Blick auf Fontana.

Sie kommen zum Weingut Le Caranfe, gehen der Umfassungsmauer entlang und beim Mauereck halb links in den ansteigenden Pfad. Nach dem Steinhaus beginnt eine romantische Passage mit schönen Ausblicken durch einen Eichenhain und felsiges Terrain immer entlang einer Trockenmauer. Bei einer Gabelung geradeaus weiter. Nicht nach rechts hinunter abzweigen, erst bei einem Zugangstor zu einem Garten – vor dem Weg zwischen Mauern – biegen Sie nach rechts.

Auf dem Gratweg mit herrlichen Blicken wandern Sie zwischen Gärten und Buschwerk, ein roter Pfeil auf einem Stahlmasten weist Sie nach links, nach 10 m wieder rechts weiter bis zum Aussichtspunkt **Madonna di Candiano** 03. Hier bietet sich Ihnen eine wunderbare Sicht nach Süden und Osten, zu den Torrone-Gipfeln, auf Ischia Ponte und Barano. Sie bleiben weiter auf dem aussichtsreichen Pfad. Bei der ersten Abzweigung geht's links in den steilen, stufigen Pfad hinunter zur Stichstraße und dieser entlang – bei der Kurve führt ein Treppenweg direkt hinunter nach Barano – bis zur Hauptstraße in Buonopane. Auf dieser kurz nach links und beim Parkplatz in den Treppenweg rechts hinauf. Vorbei am Restaurant La Cantina sind Sie bald beim **Nitrodi-Thermalpark** 04. Der Park ist von Ende März bis Anfang November geöffnet. www.fonteninfenitrodi.com

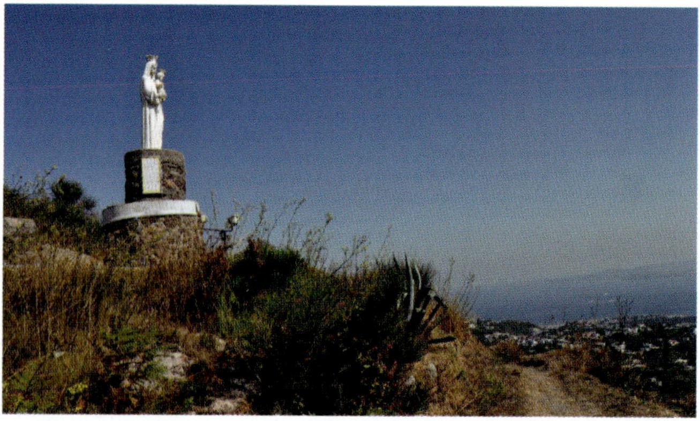

Madonna di Candiano in schöner Aussichtslage

CAMPAGNANO – SCHIAPPONE

Auf dem Panoramaweg

5,2 km 2:05 h 140 hm 181 hm

START | Campagnano, Zentrum
Anfahrt: Bus 8, 12, 13 ab Ischia Porto
[GPS: UTM Zone 33 x: 411513 m y: 4508181 m]
CHARAKTER | Aussichtsreiche Wanderung auf guten Wegen und Pfaden durch den Steilhang im Südosten der Insel; Beginn und Ende auf Nebensträßchen. Ein steiler Auf- und Abstieg, kaum Schatten.

Im Südosten der Insel steigt die Torrone-Hügelkette bis zu 400 m steil aus dem Meer empor, pittoreske Steilküsten wie an der Punta S. Pancrazio prägen die Szenerie, schmale Terrassen um die kleine, abgelegene Bauernsiedlung Piano Liguori werden für Wein und Gemüseanbau genutzt. Der Weg führt auf halber Höhe durch den Hang und hinauf zum Ausflugsrestaurant in Piano Liguori, ein idealer Ort für eine Einkehr. Vor dem Abstieg nach Schiappone erfordert eine kurze Passage an der Kante Trittsicherheit, dafür gibts hier die schönste Aussicht.

Sie starten die Wanderung nach einem Kaffee in der Bar Village im Zentrum von **Campagnano** 01 neben der Chiesa dell'Annunziata aus dem 17. Jahrhundert. Rechts der Kirche beginnt die Via Campagnano der Sie nun folgen mit rot-weißer Markierung. Die schmale Panoramastraße führt auf halber Höhe durch den anfangs mit Häusern und Villen bebauten Hang. Von Beginn an genießen Sie ein herr-

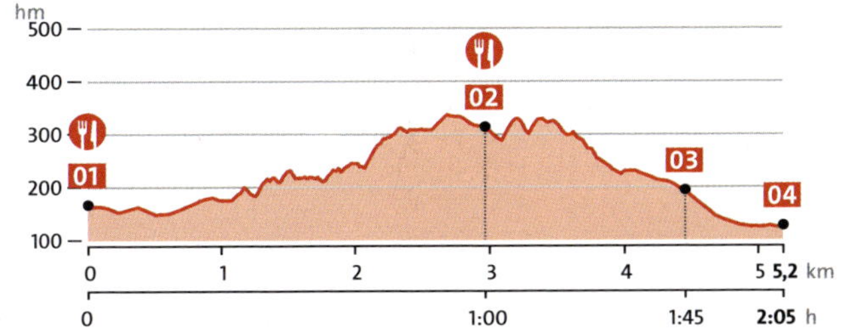

01 Campagnano, 160 m; 02 Piano Liguori, 300 m; 03 Schiappone, 196 m;
04 Hauptstraße, 119 m;

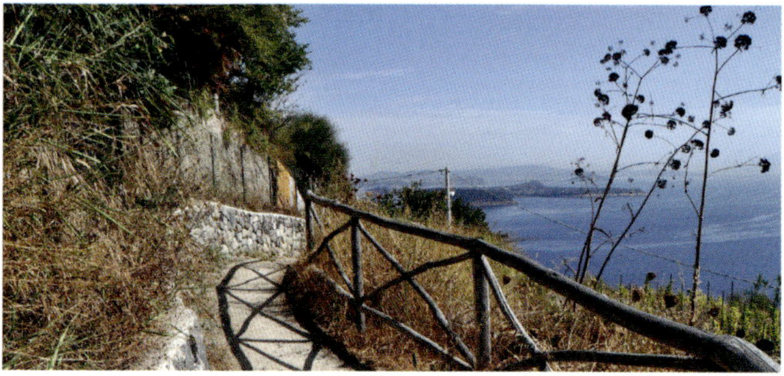

Panoramaweg durch den Südhang

liches Küstenpanorama zum Castello Aragonese und den Inseln Procida und Capri.

Nach den letzten Häusern steigt die Straße an zu einem Belvedere, bei der Weggabelung danach die linke untere Straße an den Felswänden vorbei nehmen. Danach endet die Straße und bei der Wegverzweigung folgen Sie nun dem mittleren, schmalen Weg mit Holzgeländer zur linken und Trockenmauer zur rechten Seite. Er führt schön durch Terrassen mit Wein und bei einer Rechtskurve gehts rechts hinauf ein sehr steiler Anstieg in Etappen nach Piano Liguori auf dem Sattel. Nach dem ersten Haus verlassen Sie die rot-weiße Markierung und biegen bei der ersten Abzweigung bei zwei Rastbänken nach links hinunter (blaue Punkte). Durch den halbverlassenen Borgo kommen Sie zum Ausflugsrestaurant **Piano Liguori** 02 mit Panoramaterrasse. In diesem Familienbetrieb lohnt sich eine Einkehr doppelt – wegen der Aussicht und wegen dem Essen; viele Zutaten der unverfälschten Küche stammen aus dem Eigenanbau.

Der Weg führt zunächst geradeaus weiter eben durch den Hang.

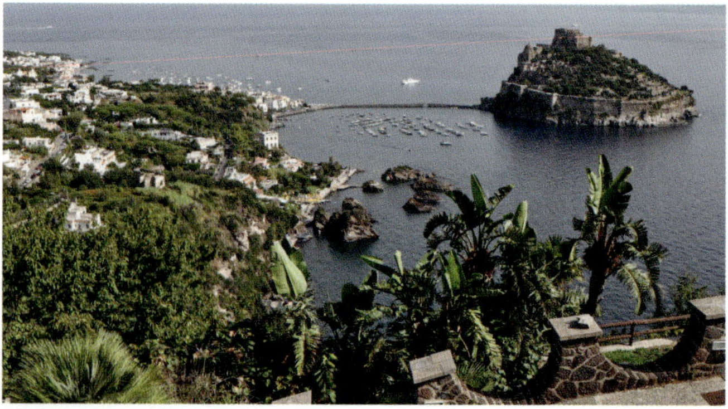

Blick zum Castello Aragonese

Achtung! Bevor der Weg abzufallen beginnt schwenken Sie bei der Weggabelung in den Pfad halb rechts leicht ansteigend; der abfallende Weg führt zum Aussichtspunkt San Pancrazio hinunter. Sie umgehen ein Haus, bald danach öffnet sich ein herrliches Panorama nach Westen mit dem Steilabfall des Monte Barano und zum Monte Epomeo. Der Pfad verläuft ein kurzes Stück direkt der Abbruchkante entlang, hier sollte man trittsicher sein und nicht an Höhenangst leiden. Bei einer 3er-Verzweigung biegen Sie in den Pfad links hinunter zwischen die Tuffwände. Es folgt ein steiler Abstieg auf stufigem Pfad und dann auf einem Treppenweg bis zu einer Stichstraße vor **Schiappone** **03**.

Als „Schiappone" werden in der Umgangssprache Terrassen für den Weinbau bezeichnet.
Auf der Via Schiappone wandern Sie weiter leicht abwärts bis zur Kirche **Madonna di Montevergine** rechts der Straße. Die barockisierte Kirche stammt im Kern aus dem 14. Jahrhundert.

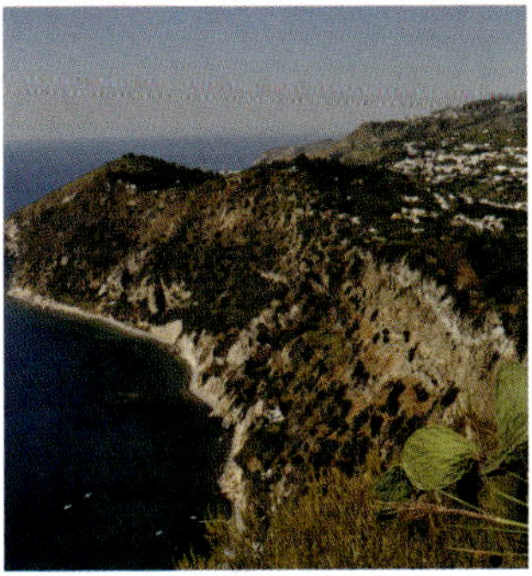

Blick zur Steilküste am Monte Barano

Die Straße führt weiter abfallend durch den alten Ort, im oberen Teil flankiert von alten Tuffsteinmauern, in der Talsenke von Villen mit Gärten. Nach der Villa di Iorio rechts gelangen Sie auf der Via Schiappone direkt zur Bushaltestelle Sebon an der **Hauptstraße** **04**.

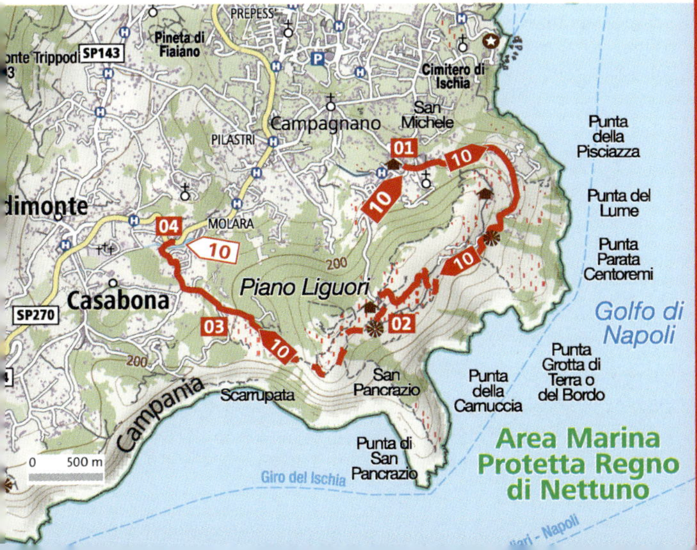

VILLA JOVIS – ARCO NATURALE

Villa Jovis und zu Naturwundern

8,7 km 3:05 h 370 hm 370 hm

START | Capri-Stadt, Piazza Umberto I.
Anfahrt: Busse vom Hafen Marina Grande und von Anacapri [GPS: UTM Zone 33 x: 435916 m y: 4489173 m]
CHARAKTER | Aussichtsreiche Rundtour zu sehenswerten Natur- und Kulturdenkmälern. Betonierte Wege und Treppenwege, ein steiler Abstieg auf hohen Stufen, halb schattig, Wegweiser.

Die Tour führt zu herausragenden Sehenswürdigkeiten von Capri: Durch schöne Gärten und Villenviertel geht's zur **Villa Jovis** auf dem Monte Tiberio, durch die spektakuläre Südost-Küste zum **Arco Naturale**, der **Grotta di Matermania** und den steil aus dem Meer ragenden **Faraglionifelsen**, dem Wahrzeichen der Insel. Ein Panoramablick am Ende der Tour von den Augustusgärten beschließt die Wanderung.

Sie starten die Rundtour an der zentralen **Piazza Umberto I.** 01 in Capri-Stadt. An der Nordostecke des Platzes weisen die Wegweiser zur Villa Jovis und dem Arco Naturale. Durch die zwei Spitzbögen gehen Sie in die schmale Via Le Botteghe, die über die von Geschäften, Hotels und Gärten gesäumte Via Fuorlovado und dann in die Via Croce führt. Bei der Querstraße **Via Matermania** 02 (Alimentari) machen Sie den Abstecher geradeaus weiter zur Villa Jovis. Nach 50 m steht linker

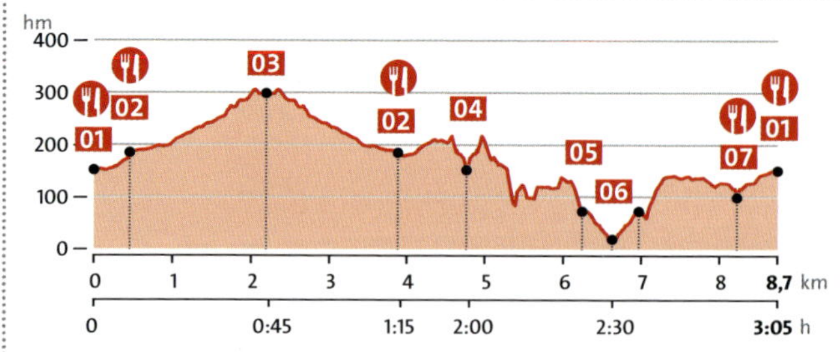

01 Capri, Piazza Umberto I., 140 m; 02 Via Matermania, 180 m; 03 Villa Jovis, 300 m; 04 Grotta di Matormania, 170 m; 05 Abzweigung, 100 m; 06 Faraglioni, 0 m; 07 Giardini di Augusto, 60 m;

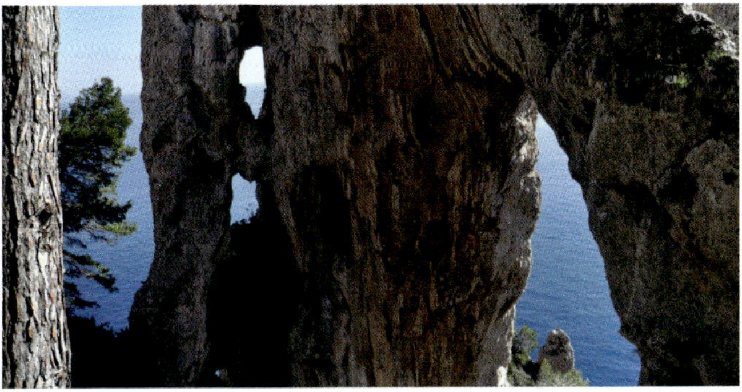

Arco Naturale

Hand die Chiesa S. Michele, rechts durch gepflegte Gärten mit Villen ansteigend erreichen Sie die **Villa Jovis** 03 auf dem Monte Tiberio.

Ein ausgeschilderter Rundgang führt durch die ausgedehnten Ruinen mit der großen Madonnenstatue neben der kleinen Kirche auf der Spitze des Berges mit ausgezeichnetem Rundblick.

Zurück zur **Via Matermania** 02 folgen Sie dieser nach links. Der betonierte Weg führt bald in die Naturlandschaft der spektakulären Steilküste auf der Südostseite der Insel. Sie erreichen die Bar/Trattoria „Le Grotelle“ und machen nun den kurzen Abstecher zum bereits sichtbaren **Arco Naturale**, einer isolierten Felswand mit Durchbrüchen oberhalb des türkisblauen Meeres.

Zurück zur Trattoria biegen Sie nun nach links in den steilen Treppenweg mit ziemlich hohen Stufen – Stöcke sind hier hilfreich – nach unten zur **Grotta di Matermania** 04. Diese große Höhle war ursprünglich eine dem Gott Mitra geweihte Kultstätte, die Römer wandelten sie um in ein luxuriöses Nymphäum, gewidmet der Göttin Kybele, der Mater Magna (Großen Mutter) woher der heutige Name stammt.

Auf dem Sentiero **Pizzolungo** geht's in leichtem Auf und Ab weiter durch niederen Steineichenwald am Hang des Monte Tuoro, bald bieten sich schöne Blicke zur **Villa Malaparte**, die sich der exzentrische Schriftsteller Curzio Malaparte (1898–1957, „Die Haut“, „Kaputt“) 1938 auf der Punta Massullo errichten ließ.

Nun kommen die berühmten drei Felsen ins Blickfeld, bei der **Abzweigung** 05 beim Straßenschild Pizzo Lungo führt ein Treppenweg hinunter zum Meer am Fuße der **Faraglioni** 06, Bademöglichkeit am Klippenstrand (Strandbar).

Zurück zur **Abzweigung** 05 gehen Sie durch die Via Tragara, vorbei an der deutschen evangelischen Kirche, dann Via Camerelle, am Ende machen Sie beim Hotel Quisisana den Abstecher durch die Via Federico Serena links hinunter zu den Augustusgärten. Der Weg führt oberhalb der Certosa di San Giacomo vor-

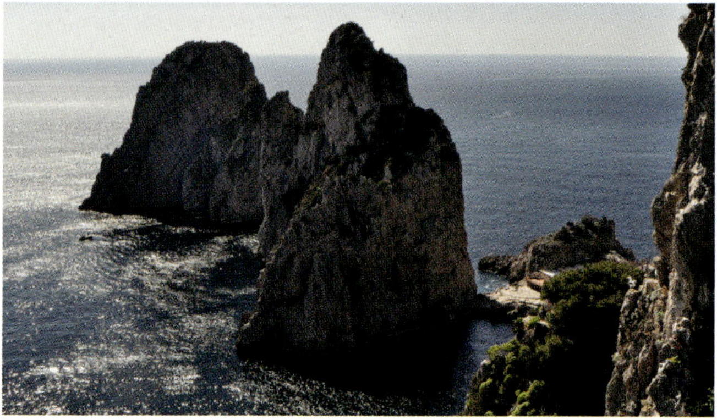

Steilküste und Faraglioni

Villa Jovis

12 Villen sollen für den römischen Kaiser Tiberius auf Capri errichtet worden sein. Die Villa Jovis, benannt nach Jupiter, dem höchsten römischen Gott, war die größte und prächtigste. Von ihr aus regierte Tiberius von 27 bis 37 n. Chr. das römische Reich. Der 7.000 m^2 große Gebäudekomplex bestand aus Thermen, Quartieren für die Bediensteten, Verwaltungs- und Repräsentationsräumen und den gut abgesicherten Privatgemächern des Kaisers. Er gruppierte sich um vier große Zisternen, das gesammelte Regenwasser diente nicht nur zum Trinken, sondern speiste auch die Thermenanlagen. Ein 90 m langer Panoramabalkon bot eine herrliche Aussicht, ein hoher Leuchtturm diente der Kommunikation mit dem Festland. Berüchtigt war die 300 m abfallende Felswand im Osten, der Salto di Tiberio, über die der despotisch herrschende Kaiser seine Gegner habe hinabstürzen lassen.

1932 wurde mit der systematischen Erforschung der Ruine begonnen, zu spät, wie sich herausstellte. Sie wurde schon vorher gründlich durchstöbert, außerdem war es üblich, römische Ruinen als Steinbruch für den Bau neuer Häuser zu benutzen. Einige Ausgrabungsfunde können im Archäologischen Museum in Neapel besichtigt werden, zahlreiche Elemente der einst prachtvollsten Villa finden sich jedoch in Kirchen und in Privathäusern.

Villa Jovis:
1. Juni bis 30. September täglich von 10 Uhr bis Sonnenuntergang, März bis Mai, Oktober bis Dezember Mittwoch bis Montag, Jänner, Februar geschlossen.
www.capri.net

bei, die monumentale Anlage ist mit ihren mächtigen Kreuz-, Tonnen- und Kassettengewölben ein typisches Beispiel der Inselarchitektur. Vom kleinen Park **Giardini di Augusto** **07** (Eintrittsgebühr) genießen Sie den klassischen Blick zu den Faraglioni. Die ehemaligen Gärten des Kaisers Augustus erwarb im Jahr 1900 der deutsche Stahlindustrielle Friedrich Alfred Krupp vom Kartäuserkloster, um von hier aus die berühmte Via Krupp durch den Steilhang des Monte Castiglione zur Marina Piccola hinunter bauen zu lassen.

Nach dem Hotel Quisisana gelangen Sie durch die Via Vittorio Emanuele zurück zur **Piazza Umberto I.** **01**.

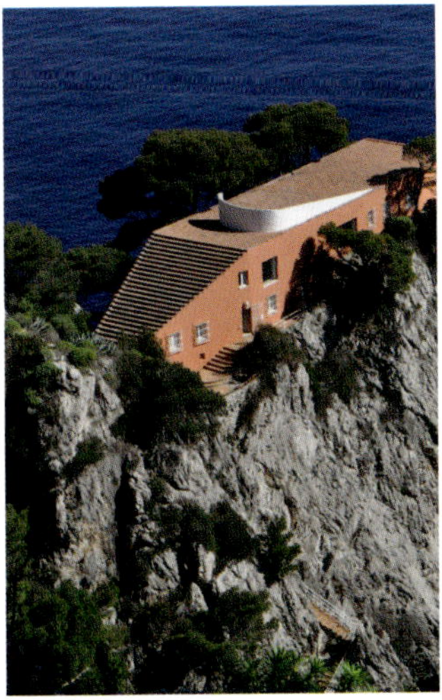

Villa Malaparte

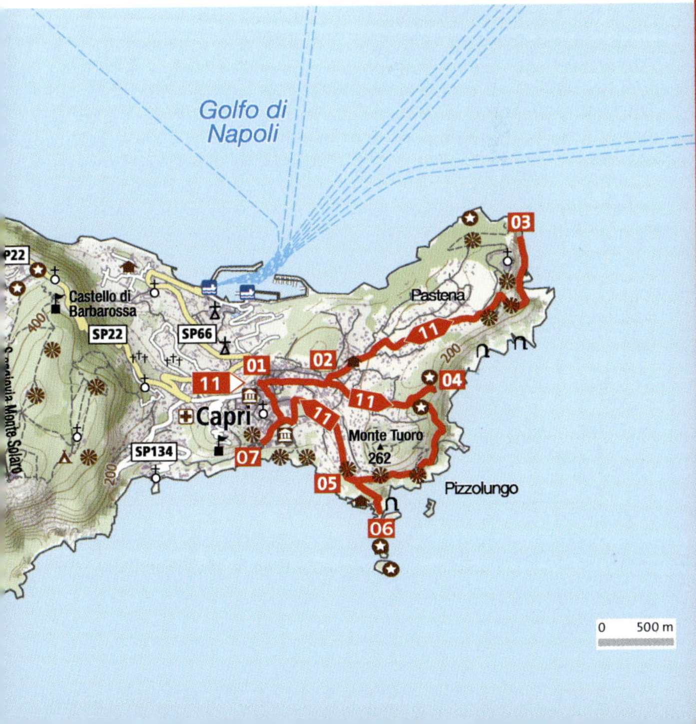

MONTE SOLARO • 589 m

Bergtour auf Capri

6,5 km 3:30 h 509 hm 369 hm

START | Capri-Stadt, Piazza Umberto I.
Anfahrt: Busse von Marina Grande und Anacapri.
[GPS: UTM Zone 33 x: 435881 m y: 4489157 m]
CHARAKTER | Aussichtsreiche Bergtour, steiler Auf- und Abstieg, feste Schuhe notwendig, keine durchgehende Markierung

Die massive Kalkformation des **Monte Solaro** (589 m) fällt auf der Südseite senkrecht zum Meer ab, Richtung Anacapri zieht sich der Hang mit artenreicher Vegetation in Stufen hinunter.

Der Aufstieg folgt dem „Sentiero del Passetiello", früher ein vor allem für die Kartäusermönche wichtiger Verbindungsweg von Capri zu ihren Besitzungen in Anacapri.

Der Abstieg zum **Belvedere di Migliera** führt über weite Strecken der Abbruchkante entlang, mehrere herrliche Aussichtspunkte bieten wechselnde Perspektiven auf die spektakuläre Landschaft. Im Sommer ist der durch einen Sessellift erschlossene Gipfel ein beliebtes Ausflugsziel, abseits ist es vollkommen ruhig.

▶ Sie starten die Tour nach einem Kaffee auf der **Piazza Umberto I.** 01 in Capri-Stadt, am Morgen ist die Piazzetta noch angenehm ruhig. Auf der Hauptstraße Via Roma gehen Sie bis zum kleinen Kreisverkehr und biegen

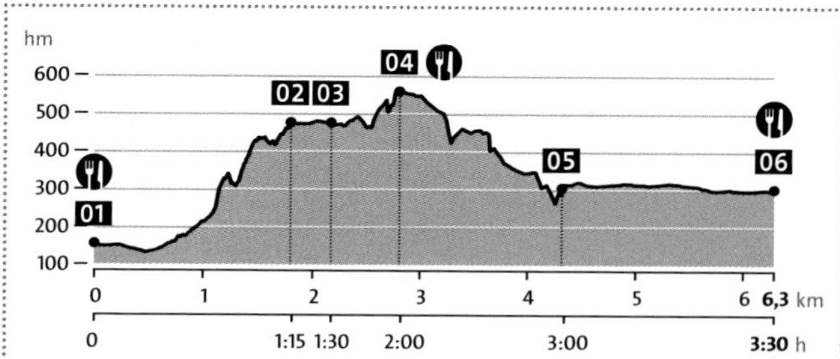

01 Capri, Piazza Umberto I., 140 m; 02 Passetiello, 450 m; 03 S. Maria a Cetrella, 560 m; 04 Monte Solaro, 589 m; 05 Belvedere di Migliera, 220 m; 06 Anacapri, 280 m;

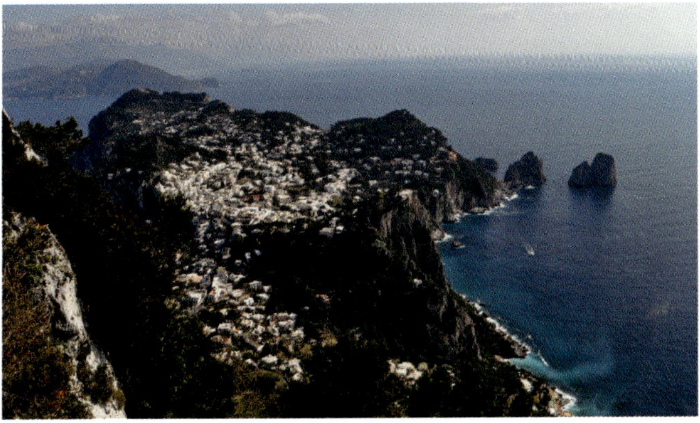

Blick vom Monte Solaro

dort in die Via Marina Piccola halb links und nach 20 m rechts in die Rampe zum Krankenhaus in der, Via Torina. Hier beginnt der „Sentiero del Passetiello“, Wegweiser an der Infotafel, rote Markierung. Der Weg geht in einen schönen Treppenweg und später in einen Naturweg über, an einem Haus vorbei und durch Steineichenwald der Felswand entlang. Bei Abzweigungen halten Sie sich immer aufwärts, bei einer Gabelung links. In kleinen Serpentinen geht's steil hinauf, am Ende durch die kleine Felsschlucht **Passetiello** **02** mit leichter Kraxelei zum Aussichtspunkt hoch über Capri.

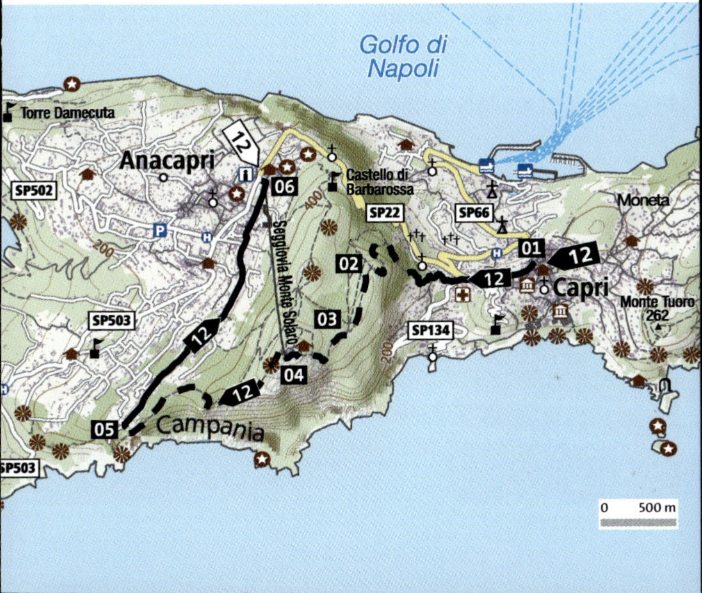

Sie steigen weiter an durch den spärlich bewachsenen karstigen Hang hinauf bis zur Kante und dann fast eben links zur im 16. Jahrhundert erbauten **Eremo di S. Maria a Cetrella 03**. Hier gibt's einen schönen Rastplatz, besonders spektakulär ist die Aussicht vom Belvedere des ehemaligen Einsiedlerklosters, geöffnet Samstag und Sonntag ab 11 Uhr.

Der Weiterweg führt der Hangkante entlang links am Osservatorio Metereologico vorbei aufwärts mit eindrucksvollem Blick auf die senkrecht abfallende Südwand des **Monte Solaro 04**. Auf dem Gipfel befinden sich eine ehemalige Befestigungsanlage der Engländer, heute eine große Aussichtsplattform mit Terrassencafè in der Sommersaison und die Bergstation des Sesselliftes von Anacapri herauf.

Von der obersten Aussichtsplattform gehen Sie über die Treppe durch das grüne Eisentor zur Bergstation des Sesselliftes hinunter und durch das kleine grüne Eisentor auf der schmalen Treppe abwärts. Sie geht über in einen anfangs befestigten Pfad, der in einer Kehre zurück zum Grat führt. Nun geht's immer dem Grat entlang. Zuerst mäßig steil abfallend bis zum Aussichtspunkt am Monte Cocuzzo, dann sehr steil und karstig die Flanke hinunter und am Ende wieder flacher durch Kiefernwald zum **Bevedere Migliera 05**; im Wald nicht nach links abbiegen. Vom Belvedere bietet sich ein weiter Blick bis zum großen Leuchtturm auf der Punta Carena.

Der Rückweg folgt der Trasse der alten Römerstraße. Auf dem Betonweg geht es zur Stichstraße (Via Migliera) und auf dieser rechts durch Zitronen- und Orangengärten am Rande von **Anacapri 06** immer geradeaus. Anschließend Richtung Via Caposcuro bis zur Piazza Vittoria am Rand der Altstadt (Busstation).

Ganz in der Nähe liegt die **Villa San Michele** (siehe: Alles außer Wandern).

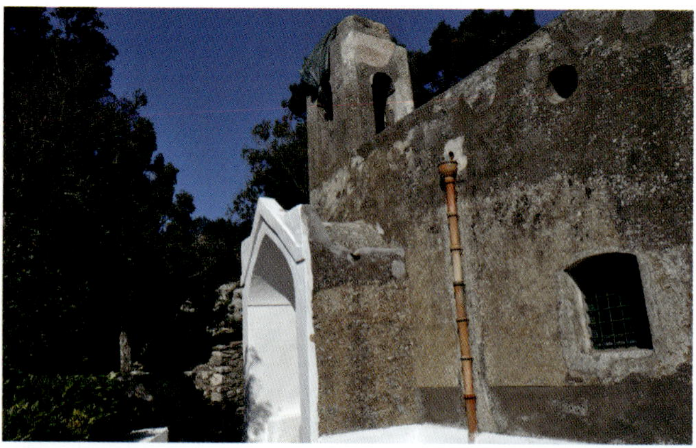

S. Maria a Cetrella

GROTTA AZZURRA – FARO

Von Fort zu Fort

5 km | 2:40 h | 80 hm | 80 hm

START | Grotta Azzurra
Anfahrt: Bus von Anacapri
Anmarsch zu Fuß: Anacapri/Piazza Vittoria, Via G. Orlandi, Chiesa S. Sofia, Via Boffe, beim Axel-Munthe-Denkmal rechts, Vico Boffe, nach wenigen Schritten halbrechts, Via Cava, rechts, Via Lo Pozzo, Sträßchen rechts, nach 100 m links Via Veterino, am Ende Treppenweg, 45 Minuten.
[GPS: UTM Zone 33 x: 432646 m y: 432646 m]
CHARAKTER | Streckenwanderung an der buchtenreichen Karstküste im Westen der Insel mit schöner Aussicht. Gut ausgebauter und beschilderter Weg, kaum Schatten, keine Einkehr.

Im Jahr 1806 entrissen die Engländer den Neapolitanern die Insel Capri und sicherten die weniger steile Westküste durch mehrere kleine Forts. Umsonst, ein Spion entdeckte einen ungesicherten Schleichweg durch die Felsenufer, so konnten die Franzosen 1808 die Engländer überrumpeln und ihnen die Insel abjagen. Der **„Sentiero dei Fortini“** verbindet die fünf kleinen Forts in Aussichtslage. Sie wandern mal durch Macchia, mal durch aufgelassene Terrassen, Wald oder über völlig kahle Klippen. Liebevoll gestaltete Keramiktafeln weisen den Weg und informieren über Flora, Fauna, Geologie und Geschichte.

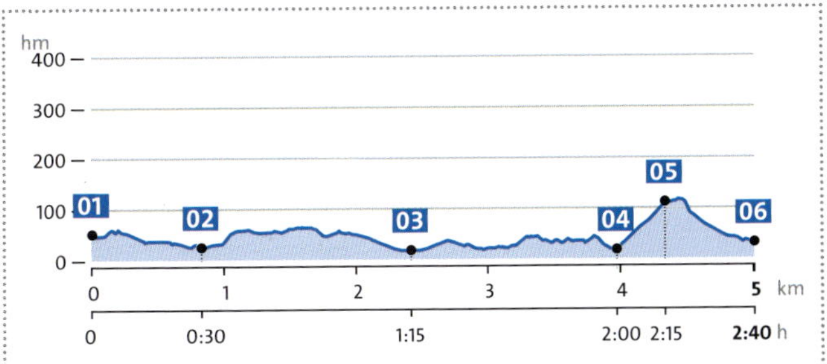

01 Grotta Azzurra, 20 m; 02 Fortino Orrico, 20 m; 03 Fortino Mesola, 20 m; 04 Fortino di Pino, 20 m; 05 Straße, 100 m; 06 Faro, 20 m;

▶ Die Wanderung beginnt an der Bus-Endstation nahe der **Grotta Azzurra** 01. Sie gehen 10 Minuten auf der Straße zurück und biegen bei der Mauer in den Treppenweg nach rechts (Wegweiser „Sentiero dei Fortini“). Hier beginnt der schöne Küstenweg, dem Sie bis zum Leuchtturm folgen. Durch die Macchia hoch über der Küste erreichen Sie die erste kleine Festung **Orrico** 02, wo die Franzosen die Engländer überraschten.

Kurz nach dem Fort macht der Weg einen Linksknick und dann wieder nach rechts (Wegweiser Mesola). Die einzelnen Wegabschnitte sind nach der vorherrschenden Vegetation benannt, je nach Jahreszeit blühen Wolfsmilch, Rosmarin, wilde Narzissen, Affodill oder Zyklamen. Der Weg quert eine Talschlucht, bei der Kreuzung danach rechts und bei der Gabelung wieder rechts; Abstecher zum **Fortino Mesola** 03 hoch über der Bucht.

Zurück zur Weggabelung folgen Sie nun dem Wegweiser „Sentiero Faro“ nach rechts. Die folgende Etappe führt durch die völlig kahle Mondlandschaft der Karstklippen zwischen den beiden Festungen. Sie queren den Fiorda d'Argento auf einer klei-

Grotta Azzurra

Die berühmte Blaue Grotte ist eine größtenteils ins Meer abgesunkene Karsthöhle. Durch den rund 2 Meter breiten und nur 1 Meter hohen Eingang kann kein Sonnenlicht in die Grotte dringen. Die blaue Färbung entsteht dadurch, dass das Licht durch die Öffnung unter der Wasseroberfläche in die Grotte einfällt, das Wasser absorbiert die Rottöne, übrig bleibt das Blau. Durch den schmalen Eingang kann jeweils nur ein Ruderboot in die Grotte einfahren, bei größerem Andrang kommt es deshalb regelmäßig zu einem langen Stau der Ruderboote vor dem Höhleneingang.

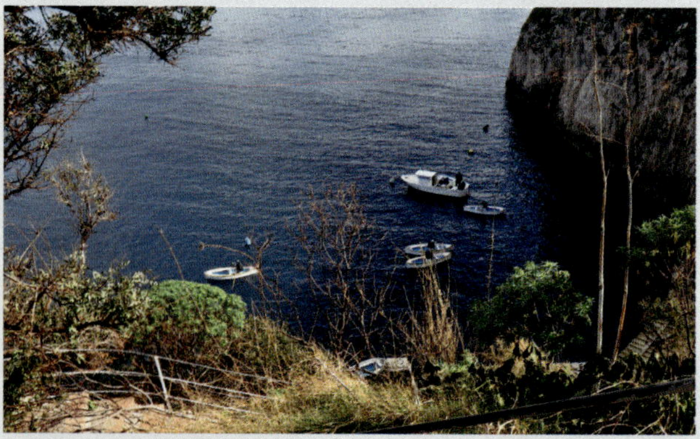

Einfahrt zur Grotta Azzura

nen Brücke und gelangen danach zum **Fortino Pino** 04 mit schönem Blick hinüber zum Leuchtturm. Es folgt ein steiler Aufstieg auf betoniertem Weg Richtung Straße, auf halber Höhe können Sie bei der Steinmauer rechts den kurzen Abstecher (hin und retour 5 Min.) zum Fortino del Cannone in Panoramalage gegenüber dem Leuchtturm machen.

Bevor Sie die **Straße** 05 erreichen biegt der Weg nach rechts und führt dann als breiter Treppenweg durch Pinienwald hinunter zum **Faro** 06, dem großen Leuchtturm an der Punta Carena (Busstation). Der 1827 errichtete Leuchtturm ist aufgrund seiner Höhe (28 m) und starken Leuchtkraft der zweitwichtigste in ganz Italien nach dem in Genua. Das Belvedere bietet einen weiten Blick über die Küste, auch der äußerste der Faraglionifelsen ist zu sehen. Von den mit Beton terrassierten Klippen führen Leitern ins Wasser zum Baden.

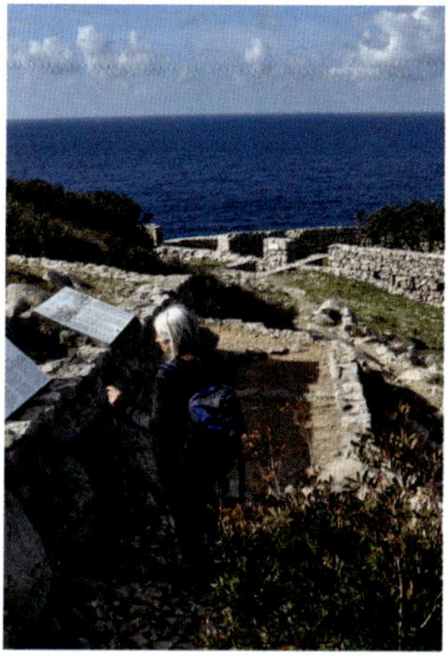
Fortino Orrico

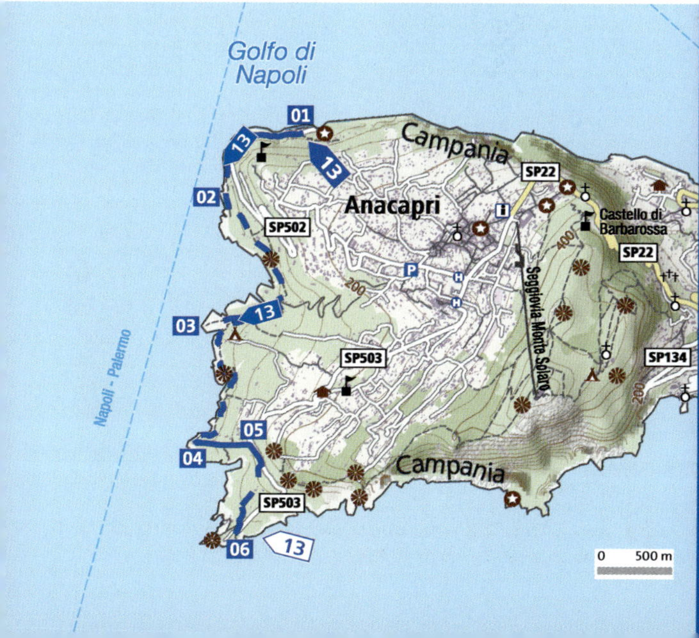

PUNTA CAMPANELLA – MONTE COSTANZO • 497 m

Prächtige Aussichtspunkte an der Küste

7,2 km 3:40 h 461 hm 461 hm

START | Termini
Anfahrt/Rückfahrt: SITA-Busse Sorrento – Termini.
[GPS: UTM Zone 33 x: 444179 m y: 4493504 m]
CHARAKTER | In der leichten Variante Wanderung hin und zurück auf gutem Fahrweg auf der alten Römerstraße Via Minerva, mit herrlicher Sicht auf Capri zum Leuchtturm an der Spitze der Halbinsel, am Vormittag schattig.
In der Variante Rückweg über den Monte San Costanzo längerer, zum Teil steiler Anstieg auf steinigem, schattenlosem Pfad mit großartigen Aussichten.

An der **Punta Campanella** stand in griechischer Zeit ein Athena-Heiligtum, die Römer weihten den Tempel der Athena-Nachfolgerin Minerva. Goethe spricht noch vom Kap Minerva, das alte Promonturium Minervae wird heute Punta Campanella genannt. Vermutlich stand zur Römerzeit hier bereits ein Leuchtturm, im Mittelalter wurde an der Küste eine ganze Kette von Wach- und Wehrtürmen gegen die Sarazeneneinfälle errichtet. Der Doppelgipfel **Monte Costanzo** ist einer der besten Aussichtspunkte der Halbinsel.

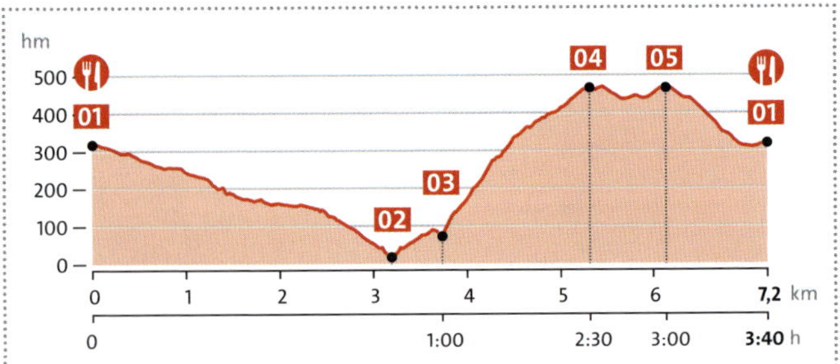

01 Termini, 323 m; 02 Punta Campanella, 36 m; 03 Aussichtspunkt, 80 m; 04 Monte San Costanzo, 497 m; 05 Kapelle San Costanzo, 486 m;

Die Wanderung beginnt bei der Aussichtsterrasse in **Termini** 01 (Bar, Ristorante, Alimentari). Am Ende des Hauptplatzes gegenüber der Kirche S. Croce gehen Sie rechts in die Via Campanella. Nach 200 m wieder rechts, Sie folgen nun dem Wegweiser Punta Campanella. Das Sträßchen geht in einen Fahrweg über und führt leicht abwärts immer dem Hang entlang durch alte Olivenhaine mit schönen Capri-Blicken oberhalb des Torre di Fossa Papa vorbei hinunter zur **Punta Campanella** 02. Der mittelalterliche Torre Minerva neben dem modernen Leuchtturm weist noch Mauerreste aus der Römerzeit auf.

Gehen Sie kurz auf dem gleichen Weg zurück, nach wenigen Minuten zweigt rechts der rot-weiß markierte Pfad zu einem schönen **Aussichtspunkt** 03 ab, in fünf Minuten erreichen Sie diese Kante mit prächtiger Sicht auf die Marina di Ieranto zwischen Punta Campanella und Punta Penna; früher Bergbauregion, heute Meeresschutzgebiet.

Für den Rückweg haben Sie die Wahl entweder auf dem Hinweg zurück oder über den Monte San Costanzo und der Kapelle in herrlicher Aussichtslage nach Termini.

Vom Aussichtspunkt führt der rotweiß markierte Pfad direkt hinauf zum **Monte San Costanzo** 04 (497 m). Der Anstieg auf dem steinigen Pfad den schattenlosen Hang hinauf kann bei Hitze anstrengend sein. Der Gipfel selbst ist wegen der abgezäunten Sendeanlagen

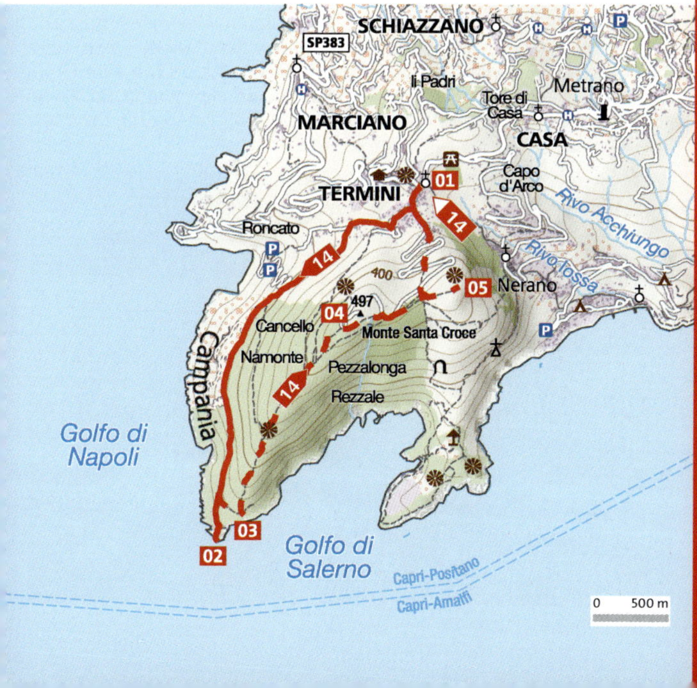

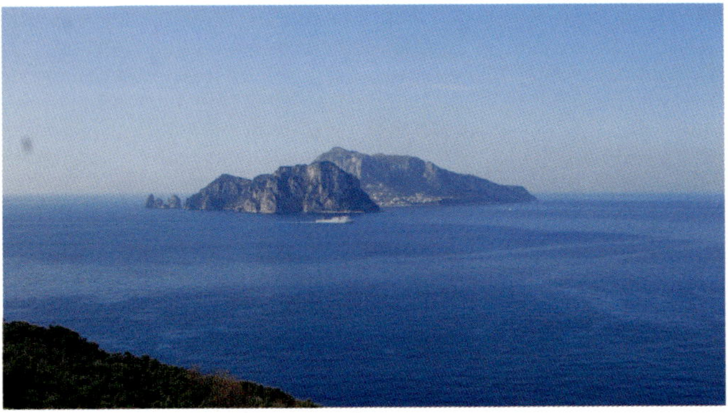

Capriblick von der Punta Campanella

nicht zugänglich, der Pfad führt mit weiter Aussicht östlich oder westlich herum und trifft dann auf die Straße. Dieser folgen Sie kurz, im Sattel zwischen den zwei Gipfeln wandern Sie auf dem Weg am oberen Rand des Pinienwaldes Richtung Kapelle **San Costanzo** 05 (486 m) entlang. Für den Abstecher zur Kapelle hinauf nehmen Sie den stufigen Kreuzweg, oben genießen Sie einen prachtvollen Blick über die Küste, die Halbinsel und die Monti Lattari. Wieder zurück zum Pinienwald gehen Sie entweder der Straße entlang oder auf dem alten Treppenweg, der die Serpentinen der Straße quert, hinunter nach **Termini** 01.

Einkehren mit herrlicher Aussicht von der Panoramaterrasse können Sie im Ristorante Mira-Capri 200 m an der Straße Richtung Massa, Donnerstag bis Dienstag ab 9.30 Uhr.

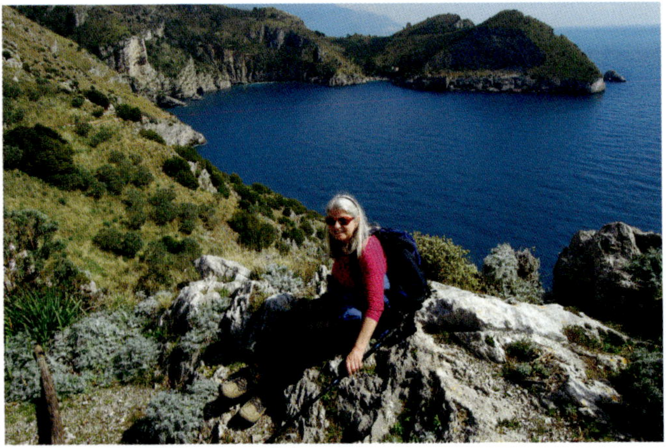

Küstenpanorama vom Aussichtspunkt

DREI-BUCHTEN-TOUR

Baia di Ieranto – Marina del Cantone – Bucht von Recommone

7,2 km 2:40 h 169 hm 169 hm

START | Nerano
Anfahrt/Rückfahrt: SITA-Busse Sorrento – Nerano – Marina del Cantone.
[GPS: UTM Zone 33 x: 444755 m y: 4493028 m]
CHARAKTER | Abwechslungsreiche Tour an der buchtenreichen Südspitze der Halbinsel von Sorrent mit schönen Bade- und Einkehrmöglichkeiten. Größtenteils Naturwege, zum Teil steinig, im Mittelteil betonierter Verbindungsweg, wenig Schatten.

Auf dieser Wanderung lernen Sie einen schönen Küstenabschnitt mir drei unterschiedlichen Buchten kennen: Die einsame **Baia di Ieranto**, die (in der Saison) belebte **Marina del Cantone** und die kleine Fischerbucht **Recommone**.

Besonders die geheimnisvolle Ieranto-Bucht übt eine große Suggestion auf die Besucher aus. Der Hang über der Bucht mit mehreren Grotten heißt nicht umsonst Spirito (Geist), hier soll ein griechischer Tempel gestanden haben. Kobaltblaues Meer, eingefasst von grau-weißem Kalk, eine sanfte Senke mit einem Olivenhain, ein alter Wachturm – die Bucht zieht Besucher bis heute in ihren Bann.

▶ Die Wanderung beginnt bei der Bushaltestelle (Bar, Alimen-

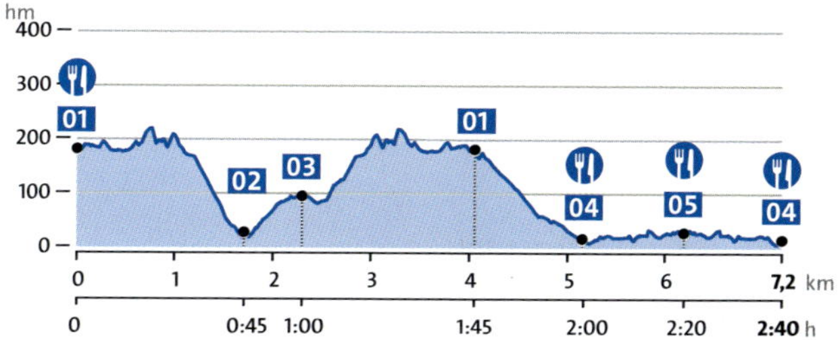

01 Nerano, 169 m; 02 Marina di Ierant, 0 m; 03 Torre di Montalto, 80 m; 04 Marina del Cantone, 0 m; 05 Bucht von Recommone, 0 m;

tari) oberhalb der Kirche von **Nerano** 01. Sie gehen kurz auf der Straße Richtung Marina del Cantone weiter und biegen dann in den halb rechts abzweigenden Fußweg zur Marina di Ieranto und zum Torre Montalto ab. Nach dem Gittertor zweigt rechts ein rot-weiß markierter Pfad ab, Sie gehen geradeaus weiter auf dem zunächst gepflasterten Weg mit der **gelben** Markierung. Beim Tor mit der Aufschrift „Silentium" bietet sich ein erster schöner Blick über Marina del Cantone und die Amalfitanische Küste. Der folgende Naturweg zieht sich aussichtsreich entlang der Flanke des Monte San Costanzo, er wird, sobald er sich abzusenken beginnt, deutlich steiniger. Der Waldflecken unterhalb des Gipfels, die Pineta di San Costanzo, lässt erahnen, wie die Region vor der Abholzung und Verkarstung ausgesehen hat. Bei der Wegverzweigung unterhalb des Steinhauses gehen Sie nach rechts zur **Ieranto-Bucht** 02 hinunter.

Auf dem Rückweg machen Sie eine Schleife zum **Torre di Montalto** 03. Der Normannenturm

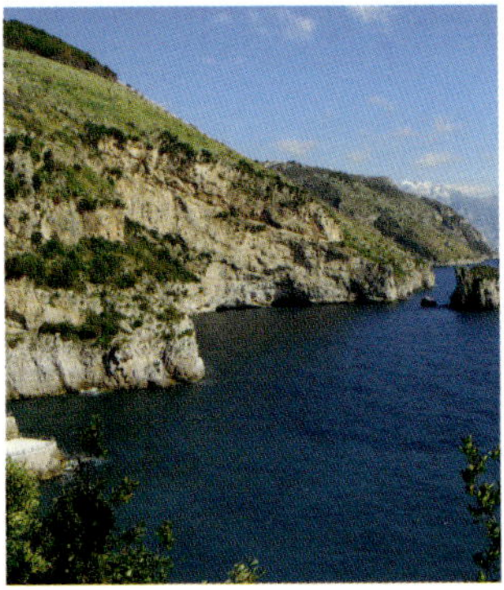

Küste bei der Bucht Recommone

gehörte zur Kette der Wach- und Wehrtürme, die im Mittelalter gegen die Sarazeneneinfälle errichtet wurden. Auf dem Hinweg kehren Sie anschließend nach **Nerano** 01 zurück.

Dort steigen Sie die Stufen rechts vor der Kirche hinunter in die Via Cantone. Dieser betonierte Weg führt vorbei an Häuser, Zitronen- und Olivenhainen und teils steil direkt hinunter zum Kiesstrand von **Marina del Cantone** 04 mit etlichen Restaurants und Busstation.

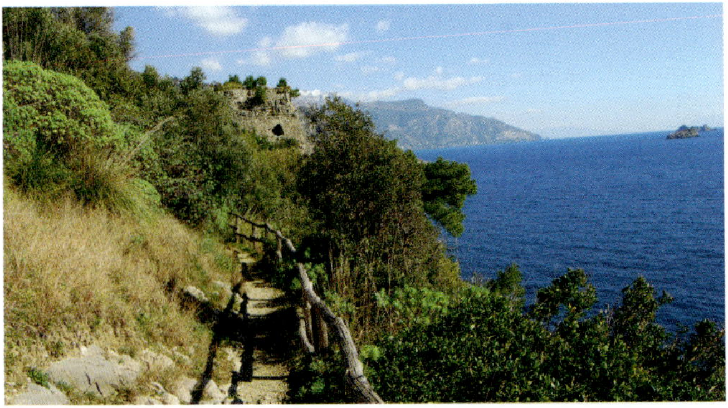

Küstenpfad zur Bucht Recommone

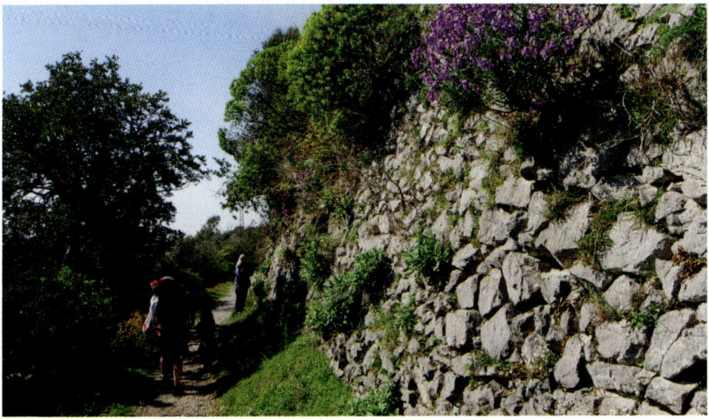

Weg zur Ireantobucht

Links vom Restaurant Il Cantuccio gelangen Sie über einige Stufen zu einem kurzen, aber besonders schönen Küstenweg. Fast eben führt er oberhalb des Meeres um die Landzunge von Sant'Antonio vorbei am Torre di Recommone aus dem 16. Jahrhundert zur romantischen **Bucht von Recommone** 05 mit Kieselstrand und dem Restaurant Conca del Sogno.

Auf demselben Weg gehen Sie retour bis zur Busstation in **Marina del Cantone** 04.

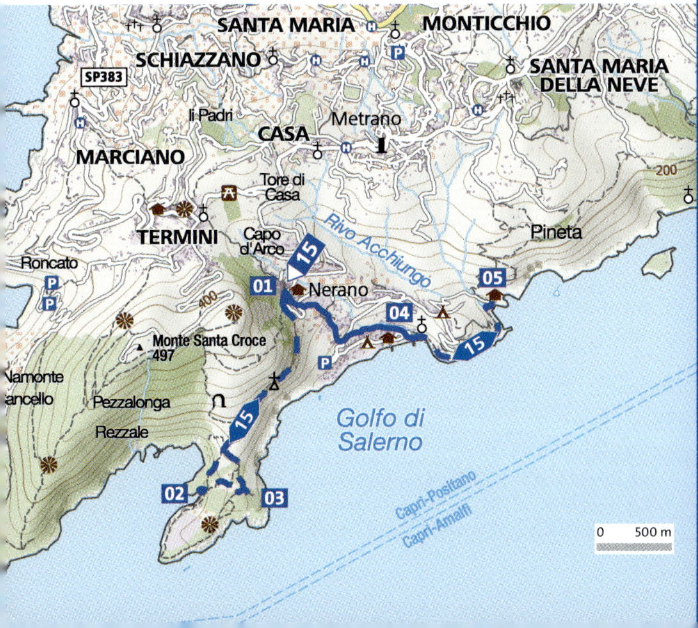

S. AGATA – MARINA DI CANTONE

Über den Rücken der Halbinsel zur Badebucht

8 km | 2:20 h | 79 hm | 474 hm

START | S. Agata, Busstation
Anfahrt: SITA-Busse von Sorrento.
[GPS: UTM Zone 33 x: 447041 m y: 4495390 m]
CHARAKTER | Aussichtsreiche Streckenwanderung auf Wegen und Nebenstraßen durch bäuerliches Kulturland zur beliebten Badebucht Marina del Cantone mit attraktivem Strand und Einkehrmöglichkeiten. Zwei steile Abstiege, wenig Schatten.

▶ Von der Bushaltestelle in **S. Agata** 01 gehen Sie Richtung Süden zur Kreuzung, biegen nach rechts und gleich wieder links in die Via dei Campi. Nach 5 Minuten in der Linkskurve geradeaus in die ansteigende Nebenstraße Via S. Maria Le Neve (Weg 3, rote Markierung). Vorbei an der Klosterschule Casa della Madonna wandern Sie mit schöner Sicht zur alten Kirche **S. Maria della Neve** 02.

Nach 50 m auf der Straße (nach dem Klostergebäude) biegen Sie links in die Via Torvilla und wandern durch einen Olivenhain mit herrlichem Blick auf Termini, den Monte San Costanzo mit der Kapelle am Gipfel und Capri. Bei einem alten Haus geht es rechts und dann gleich links weiter, der Weg macht hier eine aussichtsreiche Schleife durch den locker verbauten Hang mit Olivenhainen und Zitronengärten. Bei

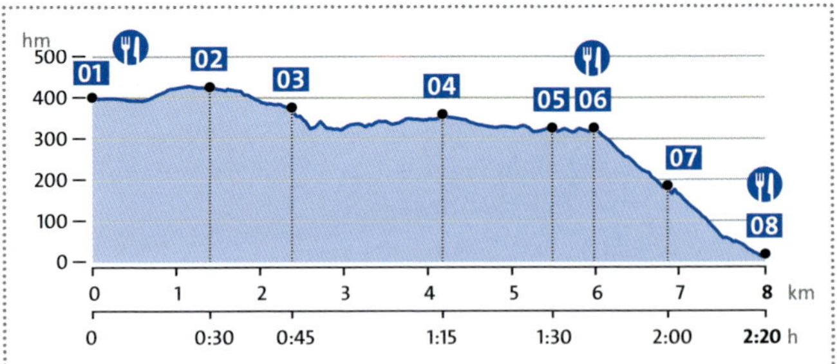

01 S. Agata, 395 m; 02 S. Maria della Neve, 430 m; 03 Campi, 330 m; 04 Tuoro, 365 m; 05 Tore di Casa, 374 m; 06 Termini, 323 m; 07 Nerano, 169 m; 08 Marina del Cantone, 0 m;

einer Weggabelung geradeaus hinunter auf einem steilem, steinigen Pfad zur Stichstraße nach **Campi** 03.

Auf dieser rechts zurück zur Hauptstraße, auf dieser kurz nach links und nach der Pizzeria Tramonto Rosso in die Nebenstraße nach links (Via Calarusso) und bei der Gabelung rechts auf den Hügel **Tuoro** 04.

Immer mit weiter Sicht wandern Sie zurück zur Hauptstraße, überqueren diese und auf der Via

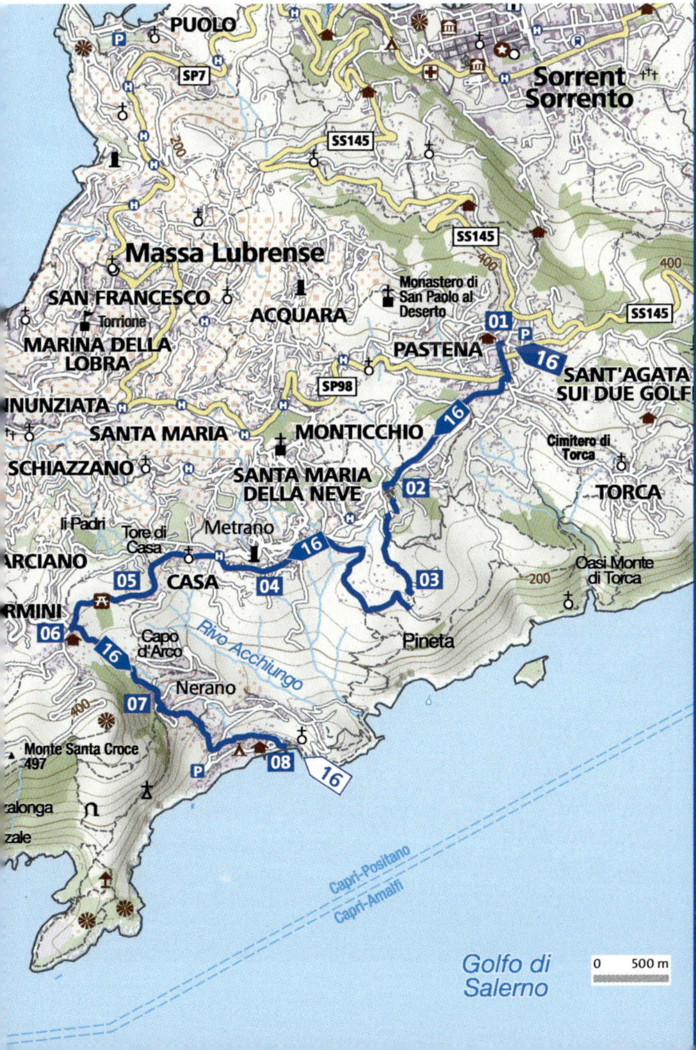

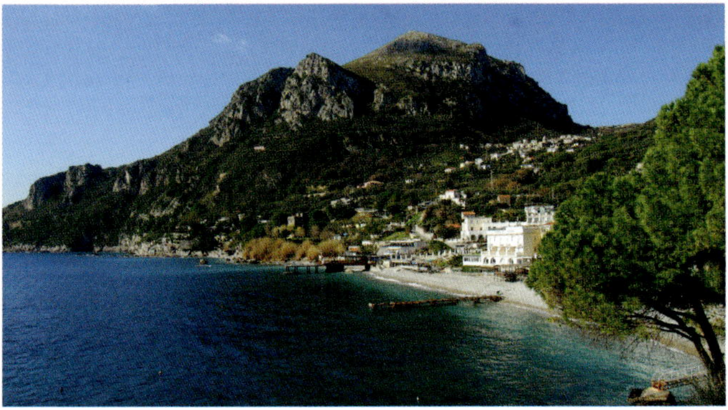

Badeort Marina di Cantone an Fuße des Monte Costanzo

delle Tore weiter. 50 m nach der Abzweigung nach Schiazzano (rechts steil hinunter, Tour 17), biegen Sie in den asphaltierten Weg halb links aufwärts zum Hügel **Tore di Casa** 05. Auf einem Pfad geht's dann hinunter nach Termini 06 zur Aussichtsplattform mit Capri-Blick. Wenn Sie die Aussicht bei einer Einkehr genießen wollen gehen Sie auf der Straße 200 m nach rechts zum Ristorante Mira-Capri (Do. bis Di.).

Der Weiterweg führt neben der Kirche am Beginn der Via Campanella links am Haus (Ceramica) vorbei mit roten und gelben Markierungen. Auf Treppenwegen und steilem Weg geht's hinunter nach **Nerano** 07 und, gleich wie bei Tour 15, weiter nach **Marina del Cantone** 08 mit Badestrand, mehreren Einkehrmöglichkeiten und Busstation.

Wenn Sie weitergehen wollen können Sie noch zur Bucht von Recommone wandern (Tour 15) oder Sie steigen am Beginn zu Fuß von Sorrent nach S. Agata auf (Tour 20).

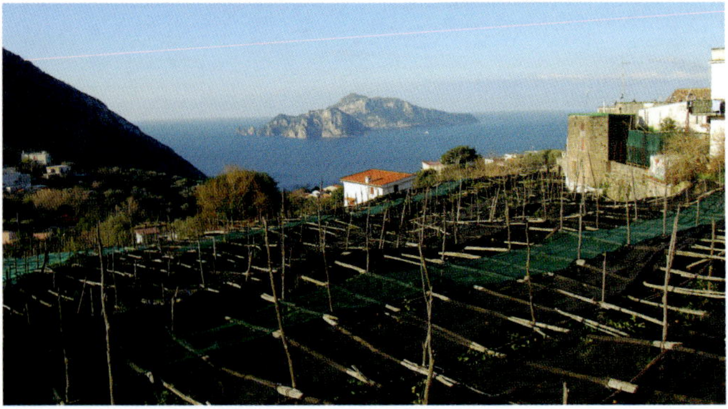

Blick von Termini über die Zitronengärten nach Capri

TERMINI – MARINA DELLA LOBRA

Alte Dörfer und Capri-Panoramen

5 km 2:20 h 26 hm 354 hm

START | Termini
Anfahrt/Rückfahrt: SITA-Busse von Sorrento.
[GPS: UTM Zone 33 x: 444129 m y: 4493547 m]
CHARAKTER | Streckenwanderung mit schöner Aussicht durch bäuerliches Kulturland mit Oliven und Agrumen und alten Orten mit Kaufmanns- und Seefahrerpalästen. Schöne Einkehrmöglichkeiten in Annuziata und im Hafen von Marina della Lobra, wenig Schatten.

Die Wanderung führt Sie von der Aussichtsplattform in **Termini** mit herrlichem Blick auf Capri über alte Dörfer zum reizvollen kleinen Fischerhafen **Marina della Lobra** unterhalb von Massa Lubrense. Reiche Kaufleute und Seefahrer ließen sich in den küstennahen Dörfern prächtige Paläste bauen und stifteten Klöster. Das bedeutendste ist Santa Maria della Lobra, das im 16. Jahrhundert am Standort eines römischen Minervatempels in Marina della Lobra errichtet wurde. Alte Wehrtürme und das Castello dell'Annuziata erinnern an die unruhige Zeit der Sarazenenüberfälle; von der Villa Rossi befehligte 1808 Murat seine Truppen zur Eroberung von Capri.

▶ Die Wanderung beginnt bei der Aussichtsterrasse von **Termini** 01. Von dort gehen Sie links am Ristorante Salvatore vorbei die gepflasterte Straße hinauf und biegen nach der Kurve nach dem Haus (KFZ-Werkstätte) rechts die Stufen zum Pfad den Hang hinauf. Im Frühjahr ist der ganze Hang

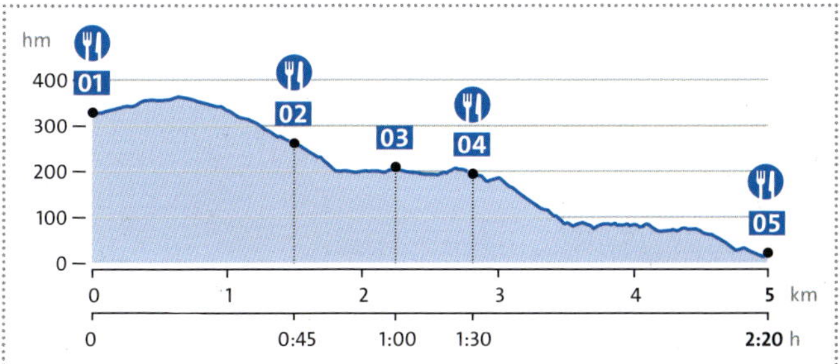

01 Termini, 323 m; 02 Schiazzano, 265 m; 03 S. Maria, 200 m; 04 Annunziata, 226 m; 05 Marina della Lobra, 0 m;

übersät von Anemonen, vom Hügel Tore di Casa (374 m) genießen Sie eine umfassende Aussicht über den Golf von Neapel. Der Pfad geht anschließend in einen breiteren, asphaltierten Weg über und mündet in die Straße. Hier gehen Sie kurz nach rechts und biegen dann nach links in den steil abwärtsführenden Weg nach **Schiazzano** 02. Bleiben Sie immer auf dem Hauptweg, er führt über Gartenterrassen vorbei an Zitronenplantagen nach unten und zwängt sich schließlich zwischen den herrschaftlichen Häusern des alten Ortes durch und dann links auf dem nun breiten gepflasterten Weg hinunter zum Dorfplatz. (Tabacchi, Alimentari, Kirche und Bar/Ristorante Da Francesco).

Um den Taleinschnitt Vallone Cementaro zwischen Schiazzano und Santa Maria zu überqueren nehmen Sie vom Dorfplatz den Weg weiter nach unten. Auf dem schmalen Fahr- und dann Treppenweg gelangen Sie in Serpentinen zu einer kleinen Brücke, nach der Sie auf leicht ansteigendem Sträßchen bis zur Kirche von **Santa Maria** 03 gehen.

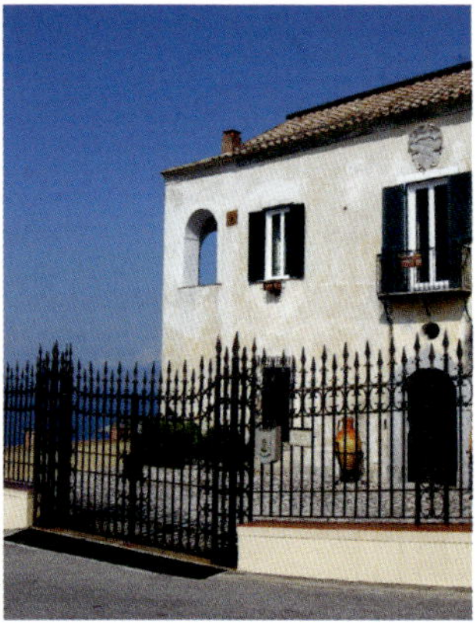

Casa Murat

Der Weiterweg zum **Castello dell'Annunziata** führt zunächst links 150 m entlang der Straße, dann biegen Sie halb rechts in den Fahrweg, der bald wieder zur Straße zurückführt. Vor der Kurve zweigt rechts der Treppenweg zum Castello ab (Wegweiser Marina della Lobra). Er führt nach der Aragoneser-Festung wieder hinunter direkt zum Kirchplatz von **Annunziata** 04 mit Wehrturm und dem Restaurant La Torre on Fire (Mi. bis Mo). Der Turm Turbolo wurde 1614 erbaut und war später Sitz des Pfandhauses, von der Aussichtsplattform dahinter bietet sich ein schöner Blick nach Capri. Nach zwei Minuten auf der

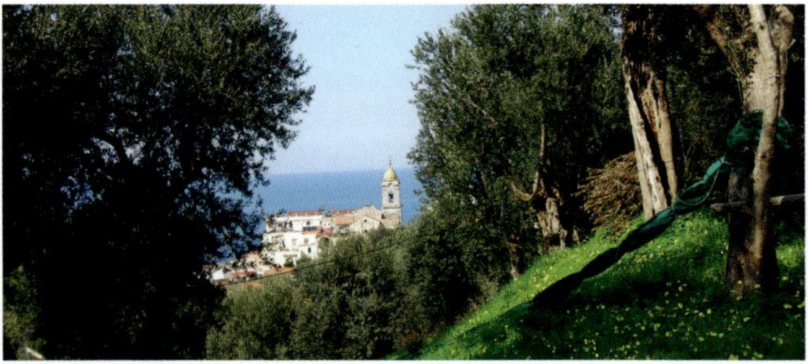

Olivenhain bei Marina della Lobra

Straße weiter sind Sie beim **Haus Murat** in exponierter Lage über der Küste. Die Villa war Quartier von Murat, als seine Truppen Capri eroberten.

Ein Treppenweg, dann Fahr- und wieder Treppenweg führt durch alte Olivenhaine direkt hinunter zur Straße bei der Kirche S. Liberatore. Hier gehen Sie kurz nach rechts der Straße entlang und biegen nach der Kurve bei der Bushaltestelle links in den Fahrweg ab, dann gleich wieder rechts. Auf der Via San Liberatore, einem fast ebenen, gepflasterten Weg, gehen Sie nun durch Olivenhaine um die Bucht Marina della Lobra herum bis zu einer Kapelle. Dort biegen Sie links in den Fahrweg nach unten, queren bei der Kirche Santa Maria della Lobra die Straße und gehen weiter

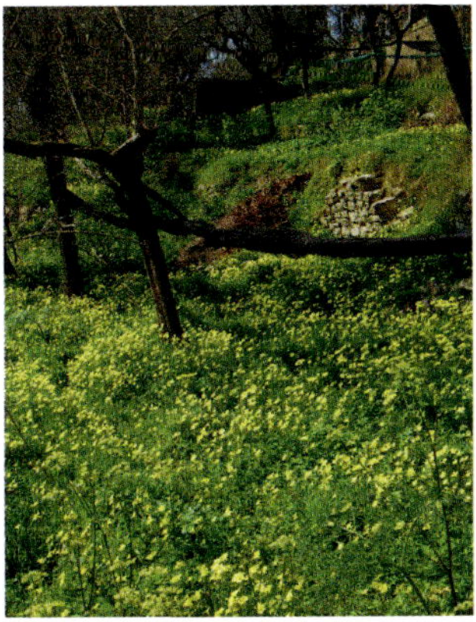

Im Frühling blüht der Sauerklee in den Olivenhainen

den Fahr- und dann Treppenweg hinunter nach **Marina della Lobra** **05** mit mehreren Einkehrmöglichkeiten direkt am Hafen.

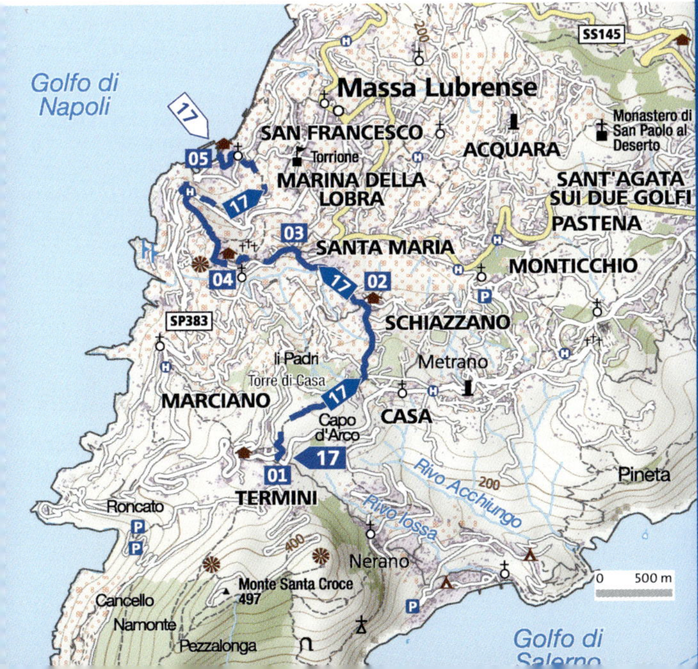

MARINA DELLA LOBRA – S. AGATA

Durch Streusiedlungsgebiet und Gärten der Sorrentiner Halbinsel

6,5 km 2:25 h 395 hm 31 hm

START | Marina della Lobra
Anfahrt: SITA-Busse von Sorrento, Massa Lubrense.
[GPS: UTM Zone 33 x: 443743 m y: 4495539 m]
CHARAKTER | Einfache Wanderung durch Kulturlandschaft und alte Ortskerne auf Beton-, Treppenwegen und Nebenstraßen. Keine durchgehende Markierung, wenig Schatten.

Sie starten die Wanderung am kleinen Fischerhafen **Marina della Lobra** 01 unterhalb von Massa Lubrense. Von der Bar Angelo am nördlichen Hafenende gehen Sie den gepflasterten Weg Richtung Zentrum hinauf und biegen in den breiten Treppenweg nach links. Bei der Kirche treffen Sie auf die Straße, auf der Sie 2 Minuten nach links gehen und bei der Bushaltestelle dann in den gepflasterten Weg nach rechts. Bei der T-Kreuzung geht es links in die Via del Canneto. Der Hohlweg führt zwischen mächtigen Tuffsteinmauern und Terrassengärten; am Beginn eines Olivenhaines biegen Sie nach rechts in den Treppenweg und überqueren dann die Straße. Auf dem Treppenweg weiter gelangen Sie wieder zur Straße und auf dieser links zur Piazza Vescovado im Zentrum von **Massa Lubrense** 02 mit der Kathedrale S. Maria delle Grazie (Bar, Restaurant, Aussichtsterrasse, Busstation, Alimentari).

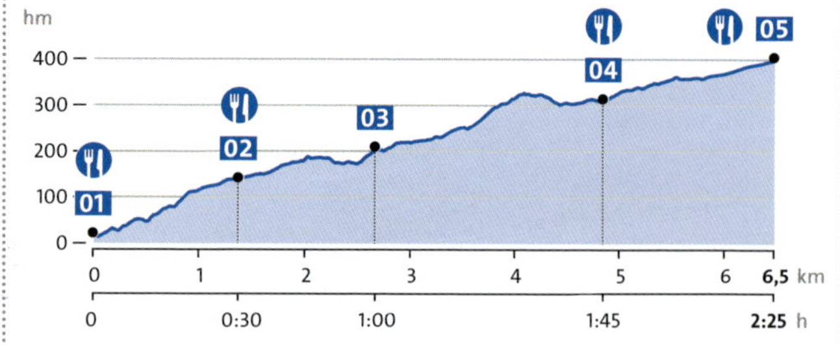

01 Marina della Lobra, 0 m; 02 Massa Lubrense, 130 m; 03 S. Maria, 200 m; 04 Monticchio, 300 m; 05 S. Agata, 395 m;

Massa Lubrense

Der Ort ist Gemeindezentrum der gleichnamigen Gemeinde, die mit ihren vielen Ortsteilen (frazioni) wie S. Agata, Torca, Termini, Nerano, Marina del Cantone und Marina della Lobra die ganze westliche Halbinsel umfasst. Die wechselvolle Geschichte ist typisch für die ganze Region:

Der Weiler Annunziata war im Mittelalter stark befestigt, das **Castello dell'Annunziata** (Castello Aragonese) ist der letzte Rest der Anlage und kann besichtigt werden: Di. – Sa. 16.30 – 20 Uhr, So. 10.30 – 12.30 Uhr, 16.30 – 20 Uhr. Von der Befestigungsarchitektur zeugt auch noch ein Wehrturm, er gehört zur Kette der Normannentürme, die die Bevölkerung vor Überfällen sarazenischer Seeräuber schützen sollte.

Seine Blütezeit erlebte Massa in der Barockzeit vom 16. bis zum 18. Jahrhundert, bis 1797 war der Ort Bischofsitz, die aus dem frühen 16. Jahrhundert stammende und im 18. Jahrhundert vollständig umgebaute Kirche S. Maria delle Grazie die Bischofskirche. Zu den schönsten Kirchen der Halbinsel zählt die barocke S. Maria della Lobra, ausgestattet mit einer kunstvoll gearbeiteten Kassettendecke und Majolikafußboden.

Im 19. Jahrhundert verließen viele auf der Suche nach besseren Lebensbedingungen die unsichere und arme Heimat, erst während der letzten Jahrzehnte stabilisierte sich die Wirtschaft, im Tourismus entstanden neue Arbeitsplätze, die Bevölkerungszahl steigt wieder. www.massalubrenseturismo.it

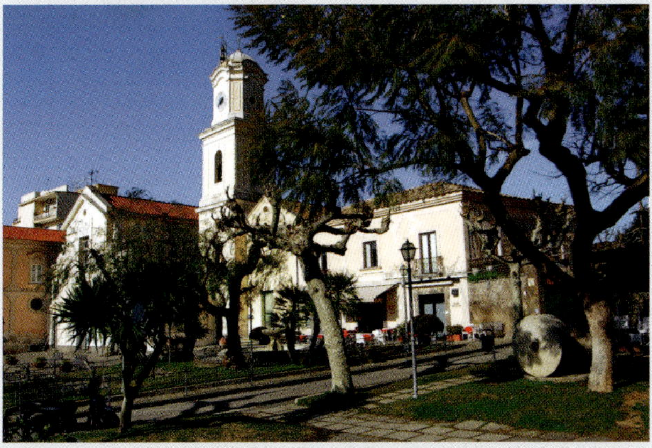

Massa Lubrense: Alte Kathedrale S. Maria delle Grazie

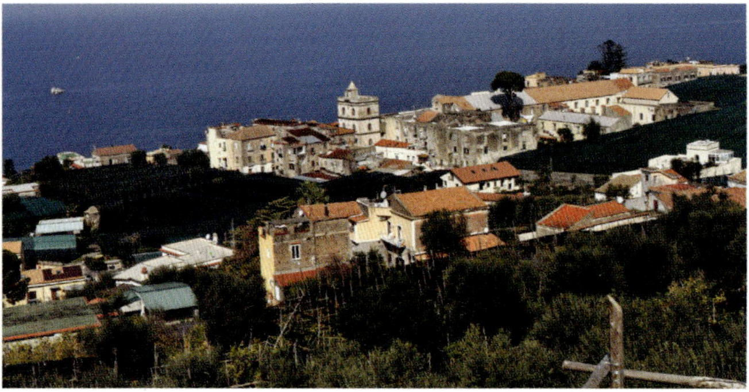

Ehemaliges Jesuitenkolleg mit dem Wehrturm „Il Torrione"

Auf der Piazza ansteigend und beim Palmendreieck rechts, dann gleich links in die Via Rachione und gleich rechts in die Via Mortella (Wegweiser S. Agata). Bei der Weggabelung rechts Via Sant'Aniello Vecchio, der Weg führt dann als Naturpfad geradeaus weiter durch Olivenhaine und Zitronengärten mit herrlichem Blick auf Massa, das ehemalige Jesuitenkolleg mit dem alten Wehrturm „Il Torrione" und Marina della Lobra. Der Pfad trifft auf einen gepflasterten Weg, auf einem Treppenweg geht's dann hinauf nach **S. Maria** **03**, an der Straße links. Hinter der Kirche biegen Sie beim Alimentari den gepflasterten Weg links hinauf in die Via Belvedere. Nach der Einmündung einer Nebenstraße bei der Linkskurve der Hauptstraße geradeaus in den Betonweg zwischen den Häusern. Bei der T-Kreuzung links zur Straße und auf dieser rechts 3 Minuten bis zur Busstation. Dort links die Nebenstraße, Via Gesine a San Francesco, hinauf und auf dieser bleiben. Bei der Weggabelung knapp vor die Hügelkuppe (links führt ein Sträßchen leicht abwärts) biegen Sie rechts in den Treppenweg (Wegweiser am Boden). Der Weg (Traversa Titigliano) führt unterhalb eines Olivenhaines entlang, trifft auf ein Sträßchen, hier links aufwärts und geradeaus weiter, bei der T-Kreuzung rechts hinunter zur Straße. Auf dieser gehen Sie links und gleich rechts durch **Monticchio** **04** (Alimentari, Restaurant).

Direkt gegenüber dem Restaurant A'Cammarella biegen Sie die Treppe links hinauf, bei der

Variante Rundtour

Eine schöne, leichte Rundtour können Sie machen, wenn Sie von **Santa Maria** **03** dem Weiterweg der Tour 17 nach Marina della Lobra folgen. In diesem Fall ist ein Start in Massa Lubrense wegen der besseren Busverbindungen und Parkplätze günstiger.
Gesamtgehzeit: 2 ½ Stunden.

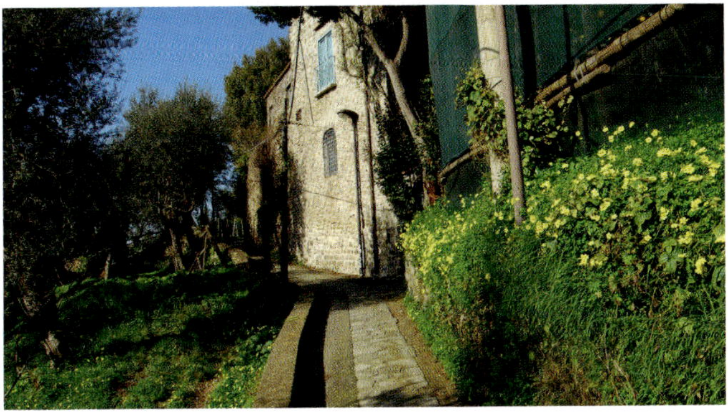

Weg bei Massa

T-Kreuzung links, ab nun rote Markierung bis S. Agata. Der Pfad führt der Mauer entlang, geradeaus weiter, trifft auf ein Sträßchen, bei der T-Kreuzung links und dann rechts durch die Via Canale dem kanalisierten Bach entlang. Nach der großen Waschanlage links, die Straße überqueren und geradeaus ins Zentrum von **S. Agata** 05 mit mehreren Einkehrmöglichkeiten und Busstation an der Hauptstraße.
Info S. Agata siehe Tour 20.

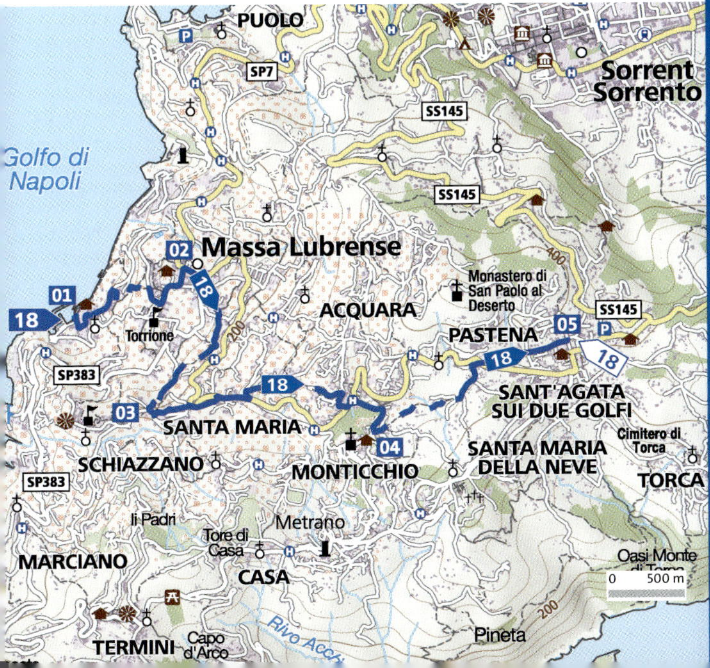

SORRENTO – MASSA LUBRENSE

Durch die Gartenlandschaft der westlichen Halbinsel

12,5 km 4:00 h 305 hm 305 hm

START | Sorrento, Piazza T. Tasso
Anfahrt: Circumvesuviana von Neapel.
[GPS: UTM Zone 33 x: 447209 m y: 4497459 m]
CHARAKTER | Feine Rundwanderung auf alten Verbindungswegen durch die von Villen, Orangen- und Zitronengärten und Olivenhainen geprägte Landschaft. Unvollständige rote Markierung, Tafeln Weg 1 am Boden.

In der Römerzeit entstanden Streusiedlungen mit Villen, Weilern und kleinen Dörfern am westlichen Ende der Sorrentiner Halbinsel. Das ist bis heute typisch, ebenso wie die üppigen Terrassengärten und Olivenhaine. Sehenswert ist die **Villa di Pollio**, eine römische Ruine in Aussichtslage an der Punta del Capo.

▶ Von der Piazza T. Tasso in **Sorrent** 01 folgen Sie dem von Geschäften gesäumten, gepflasterten Corso Italia Richtung Westen vorbei am Dom. Am Ende des Corso gehen Sie geradeaus weiter 350 m auf der Hauptstraße unter mächtigen Tufffelsen zum Grand Hotel Capodimonte. Nach dem Hotel, gegenüber der Campingzufahrt, biegen Sie links in die schmale Via Capodimonte aufwärts zur **Abzweigung** 02, Wegweiser am Boden, fallweise rote Markierung. Das Sträßchen führt in Serpentinen den Hang hinauf, ein Treppenweg kürzt eine Kehre

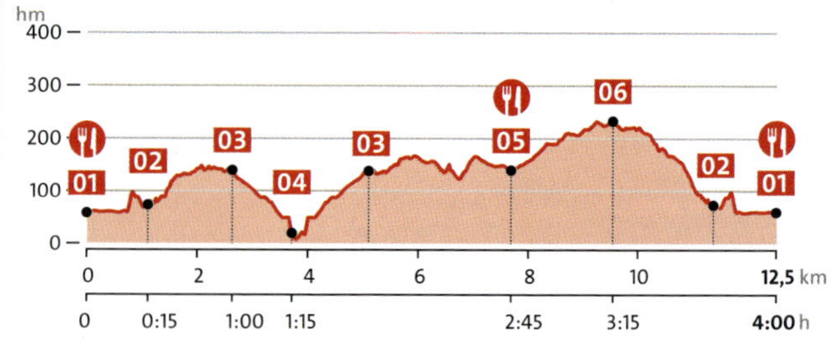

01 Sorrent, 55 m; 02 Abzweigung, 63 m; 03 Abzweigung Capo, 135 m; 04 Punta del Capo, 10 m; 05 Massa Lubrense, 130 m; 06 Abzweigung Priora, 230 m;

ab. Bei der kleinen Sendeanlage der RAI geradeaus die Traversa Capodimonte und dann links des Hotels La Badia den gepflasterten Weg hinauf. Zwischen Gärten mit Olivenbäumen und einzelnen Pinien gelangen Sie zur Hauptstraße nach S. Agata. Auf dieser gehen Sie kurz rechts abwärts und biegen bei der Bushaltestelle links in die anfangs betonierte, dann gepflasterte Via Pantano. Sie überqueren einen Bach und wandern fast eben durch Olivenhaine, Orangen- und Zitronengärten mit den typischen Pergolas. Alle Abzweigungen ignorieren Sie bis zur **Abzweigung Capo** **03** bei der Via Fontanelle. Hier machen Sie zunächst den lohnenswerten Abstecher hinunter zur Punta del Capo. Durch ein Villenviertel des Ortsteils Capo führt der Weg hinunter, Sie überqueren die Hauptstraße mit Bushaltestelle, Bar und Market und gehen weiter die Trav. Punta Capo und dann den gepflasterten Weg hinunter zur Villa di Pollio an der **Punta del Capo** **04**.

Ein Rundweg führt durch die ausgedehnten römischen Ruinen mit herrlichem Blick auf den Vesuv, Sorrent und die Monti Lattari. Die kleine Bucht „Bäder der Königin Johanna" ist nur durch einen schmalen Zugang mit dem Meer verbunden, der Legende nach soll sich dort die Königin mit ihren Liebhabern getroffen haben.

Auf dem gleichen Weg kehren Sie wieder zur **Abzweigung** **03** zurück und biegen nun in die Via Fontanelle rechts hinauf. Bei einem Straßenabbruch auf dem oberen Umgehungspfad und dann die rechte, kleine Via Fontanelle weiter. Vor einem Bauernhof rechter Hand geradeaus in den bewachsenen Weg, auf die-

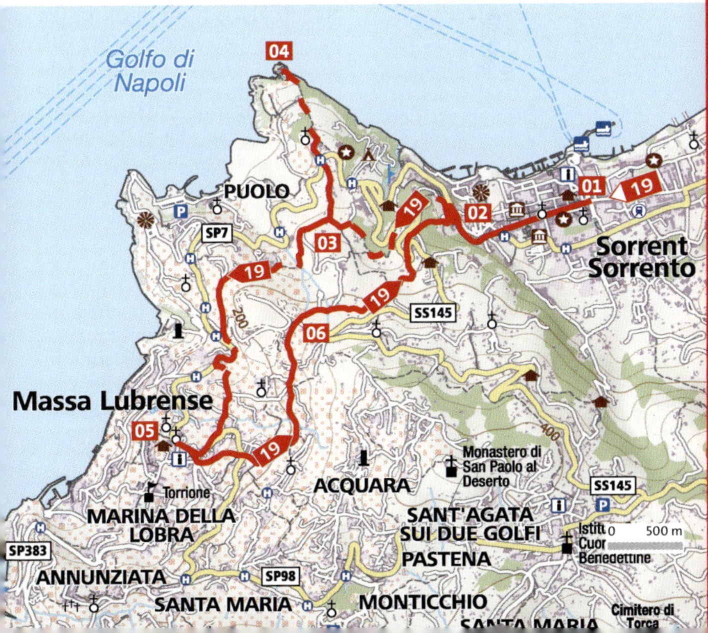

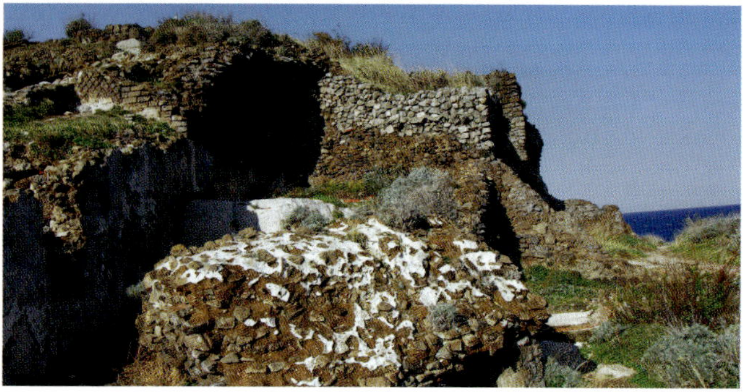

Römische Ruine an der Küste

sem bleiben, er führt über eine alte Steinbrücke, dann kurz als Treppenweg und anschließend als Sträßchen mit schönem Blick auf Capri weiter durch Olivenhaine. Sie treffen bei einem Haus auf eine Straßenkehre, gehen hier kurz die rechte leicht abfallende Straße und biegen nach 40 m in den Naturpfad nach links. Er führt bald hinunter zur Straße, der Sie über die Brücke 200 m folgen. Nach der Linkskurve biegen Sie links in die ansteigende, gepflasterte Via San Montano. Sie führt in Serpentinen zu einer Häusergruppe, dann auf betoniertem Weg weiter zu einer schmalen Straße, der Sie rechts hinunter nach **Massa Lubrense** 05 folgen. Info siehe Tour 18.

Beim kleinen, dreieckförmigen Platz mit Palmen rechts hinunter zur Piazza Vescovado mit Kathedrale, Bushaltestelle, Café. Hinter der Kathedrale bietet eine Aussichtsplattform einen schönen Blick zum Meer und nach Capri, das Restaurant Cantuccio daneben hat eine ruhige Aussichtsterrasse Richtung Meer zum Einkehren.
Zurück zum kleinen dreieckigen Platz gehen Sie kurz nach rechts und nach wenigen Schritten links in die Via Rachione und gleich geradeaus durch die Via Vecchia durch Gärten zur Hauptstraße, diese überqueren und die schmale Straße geradeaus weiter. Beim Strommasten nach links, bei einer Rechtskurve der Straße geradeaus weiter. Es folgt ein besonders schöner Abschnitt. Auf dem gepflasterten alten Römerweg „Via Minerva", er führte einst von Vico Equense zur Punta Campanella, wandern Sie durch die Gartenlandschaft und Olivenhaine fast eben dem terrassierten Hang entlang. Am Ende der Pflasterung geradeaus weiter die Via Montecorbo bis zur **Abzweigung Priora** 06 nach einem rosa Haus.

Sie gehen geradeaus weiter nun leicht abfallend, nach einem Marienschrein über eine flache Kuppe und dann stärker abfallend durch ausgedehnte Olivenhaine hinunter, queren die Straße, weiter auf der Via Priora. Sie führt zur gepflasterten **Via Capodimonte**, auf dieser hinunter, Treppenwege kürzen die Serpentinen ab. Bei der RAI-Sendeanlage treffen Sie auf den Hinweg, auf dem Sie nach **Sorrent** 01 zurückkehren.

Sorrento

Die rund 17.000 Einwohner zählende Stadt, eine Gründung der Phönizier, verdankt ihre Berühmtheit vor allem ihrer Lage. Vom Rand der steil ins Meer abfallenden Tuffsteinterrasse genießt man den weiten Blick über den Golf von Neapel und die romantischen Sonnenuntergänge. Griechisch-römische Vergangenheit, üppige Pflanzenwelt und die berühmten Sonnenuntergänge stillten dann auch zunächst die Italiensehnsucht der Schriftsteller und Maler jenseits der Alpen, bevor ihnen die Massen nachfolgten. Und zu sehen gibt es einiges.

Die mittelalterliche Altstadt zeigt in ihrer regelmäßigen Anlage noch die griechisch-römische Struktur, im Museo Correale di Terranova sind neben Porzellan und Intarsienarbeiten die Funde aus der Antike zu bewundern. Vier antike Säulen sind auch im Campanile des Doms eingebaut, gegenüber liegt der Sedile Dominova, eine Loggia aus dem 15. Jahrhundert, einst Versammlungsort der Stadträte.

Bei der Kirche San Francesco an der Villa Comunale befindet sich der Eingang zum pittoresken Kreuzgang mit arabisierenden verflochtenen Bögen aus dem 14. Jahrhundert. Berühmtester Sohn der Stadt ist der Dichter Torquato Tasso (1544–1595), den auch Johann Wolfgang von Goethe in dem gleichnamigen Schauspiel in den Mittelpunkt der Handlung stellte. Die schönsten Parkanlagen mit wundervollen Ausblicken sind die Villa Comunale und der Orangenhain beim Museo Correale, störend ist außerhalb der Altstadt der überbordende Verkehr. Die Fähren nach Capri fahren von der Marina Piccola ab, erreichbar mit dem Lokalbus vom Bahnhof oder über einen Lift von der Villa Comunale.

www.sorrentoitalien.de

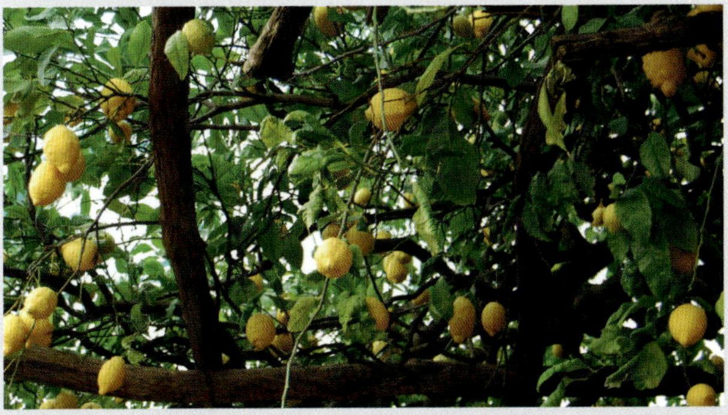

Berühmt – die Zitronen von Sorrent

SORRENTO – S. AGATA

Zum Kloster Il Deserto zwischen den Golfen

8,5 km 3:00 h 400 hm 400 hm

START | Sorrento, Piazza Tasso
Anfahrt: Circumvesuviana von Neapel
[GPS: UTM Zone 33 x: 447216 m y: 4497454 m]
CHARAKTER | Aussichtsreiche Rundwanderung durch traditionelle Kulturlandschaft auf alten Verbindungswegen über den Klosterberg Il Deserto. Wenig Schatten.

1679 wurde vom Karmeliterorden das **Kloster Il Deserto** (Einöde), gegründet. Es entwickelte sich, obwohl zwischenzeitlich aufgelassen, zu einem beliebten Ort für die Klausur der Mönche und Nonnen. Schon Reisende der Grand Tour wie Goethe oder Stendhal priesen die einmalige Aussicht vom Belvedere des Klosters.

Sie starten die Wanderung an der Piazza T. Tasso im Zentrum von **Sorrent** 01. Durch die breite Viale Enrico Caruso gehen Sie Richtung Landesinnere, durch die Straßenunterführung, an der Via S. Lucia biegen Sie nach rechts zur Kirche S. Lucia mit dem kleinen Glockenturm. Hier beginnt links der Weg nach S. Agata, rot-weiße Markierung an der Kirchenmauer, fallweise Wegtafeln Nr. 3.

Durch die langsam ansteigende Via Talagnano, ein gepflasterter Hohlweg zwischen Terrassengärten, kommen Sie zur Via Casa Rubolo. Hier links auf dem nun stärker ansteigenden fast autofreien Sträßchen geht's in Serpentinen den Hang hinauf. Im oberen Teil

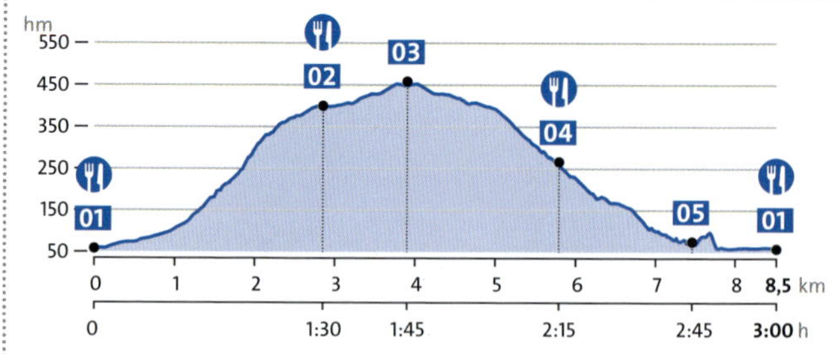

01 Sorrent, 55 m; 02 S. Agata, 395 m; 03 Il Deserto, 455 m;
04 Priora, 270 m; 05 Straße, 63 m;

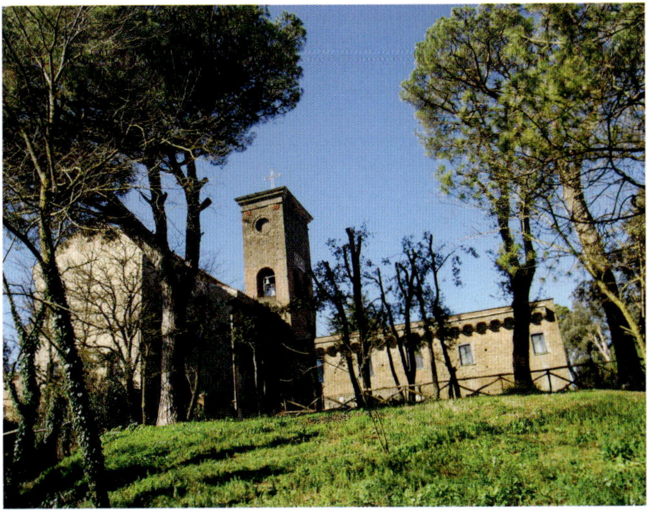

Kloster Il Deserto

kürzen Treppenwege mit herrlichem Blick auf den Vesuv die Kehren ab. An der T-Kreuzung oben nach links, der gepflasterte Weg führt durch die Straßenunterführung und dann als Hohlweg direkt nach **S. Agata** 02 und beim Durchhaus nach rechts zum Zentrum mit mehreren Einkehrmöglichkeiten.

Auf dem Corso S. Agata gehen Sie links an der Kirche vorbei und dann rechts auf der Straße hinauf zum Kloster **Il Deserto** 03. Der Aufstieg von der Straße durch die Allee lohnt sich vor allem wegen der umfassenden Rundumsicht, für die das Kloster seit jeher bekannt ist. Vom Belvedere am Klosterdach schweift der Blick über den gesamten Golf von Neapel, markant der Vesuv, im Hintergrund die Apenninenketten, im Südwesten Capri und der Monte San Costanzo. Die Öffnungszeiten des Belvedere sind von 1.4 bis 30.9, 10 bis 12 Uhr und 17 bis 19 Uhr vom 1.10 bis 31.3, von 10 bis 12 Uhr und 15 bis 17 Uhr werden allerdings oft nicht eingehalten; aber eine ähnliche Sicht bietet ein Rundgang durch den Park um das Kloster auf dem Hügel.

Zurück zum Zugangstor an der Straße gehen Sie nun auf der Nebenstraße nach links. Sie führt mit schöner Aussicht der Hangkante entlang, vorbei an Häuser und Gärten. Bei der Salita Priora biegen Sie rechts hinunter, der gepflasterte Weg führt zum Teil steil abwärts nach Priora.

Achtung! Bei der Villa Bellatix entgegen der Markierung nach rechts hinunter zur Straße von **Priora** 04, 40 m links ist das Ristorante Il Borgo mit herrlicher Aussichtsterrasse zum Meer hin, ein idealer Ort zum Einkehren. Rechts von der Bar führt der Treppenweg hinunter zur Kirche und an dieser links vorbei weiter hinunter. Auf dem Hohlweg zwischen Terrassengärten mit mächtigen Pergolas zum Schutz der Zitronen, Orangen und Kiwis und durch Olivenhaine gelangen Sie zur unteren Straße. Weiter geht's rechts des gelben Hauses auf dem Treppenweg hinunter zur gepflasterten Via Priora. Auf dieser über die Hauptstraße und wie bei Tour 19 zur **Via Capodimonte**, zur **Straße** **05** und zurück nach **Sorrent** **01**.

Sant'Agata sui Due Golfi

Der Name weist schon auf die bevorzugte Lage des beliebten Ferienortes hin: Zwischen dem Golf von Neapel und dem Golf von Salerno liegt S. Agata auf dem Rücken der Halbinsel Sorrent. Dass es sich um ein altes Siedlungsgebiet handelt, zeigen Funde aus einem ehemaligen griechischen Friedhof beim Kloster Deserto. Diese Grabbeigaben wie Tongeschirr, Vasen und Schmuck sind heute in der Villa Fondi in Piano di Sorrento ausgestellt. Im Ort ist besonders der Hochaltar der Pfarrkirche Santa Maria delle Grazie aus mehrfarbigem Marmor, Halbedelsteinen und Perlmutt sehenswert.

Die guten Böden und das günstige Klima bieten auch beste Voraussetzungen für die Landwirtschaft, die das ganze Jahr über frische Produkte liefert. Davon profitiert auch die Gastronomie. Mehrere gute Lokale liegen am Weg: Vor dem Zentrum das Da Mimi, nach der Kirche Lo Stuzzichino, beim Klosterzugang O Sole Mio. Herausragend das Restaurant Don Alfonso 1890 am Hauptplatz. Das Gourmetlokal zählt seit Jahren zu den zwölf besten Restaurants Italiens. Das Erfolgsrezept – Die von Livia und Alfonso Jaccarino entwickelte „Neue Küche" basiert auf ausschließlich frischen regionalen Produkten, teilweise aus dem eigenen Bauernhof.
Weithin bekannt für ihre süßen Köstlichkeiten wie „Santa Rosa", große Sfogliatelle, ist die Pasticceria Fiorentino an der Hauptstraße.

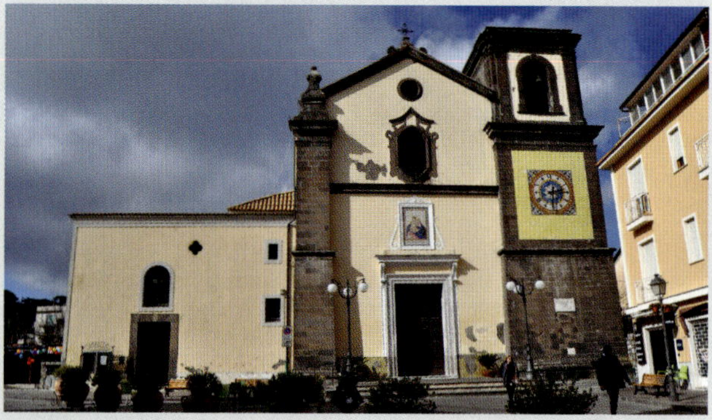

S. Agata – S. Maria delle Grazie

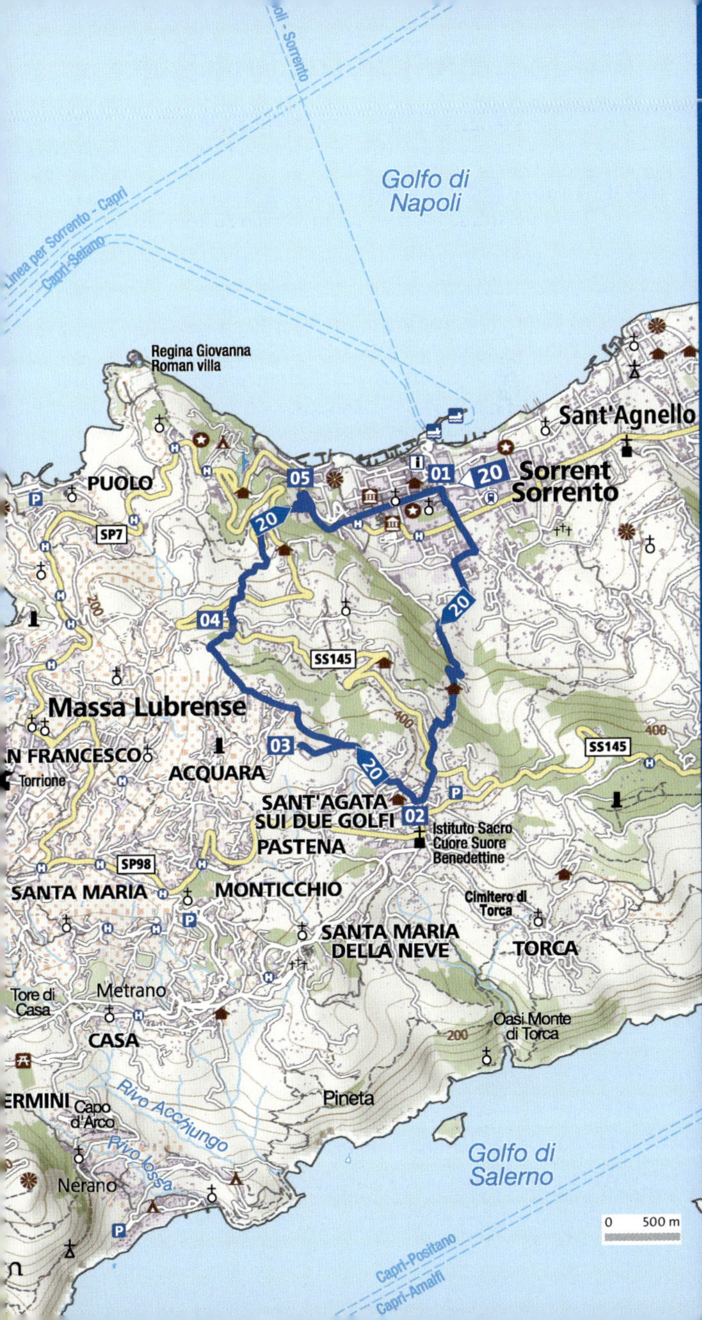
Golfo di Napoli
Linea per Sorrento - Capri
Capri-Seiano
Regina Giovanna Roman villa
PUOLO
SP7
Sant'Agnello
Sorrent Sorrento
01
05
04
03
02
20
SS145
Massa Lubrense
ACQUARA
SANT'AGATA SUI DUE GOLFI
Istituto Sacro Cuore Suore Benedettine
PASTENA
SP98
SANTA MARIA
MONTICCHIO
SANTA MARIA DELLA NEVE
Cimitero di Torca
TORCA
Torrione
Tore di Casa
Metrano
CASA
Oasi Monte di Torca
Rivo Acchiungo
Rivo Iossa
Capo d'Arco
Nerano
Pineta
Golfo di Salerno
Capri-Positano
Capri-Amalfi
0 500 m

21

S. AGATA – MARINA DI CRAPOLLA

Zur einsamen Badebucht

4,7 km 2:40 h 395 hm 395 hm

START | S. Agata
Anfahrt: SITA-Busse von Sorrento
[GPS: UTM Zone 33 x: 447041 m y: 4495390 m]
CHARAKTER | Rundtour durch die teils bewirtschafteten, teils aufgelassenen Terrassen mit Olivenbäumen an der Südküste der Halbinsel. Beim steilen Ab-/Aufstieg zur kleinen Bucht kein Schatten, keine durchgehende Markierung.

In der engen Bucht **Marina di Crapolla** war früher ein kleiner Fischerhafen. Die Häuser im griechischen Stil werden heute als Strandhäuser genutzt, die Bucht mit ihrem groben Kiesstrand ist ein beliebter Badeplatz. Wer den steilen Ab- und Aufstieg scheut und nicht Baden will, genießt von der Verzweigung Crapolla die Aussicht und wandert durch Olivenhaine wieder zurück nach S. Agata.

▶ Von der Busstation **S. Agata** 01, der Hauptplatz liegt nördlich davon, gehen Sie den Corso S. Agata Richtung Torca nach Süden. Nach 200 m biegen Sie beim Hotel Montana in die schmale Straße rechts hinunter, nach 50 m in den Treppenweg nach links (Wegweiser Crapolla, blaue Markierung). Beim Querweg, der Via Nula, nach links auf dem Hang entlang. Im Hohlweg bei den Häusern von **Nula** (Marienschrein) 02 zweigen Sie rechts durch das Durchhaus hinunter ab. Der Weg wird zum Pfad und führt zuerst durch bewirtschaf-

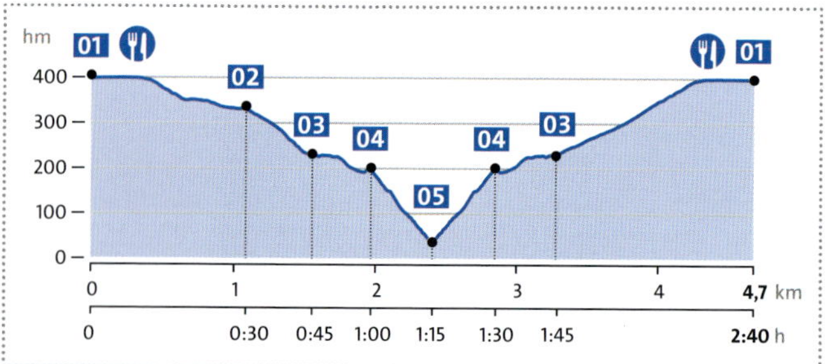

01 S. Agata, 395 m; 02 Nula , 325 m; 03 Brücke, 236 m;
04 Abzweigung Crapolla, 195 m; 05 Marina di Crapolla, 0 m;

tete und dann durch aufgelassene Terrassen mit Olivenbäumen steil hinunter. Sie gelangen zu einer kleinen **Brücke** **03** am Ende einer Stichstraße, gehen über die Brücke und folgen dem nun auch rot markierten Weg rechts dem Bach Riva Iarito entlang. Er führt bald als Hangweg durch offenes Gelände zum Aussichtspunkt bei der **Abzweigung Crapolla** **04** mit schönem Blick auf die Küste und die vorgelagerten drei Galli-Inseln.

Rechts zweigt der rot markierte Weg zur Bucht Recommone ab, er war zur Zeit der Recherche 2020 fast ganz zugewachsen. Auf gut ausgebautem Treppenweg geht's nun in vielen Stufen hinunter zur kleinen ehemaligen Klosterkirche S. Pietro. In der kleinen Kirche wurden Säulen und Steine von römischen Villen auf den vorgelagerten Inseln verbaut.

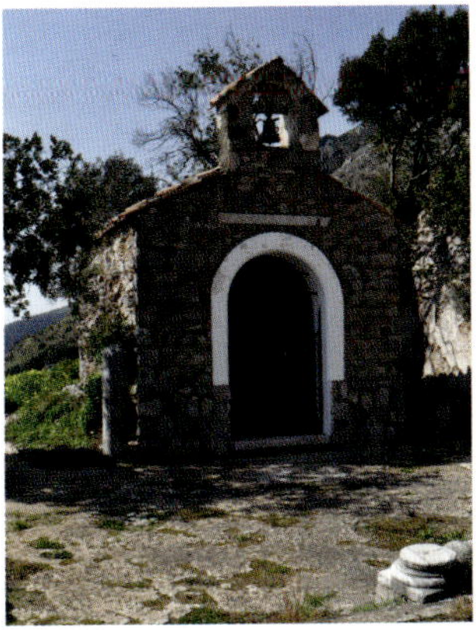

Ehemaliges Kloster San Pietro

Weniger steil und schattiger führt der Weg anschließend in die Badebucht **Marina di Crapolla** **05** hinunter. Nach einem ausgiebigen Bad kehren Sie auf demselben Weg zurück bis zur **Brücke** **03**. Der übliche weitere Rückweg führt

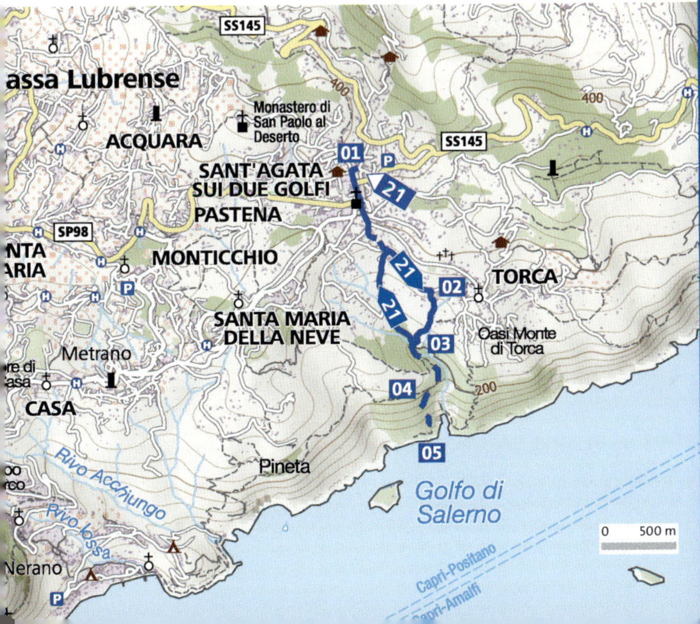

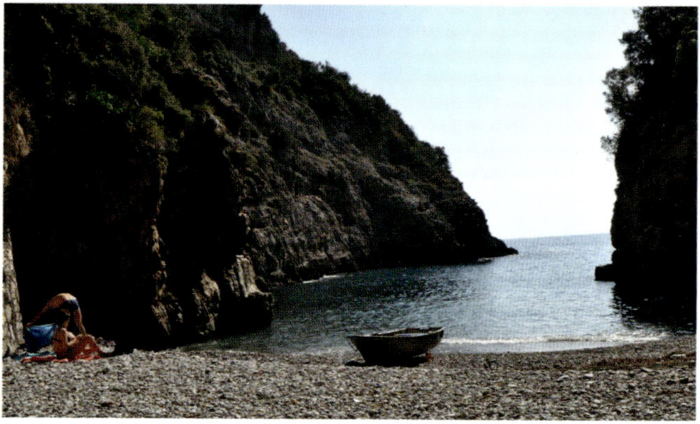

Kleine Bucht Marina di Crapolla

auf dem Betonweg hinauf nach S. Agata. Eine sehr schöne Alternative bietet ein unmarkierter Pfad: Vor der Brücke biegen Sie in den Pfad im spitzen Winkel zurück, bei einem aufgelassenen Olivenhain schwenkt er nach rechts hinauf Richtung S. Agata auf den Rücken. Am Rande eines Niederwaldes geht's dann durch Olivenhaine mit großen Kakteen am Weg mit schöner Aussicht dem Rücken entlang. Der Pfad mündet in die Via Cafariello, Sie bleiben auf dieser schmalen Straße durch den locker verbauten Hang und Gärten; am Ende steiler aufwärts treffen Sie unterhalb des Hotels Montana auf den Hinweg und gehen auf diesem zurück nach **S. Agata** **01** mit mehreren Einkehrmöglichkeiten, siehe Info Tour 20.

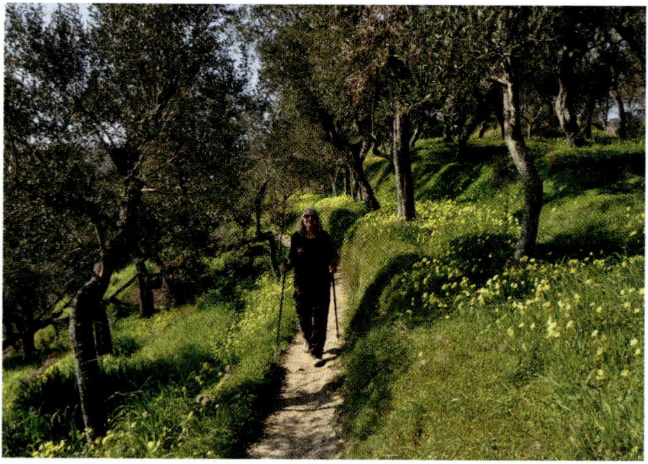

Olivenhain bei S.Agata

S. AGATA – MALACOCCOLA

Geschützter Wald und Aussichtshügel

8,4 km 2:30 h 285 hm 285 hm

START | S. Agata
Anfahrt: SITA-Busse von Sorrento.
[GPS: UTM Zone 33 x: 447056 m y: 4495394 m]
CHARAKTER | Leichte Rundwanderung auf verkehrsfreien, asphaltierten alten Verbindungswegen und Waldwegen, Abstieg vom Malacoccola auf steilem Pfad. Zweiter Abschnitt rot-weiß markiert, nur im Pinienwald Schatten.

Die Wanderung führt vom Erholungsort Sant'Agata sui Due Golfi, in schöner Lage zwischen dem Golf von Neapel und dem Golf von Salerno, hinauf zum vom WWF betreuten Pinienwald „Le Tore“. Über den **Malacoccola**, eine Felsnase mit umfassender Aussicht über die amalfitanische Küste bis Capri, geht es dem karstigen Südhang entlang nach Torca und durch Kulturland zurück nach S. Agata.

▶ Die Tour beginnt bei der Kirche von **S. Agata** 01. Von der Kirche gehen Sie das Sträßchen hinunter und biegen nach 60 Meter links in die Via Termine.

Auf dieser dann vorbei am Ristorante Da Mimi durch den Bogen eines Durchhauses geradeaus bis zur Hauptstraße. Diese überqueren, dann geradeaus weiter in die Via Pontone. Dieser schmalen Verbindungsstraße folgen Sie bis zum Ende. Bei der ersten Verzweigung links, zunächst eben, dann wieder links ansteigend gehen Sie den teils verbauten Hang Richtung

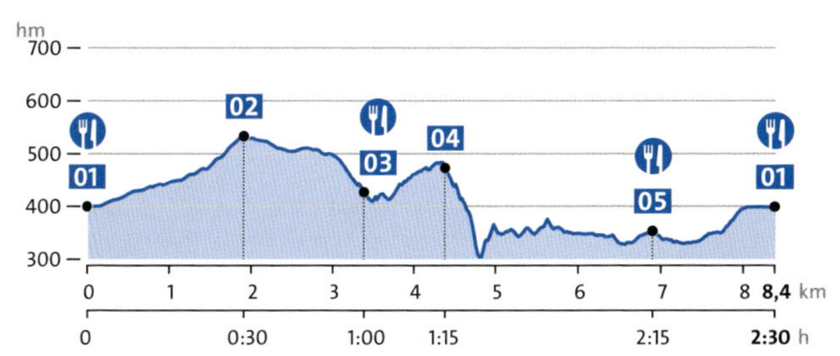

01 S. Agata, 395 m; 02 Fernsehturm, 520 m; 03 Straße, Madonnenschrein, 420 m; 04 Malacoccola, 580 m; 05 Torca, 330 m;

Pineta delle Tore mit dem weithin weithin sichtbaren Sendeturm hinauf. Hier eröffnen sich erste Ausblicke auf S. Agata, Sorrent, den Vesuv und Capri. Nach einer Häusergruppe trifft die Via Pontone auf ein Sträßchen, dem Sie kurz nach links und dann gleich nach rechts den Hang hinauf folgen. Oben, am Rand des **Pinienwaldes**, biegen Sie bei dem Gitterzaun nach links in den Wald. Dieser schöne Waldweg führt am Rand des Waldes dem Zaun entlang und am **Fernsehturm** 02 vorbei.

Am Ende biegen Sie kurz die paar Erdstufen nach rechts und dann wieder nach links; geradeaus durch den Wald trifft der Weg wieder auf die Straße, ab hier herrscht Fahrverbot. Auf dem Sträßchen gehen Sie links bergab, halb rechts vorne ist bereits die kahle Felsnase des Malacoccola sichtbar. Nach dem palastartigen Haus führt der Fahrweg noch an einigen Terrassengärten vorbei und bei zwei Weggabelungen bleiben Sie links. Er geht dann in einen Pfad über, auf diesem steigen Sie entlang eines Zaunes ab, gelangen wieder zu einem Fahrweg und schließlich rechts auf anfangs gepflastertem Weg hinunter zur Straße. Auf dieser 100 Meter rechts, beim **Madonnenschrein** 03 in der Kehre biegen Sie rechts in den ansteigenden, rot-weiß markierten Pfad; einkeh-

Li Galli

Li Galli, die Hähne, heißen die drei der Küste vorgelagerten Inseln. Sie gelten seit jeher den Einheimischen als mythischer Sitz der Sirenen und werden deshalb oft auch als Sirenusen bezeichnet. Es waren ja drei verführerische Sirenen, an denen Odysseus vorbeigesegelt war. Mit einer Länge von 400 m und einer Breite von 200 m ist Gallo Lungo die größte der kleinen Inseln und die einzige seit der Antike bewohnte. 1225 schenkte sie der Stauferkaiser Friedrich II. dem Kloster von Positano. 1924 erwarb der russische Tänzer und Choreograf Léonide Massine die Inselgruppe und ließ auf Gallo Lungo eine große Villa errichten, die 1937 unter der Leitung von Le Corbusier umgebaut wurde. 1989 erwarb sie der russische Tänzer Rudolf Nurejew, nach dessen Tod 1993 kaufte sie ein italienischer Touristikunternehmer, der sie seither an reiche Feriengäste vermietet.

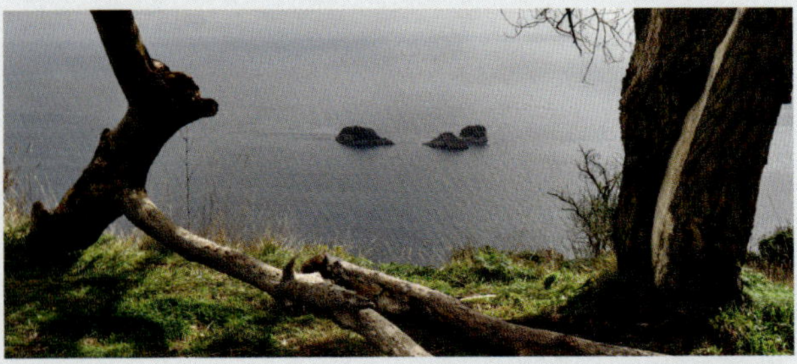

ren könnten Sie 300 m weiter auf der Straße hinunter im Ristorante Panorama (Di. bis So). Auf dem Pfad steigen Sie anschließend zuerst durch Niederwald und später mit freiem Blick hinauf zum **Malacoccola** 04 mit seinen schönen Rastplätzen und der herrlichen Aussicht zur Amalfiküste und den drei kleinen Galli-Inseln.

Der Pfad führt nun steil den Abhang hinunter. Dieser 20-minütige Abstieg ist der anstrengendste Teil der Tour, festes Schuhwerk ist hier unbedingt erforderlich. Danach gehts auf nun etwas breiterem Weg in leichtem Auf und Ab dem Hang entlang, vorbei an Bauernhöfen und durch Olivenhaine auf alten Terrassen. Sie erreichen, immer auf dem Hauptweg bleibend, Monticello und kurz danach den Dorfplatz von **Torca** 05, dahinter liegt das Ristorante Da Vittorio.

Bei der Kirche gehen Sie links die Via Nula hinunter, nach 200 Me-

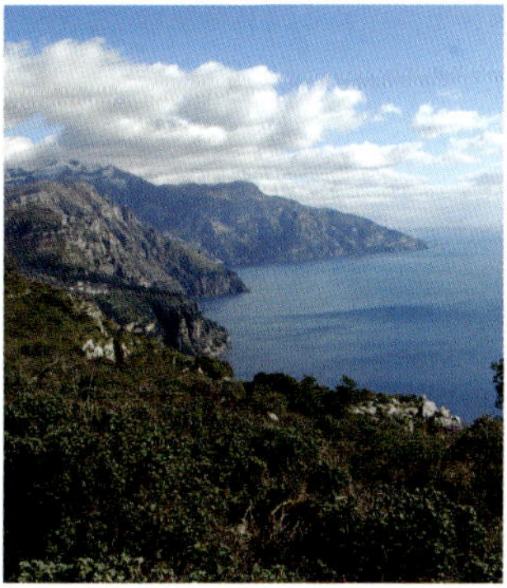

Blick vom Malacoccola über die Amalfiküste

ter rechts, weiter auf der Via Nula durch locker verbautes Gebiet mit Olivenhainen und Blick auf S. Agata mit dem Kloster Il Deserto oberhalb des Ortes. Nach zwei großen Pinien geht die Via Nula über in die Traversa Pigna, der Sie nun folgen. Beim Quersträßchen biegen Sie nach rechts und gehen hinauf zur Hauptstraße und dort nach links zum Zentrum von **S. Agata** 01.

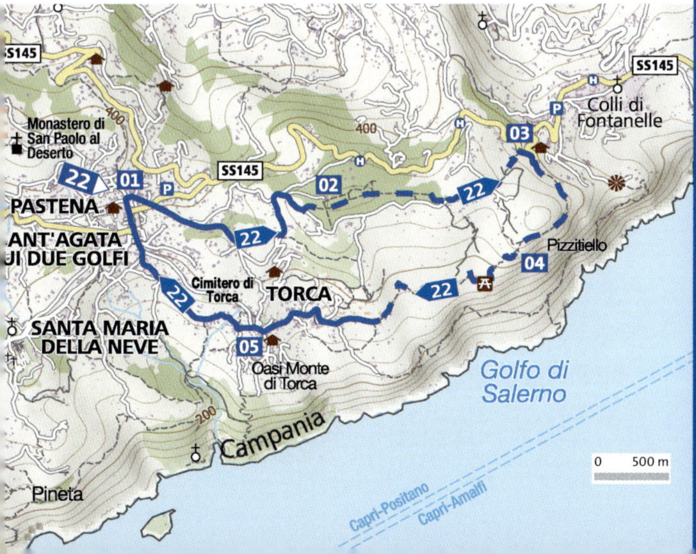

GRAGNANO – VALLE DELL'IMBUTO

Tallandschaft in den Monti Lattari

7,1 km | 2:10 h | 240 hm | 240 hm

START | Gragnano, Bushaltestelle am oberen Ende der lang gestreckten Altstadt.
Anfahrt: Busse von Castellammare di Stabia, Stazione Circumvesuviana.
[GPS: UTM Zone 33 x: 459667 m y: 4504267 m]
CHARAKTER | Leichte Rundwanderung im Gebiet des Valle dei Mulini und Valle dell'Imbuto mit schönen Ausblicken in die Bergwelt der Monti Lattari. Gute Wege und Pfade, halb schattig, nur stellenweise markiert, Wege 345a und 345.

Das Valle dei Mulini bei Gragnano ist ein schluchtartiges, bewaldetes Tal, in dem früher das Wasser des Wildbachs Vernotico über einen Aquädukt eine ganze Kette – zur Blütezeit waren es fast 30 – von Getreidemühlen antrieb. Heute sind nur noch Reste der einstigen technischen Wunderwerke vorhanden. Die Route führt oberhalb des Talbodens durch den Hang ins Seitental Valle dell'Imbuto. Die guten Wege, die abwechslungsreiche Landschaft und die schönen Blicke machen die Tour lohnenswert.

▶ Die Wanderung startet am oberen Ende der Altstadt von **Gragnano** 01, Busstation bei der Chiesa del Corpus Domini. Sie gehen auf der Straße rechts am Ristorante „Valle dei Mulini" vorbei und nach 150 m bei der Kurve

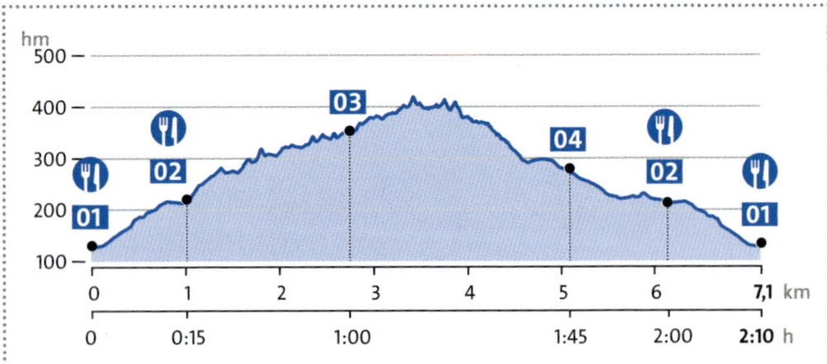

01 Gragnano, 140 m; 02 Caprile, 220 m; 03 Bottino di Presa, 380 m;
04 Aurano, 270 m;

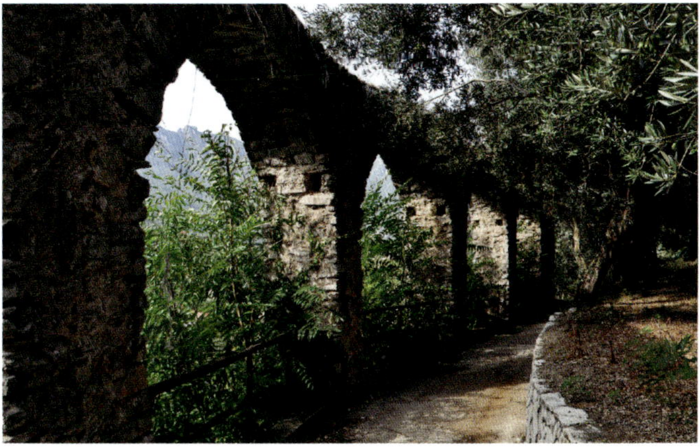

Mittelalterlicher Aquädukt bei Caprile

geradeaus in den ansteigenden Treppenweg, dieser führt zur Hangsiedlung **Caprile** 02 oberhalb des Mühlentals.

Gegen Ende der lang gestreckten Siedlung biegen Sie bei der Piazza mit Kirche, Alimentari und Bar in die Via Serbatoio hinauf (Infotafeln), bei der Gabelung dann rechts. Auf der schmalen Panoramastraße wandern Sie nun taleinwärts durch Oliventerrassen und genießen dabei schöne Blicke auf die verstreuten Siedlungen über der Talschlucht und zu den Monti Lattari, oben thront das Santuario di San Mi-

Gragnano

Die Kleinstadt Gragnano ist eine der Pastahochburgen in Italien, Gragnano-Pasta ist in zahlreichen Feinkostläden zu finden. In der süditalienischen Pasta werden als Zutaten lediglich Hartweizenmehl und Wasser verwendet, namhafte Pastahersteller der Region wie Pasta Faella oder Pasta Garofalo schwören auf ihr weiches, kalkarmes Wasser, mehrere Quellen wurden deshalb gefasst und das Wasser abgeleitet.

Die Tradition der Pastaherstellung reicht in Gragnano bis ins 10. Jahrhundert zurück, als der Ort noch zum Territorium der Seerepublik Amalfi gehörte. Diese forcierte die Errichtung von Manufakturen: im Mühlental bei Amalfi dienten sie der Papiererzeugung und Eisenverarbeitung, im Mühlental bei Gragnano der Pastaproduktion. Drehscheibe des Imports von Getreide und Exports von Mehl und Pasta war der Hafen von Castellammare, ein Bahnanschluss erleichterte später den Transport zum Hafen. Die Produktionsweise hat sich geändert, Bedeutung und Qualität sind geblieben.

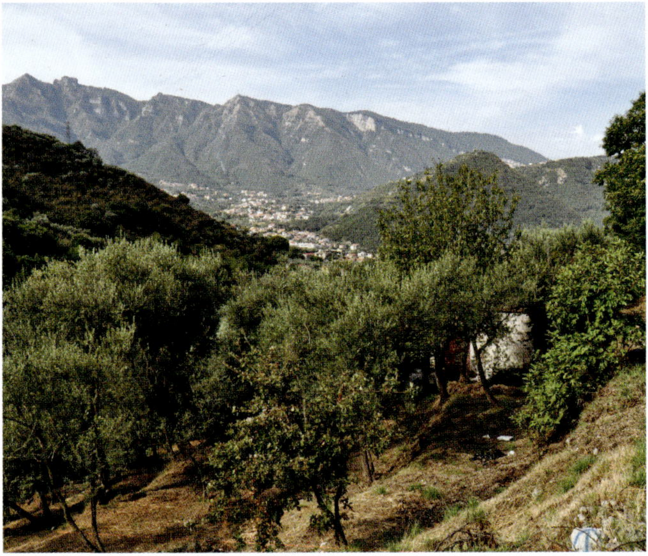

Blick zu den Monte Lattari

chele (Tour 24) auf einem Felsensporn. Bei den gut erhaltenen Resten eines Aquäduktes aus dem 14. Jahrhundert geht das Zufahrtsstäßchen in einen Weg über, bald enden dann auch die bewirtschafteten Terrassen. Der Weg, ein alter Wasserleitungsweg, führt danach eben durch Niederwald ins Valle dell'Imbuto hinein zur Wasserfassung Bottino di **Presa** 03.

Auf einem steinigen Pfad danach kurz aufwärts, bei einer Gabelung dann auf dem rechten Pfad (blaue Markierung) leicht abfallend weiter (der linke, ebene Pfad führt zur wasserlosen Schlucht).

Sie gelangen zur Wasserfassung MT 16, gehen dahinter rechts über das Bachbett und danach wieder rechts, der ansteigende Pfad führt zu freien Terrassen mit einem steinernen Wirtschaftshaus. An diesem rechts vorbei, kurz hinunter und der Mauer entlang, über den Bach und wieder leicht ansteigend gehts anschließend fast eben durch den felsigen Hang mit Buschwald und viel Farn. Mit schönen Blicken auf Gragnano und zum Meer (auf dem Gegenhang ist der alte Aquädukt gut zu sehen) wandern Sie talauswärts, der Pfad geht in eine Mulattiera über, leicht abfallend gelangen Sie durch Oliventerrassen nach **Aurano** 04. Hinter der Kirche liegt in einem Olivenhain und Weingarten das alte Landhaus „Torre de i Massi". Über die Brücke gelangen Sie dann wieder nach **Caprile** 02 und gehen auf dem Hinweg nach **Gragnano** 01 zurück. Am Ende der Tour empfiehlt sich eine Einkehr im Gastgarten des Ristorante „Valle dei Mulini".

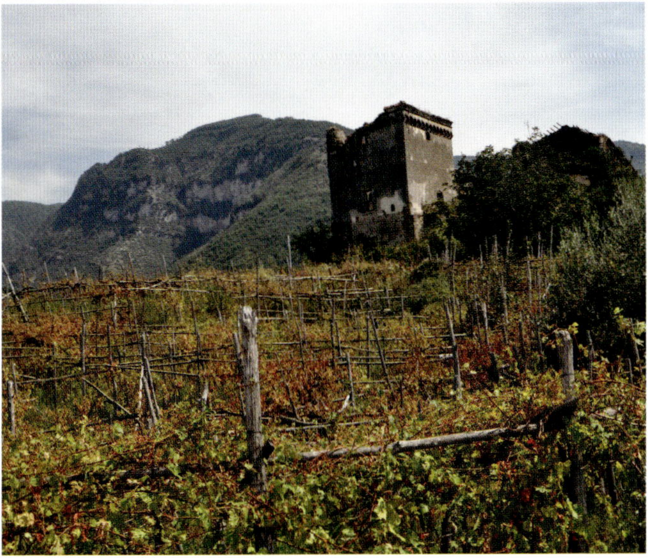

Alter Landsitz Torre de i Massi

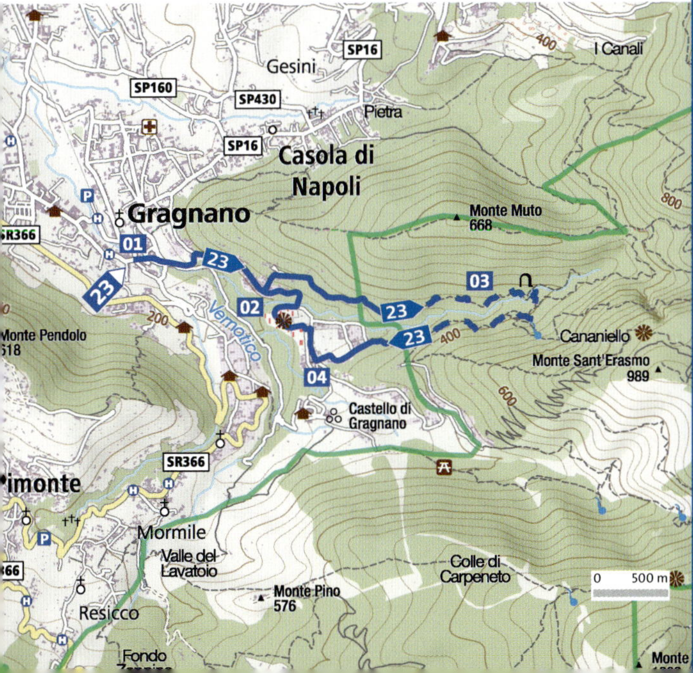

MONTE FAITO

Zum Santuario di San Michele

6,1 km 2:15 h 176 hm 293 hm

START | Bergstation der Seilbahn Monte Faito.
Anfahrt: Mit der Seilbahn von Castellammare di Stabia, Stazione Circumvesuviana, oder mit dem EAV-Bus von Vico Equense, Stazione. www.eavsrl.it
[GPS: UTM Zone 33 x: 455758 m y: 4502335 m]
CHARAKTER | Leichte, aussichtsreiche Wanderung auf gutem, ausgeschilderten Wegen 350 am Kamm des Monte Faito, schattig.

Der Monte Faito ist ein beliebter, bequem erreichbarer Aussichtsberg mit einem langen Kamm in den Monti Lattari. Im Norden fallen die Wände teilweise senkrecht ab, die weniger steilen Südhänge sind von Eichen-, Buchen- und Kiefernwäldern bedeckt, auch viele Sendeanlagen nützen die vorgeschobene Aussichtslage. Als Alternative zum ausgeschilderten Weg im Wald gibts abschnittsweise einen aussichtsreichen unmarkierten Pfad dem Kamm entlang, die besten Panoramablicke bieten sich vom **Santuario di S. Michele** und von der Bar Belvedere am Ende der Tour.

▶ Sie starten Ihre Wanderung bei der Bergstation der **Seilbahn Monte Faito** 01 (Bushaltestelle, Bar) und gehen bei der Bergstation die Stufen hinauf zur Picknickzone. Der Weg führt durch Kiefernwald, später durch Eichen- und Buchenwald, vorbei an Sendeanlagen und einzelnen Häusern, immer wieder mit ersten schönen Blicken auf die dicht

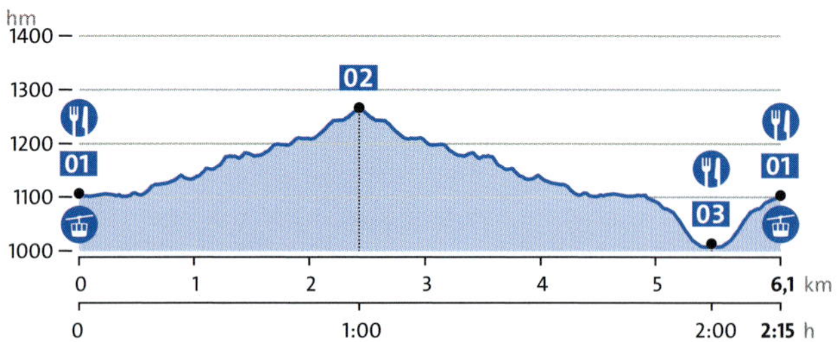

01 Monte Faito, Seilbahn, 1102 m; 02 Santuario di S. Michele, 1278 m; 03 Belvedere, 985 m;

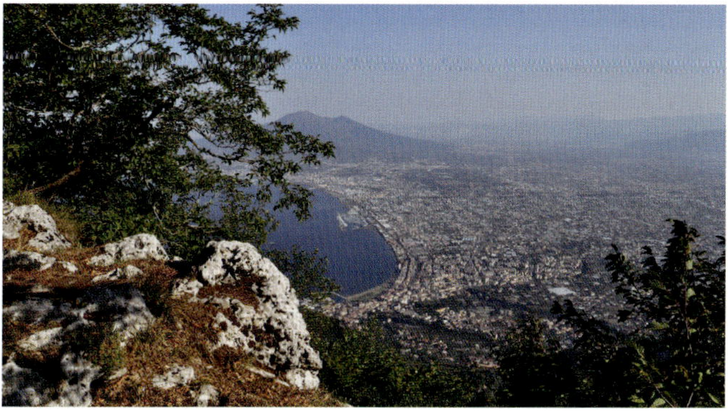
Blick vom Grat des Monte Faito zum Vesuv

besiedelte Sarno-Ebene und den Vesuv.

Das Gelände wird langsam karstiger, leicht ansteigend erreichen Sie die **Porta dell'Faito**, nach den letzten Sendeanlagen können Sie auf unmarkiertem Pfad dem Karstrand entlangwandern. Von den Felskanzeln an den senkrecht abfallenden Wänden bieten sich immer wieder spektakuläre Weit-

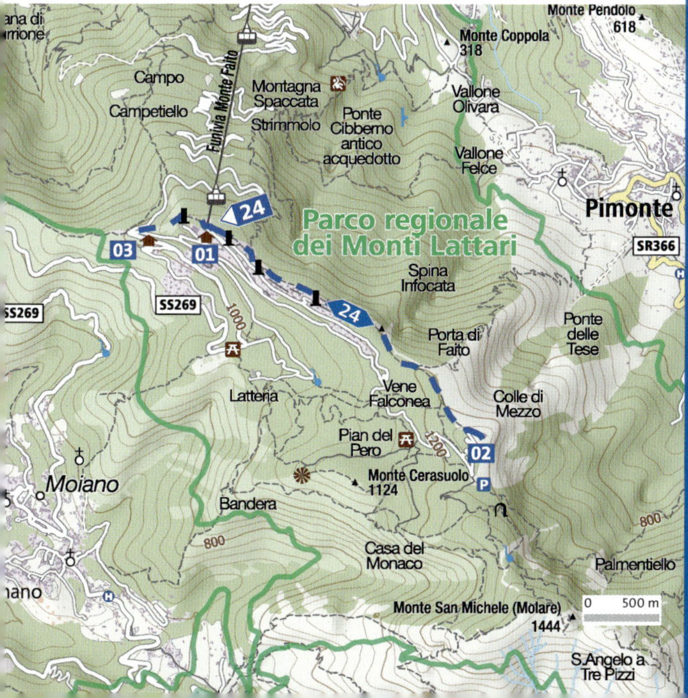

und Tiefblicke auf Pimonte und Gragnano (Tour 23). Vor dem letzten Anstieg zweigt rechts der Weg zum Monte San Michele ab, durch den Wald steigen Sie nun auf zum **Santuario di San Michele** 02, auch hier wird die Aussichtslage wieder für Sendeanlagen genutzt. Die kleine Kirche im klassischen Stil erinnert daran, dass hier im 9. Jahrhundert dem hl. Antonius von Sorrent der Erzengel erschienen sein soll. Von der Plattform mit der Madonnenstatue bietet sich ein herrlicher Blick zum Vesuv, auf der anderen Seite zu den Monti Lattari.

Zurück auf demselben Weg gehen Sie dann an der Bergstation 01 vorbei zum Belvedere (Wegweiser). Der breite Weg wird bald schmal und geht in einen langen Treppenweg über, auf dem Sie direkt zum **Belvedere** 03 gelangen (Bushaltestelle). Hier gibts zwei Gasthäuser, von der Aussichtsterrasse der Bar genießen Sie einen fantastischen Panoramablick auf den Golf von Neapel.

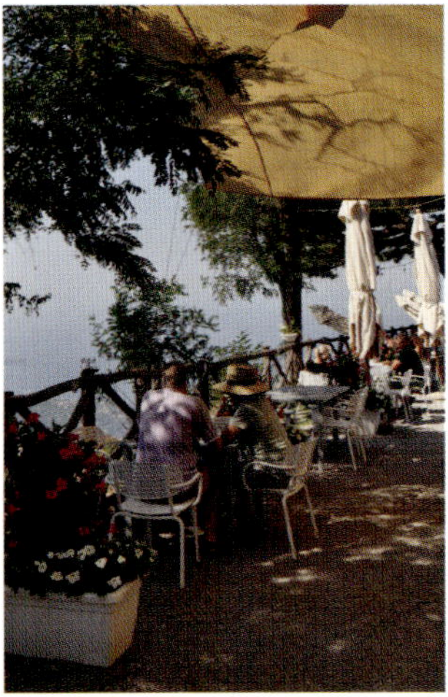

Aussichtsbar Belvedere

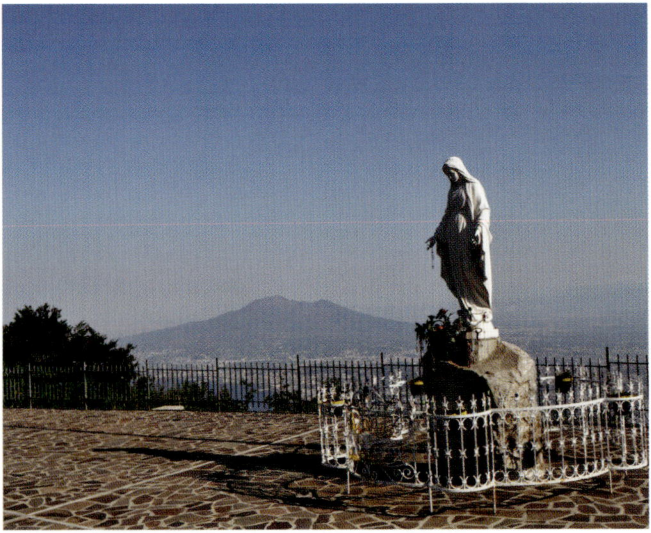

Madonna von San Michele, im Hintergrund der Vesuv

S. MARIA DEL CASTELLO – MONTE COMUNE • 877 m

Auf dem Höhenweg der Monti Lattari

5,5 km 2:50 h 192 hm 352 hm

START | Santa Maria del Castello.
Anfahrt/Rückfahrt: Bus CD oder CS von/nach Vico Equense. www.eavsrl.it
[GPS: UTM Zone 33 x: 455969 m y: 4498804 m]
CHARAKTER | Aussichtsreiche Höhenwanderung auf gutem Pfad, schattige und sonnige Passagen wechseln, rot-weiße Markierung, Weg Nr. 300 und 328.

Das grasbewachsene Plateau des **Monte Comune** fällt im Süden fast senkrecht zur Küste ab, die sanftere Nordseite ist landwirtschaftlich genutzt. Der Höhenweg führt über weite Strecken mit herrlichen Aussichten auf die amalfitanische Küste dem karstigen Kamm entlang, der Abstieg durch landwirtschaftlich genutzte Terrassen ins Bergdorf **Preazzano** bietet freien Blick zum Vesuv. Die Bergdörfer im Hinterland von Vico Equense sind durch zwei gegenläufige EAV-Buslinien mit der Stadt verbunden: Bus CD (Circulare destra), fährt rechts herum und CS (Circulare sinistra) links herum. Auch das kleine S. Maria del Castello ist, etwas eingeschränkt, mit diesen Bussen erreichbar, vgl. auch Tour 26.

▶ Sie starten Ihre Wanderung nach einem Kaffee in der Bar Zi Peppe in **Santa Maria del Castello**

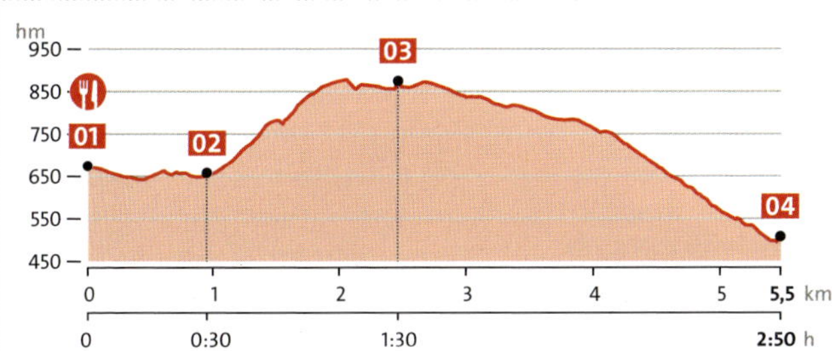

01 S. Maria del Castello, 685 m; 02 Sattel, 695 m;
03 Monte Comune, 877 m; 04 Preazzano, 525 m;

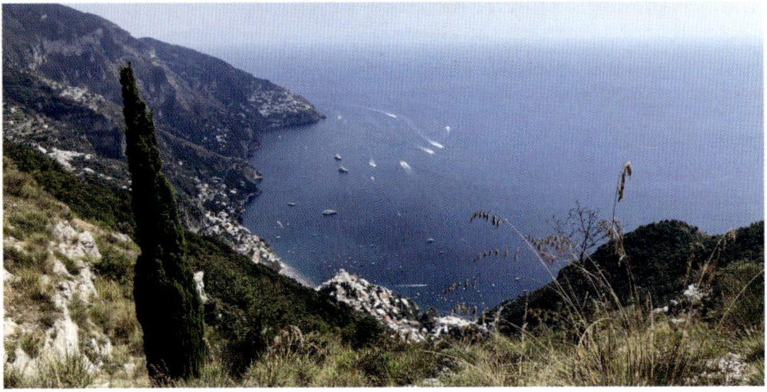

Blick auf Positano und die Amalfiküste

01 (Busstation). Die kleine Bergsiedlung liegt auf einer Terrasse mit Belvedere vor den steil aufragenden Felsen des Monte Conocchia. Von der Bar Richtung Kirche zweigt rechts der Weg zum Monte Comune ab (Wegweiser). Kurz auf einem Sträßchen biegen Sie bei der Kurve nach links, nach wenigen Metern beginnt rechts der Höhenweg zum Monte Comune (rot-weiß markiert).

In leichtem Auf und Ab wandern Sie dem Kamm entlang, vom Pfad und den Felskanzeln bieten sich fantastische Blicke auf Positano und die amalfitanische Küste. So auch vom Aussichtsfelsen mit Kreuz bei einem **Sattel** 02, wo ein Weg nach Positano abzweigt. Danach beginnt der Anstieg zum Plateau des Monte Comune teilweise in schattigem Wald. Beim Holzgeländer nach den Stufen auf die Linksabbiegung achten, hier sind undeutliche rot-weiße Markierungen und ein karstiger Pfad. Nach dem Waldaustritt überqueren Sie die Hochebene Piano della Pezza und kommen zum hölzernen Gipfelkreuz am

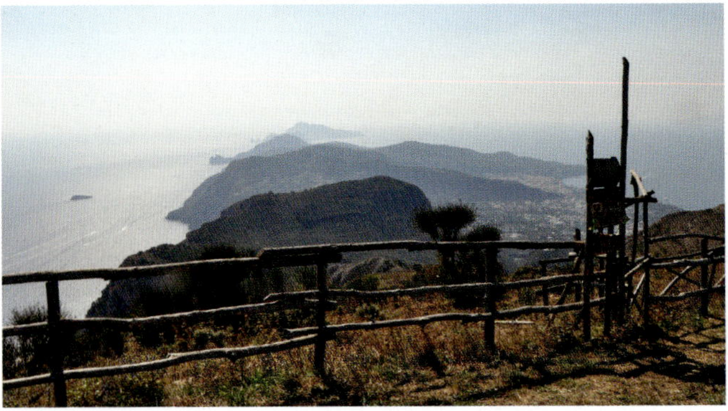

Blick vom Monte Comune über die Sorrentiner Halbinsel, im Hintergrund Capri

Monte Comune 03 mit herrlicher Sicht über die Sorrentiner Halbinsel nach Capri und die beiden Golfe.

Für den Abstieg folgen Sie nun den Wegweisern Preazzano. Auf breitem Weg zwischen Holzzäunen oberhalb des Bauernhofes, dann rechts einer Terrasse entlang, vor der Hecke links hinunter und durch zwei schmale Zaundurchlässe zum Fahrweg. Diesem folgen Sie nach links bis zur Zufahrt zur Kantine La Baita. Vor der Einfahrt rechts entlang einer Trockenmauer hinunter, am Ende des Zaunes links – nicht der Leitung entlang weitergehen – und nach 100 m wieder rechts. Der mäßig steile, manchmal karstige Pfad mit herrlichen Vesuvblicken führt über teils genutzte, teils verwilderte Terrassen durch Wald

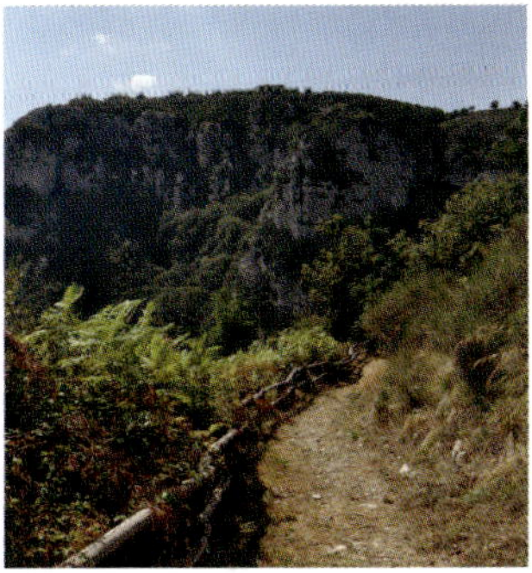

Weg zum Monte Comune

und über freies Gelände hinunter. Bei einem Wirtschaftsgebäude rechts immer auf dem Hauptpfad abwärts bleiben. Nach etwas mehr als einer Stunde Abstieg sind Sie dann in **Preazzano** 04 angekommen, Bushaltestelle im Zentrum nahe der Kirche.

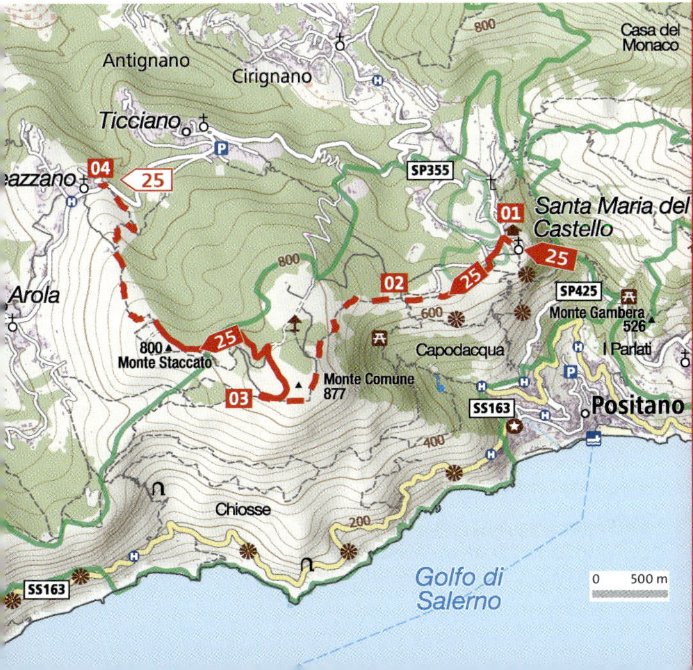

26

S. MARIA DEL CASTELLO – CASERMA FORESTALE

Im bergigen Hinterland von Positano

9,4 km 4:30 h 617 hm 662 hm

START | Positano, Bushaltestelle an der Hauptstraße bei der Bar Internationale.
Anfahrt: SITA-Busse.
[GPS: UTM Zone 33 x: 456159 m y: 4497772 m]
CHARAKTER | Aussichtsreiche Wanderung im bergigen Hinterland von Positano. Steile An- und Abstiege auf Pfaden und Treppenwegen. Abschnittsweise hat der Wald durch Brände gelitten, was die Schönheit der Tour etwas beeinträchtigt. Sparsam rot-weiß markiert, nicht bei sommerlicher Hitze gehen.

Der Name **Santa Maria del Castello**, ein Ortsteil von Vico Equense, erinnert noch daran, dass auf diesem Pass zwischen Positano und dem Golf von Neapel im Mittelalter ein Castell stand, das die strategisch wichtige Landverbindung kontrollierte. Die gleichnamige Kirche in erhöhter Lage wurde anstelle einer mittelalterlichen Kapelle im 17. Jahrhundert im spanischen Barock errichtet, sehenswert ist die marmorne Statue „Madonna mit dem Kind“ aus dem 17. Jahrhundert. Besucht wird der kleine Ort heute vor allem wegen der fantastischen Aussicht über die amalfitanische Küste und in die Bergwelt der Monti Lattari.

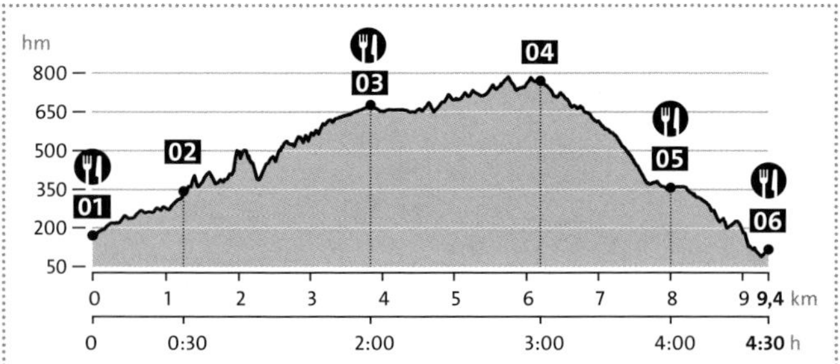

01 Positano, Bar Int., 150 m; 02 Brücke Valle Pozzo, 330 m; 03 S. Maria del Castello, 652 m; 04 Caserma Forestale, 767 m; 05 Montepertuso, 365 m; 06 Bushaltestelle Liparlati, 105 m;

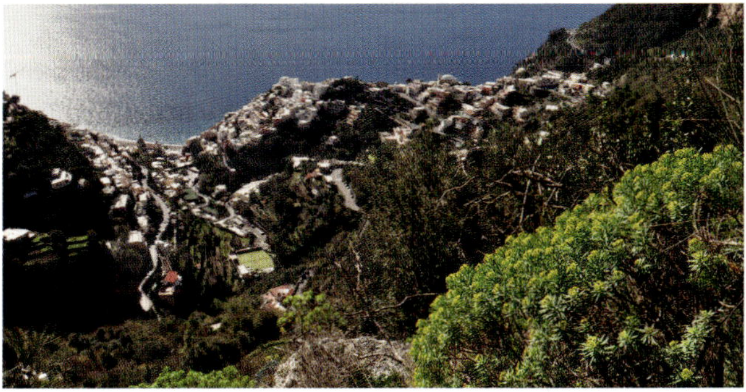

Blick auf Positano

▶ Links der Bar Internationale in **Positano 01** steigen Sie auf dem Treppenweg Via Chiesa Nuova hinauf zu dieser Kirche und weiter bis zur Straße sowie beim Durchhaus zur rechten Treppe. Auf der Straße rechts weiter, bald bieten sich schöne Blicke auf Positano, oben wird das Felsloch im Monte Gambera sichtbar. Die felsige Szenerie des Valle Pozzo prägt nun das Bild. Unmittelbar hinter der **Brücke 02** biegen Sie links in den Pfad und steigen auf diesem teils auf Treppen den Bach entlang auf. Bei einem **Querpfad** nach 10 Minuten links über das Bachbett zu einer Wasserstelle und kleinem Wasserfall, Tour 27 führt hier rechts weiter.

Auf abschnittsweise steilem Pfad gehts nun den bewaldeten und felsigen Hang hinauf, eine Rechtsabzweigung wird ignorieren und bei Gumpen im glatt geschliffenen Felsen überqueren Sie wieder einen Bach. Nach einem weiteren

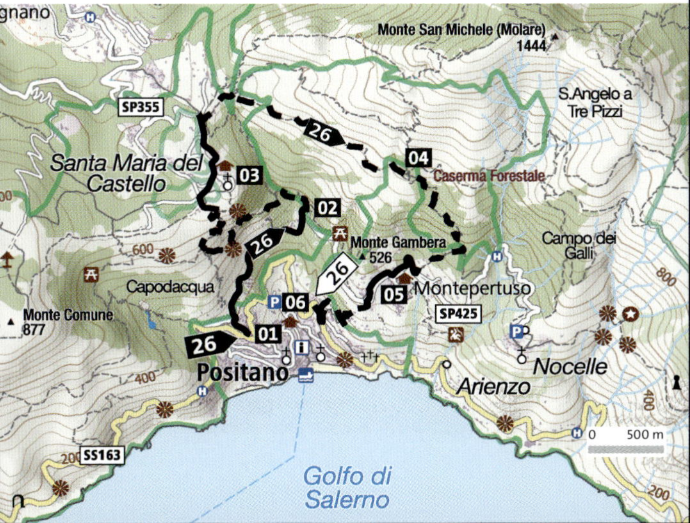

kurzen, steilen Anstieg verflacht sich der Weg und führt zu einer Felswand, wo sich ein wunderbarer Tiefblick auf Positano bietet. Bald beginnt der Pfad dann wieder kräftig zu steigen, nach kleineren Felsstufen eröffnet sich anschließend ein weiter Blick über die Küste. Der Pfad trifft auf einen Treppenweg, eine gut erhaltene Mulattiera, auf der Sie nun im Zickzack den zunehmend sonnigen Hang bis zum Plateau von **S. Maria del Castello 03** hinaufsteigen.

Den besten Panoramablick genießen Sie vom Belvedere 200 m von der Kirche vor zur Felskanzel, einkehren können Sie im Ristorante Zi Peppe. Vom Ristorante auf dem Sträßchen weiter zu den Häusern, dann biegen Sie dort beim Wegweiser Positano nach rechts in das Betonsträßchen. Nach den Häusern führt der rot-weiß markierte Weg 300 immer wieder auf Stufen leicht ansteigend – nur einmal kurz abfallend – durch den karstigen Hang des Monte Conocchia mit seinen beeindruckenden Felswänden hoch über dem Vallone Pozzo. Der Baumbestand hat hier durch einen Brand stark gelitten, grandios ist die Aussicht, vor allem hinüber nach S. Maria del Castello auf der Terrasse.

Nach rund einer Stunde biegen Sie bei einer ausgeschilderten Abzweigung halb rechts zum nahen steinernen Forsthaus, der **Caserma Forestale 04**, mit 767 m der höchste Punkt der Wanderung mit Rastplatz.

Von der Südostecke steigen Sie anschließend auf dem Weg Nr. 329 mit vielen Stufen in Serpentinen durch den steilen Hang ab. An einer hohen Felswand mit großer, rohrartiger Kaskade und dann an einer Grotte mit Madonnenstatue vorbei gehts anschließend östlich des Monte Gambera hinunter nach **Montepertuso 05**, gegen Ende durch intakten Wald.

Einkehren können Sie in einem der Restaurants an der zentralen Piazza Cappella, unterhalb ist die **Bushaltestelle Liparlati 06** für die Rückfahrt nach Positano, oder Sie steigen auf dem schönen Treppenweg (siehe Tour 27) in das Städtchen hinunter.

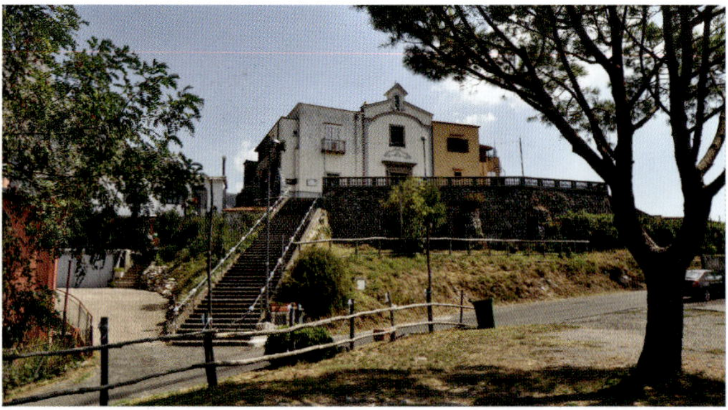

S. Maria del Castello

POSITANO – BUCO DI MONTEPERTUSO

Zum Felsloch im Monte Gambera

4,1 km 2:15 h 295 hm 340 hm

START | Positano, Bushaltestelle Bar Internationale.
Anfahrt: SITA-Busse.
[GPS: UTM Zone 33 x: 456175 m y: 4497780 m]
CHARAKTER | Aussichtsreiche Rundwanderung zu einem faszinierenden Naturphänomen. Naturwege, anfangs wenig befahrene Stichstraße, gegen Ende angenehmer Treppenweg, überwiegend schattig. Die Schleife über das Felsloch erfordert Orientierungssinn und eine kleine Kraxelei; ohne diese Schleife ist die Tour als leicht einzustufen.

Das markante Felsloch im **Monte Gambera** ist weithin sichtbar und übt seit jeher eine große Anziehungskraft aus, je nach Perspektive wechselt es seine Form von einem dreieckigen Spalt bis zum runden Loch. Eine volkstümliche Sage führt das Karstphänomen darauf zurück, dass die Madonna zur Bekräftigung eines Wunders mit dem Zeigefinger den Kalk durchbohrt habe.

Ländlich beschaulich verläuft das Leben in Montepertuso oberhalb von Positano, die kleine Ansiedlung war jahrhundertelang nur über Treppenwege erreichbar. Der zunehmende Wandertourismus bringt heute auch für diesen abgelegenen Ortsteil Positanos neue Perspektiven.

▶ Von der Bar Internationale an der Hauptstraße von **Positano** 01

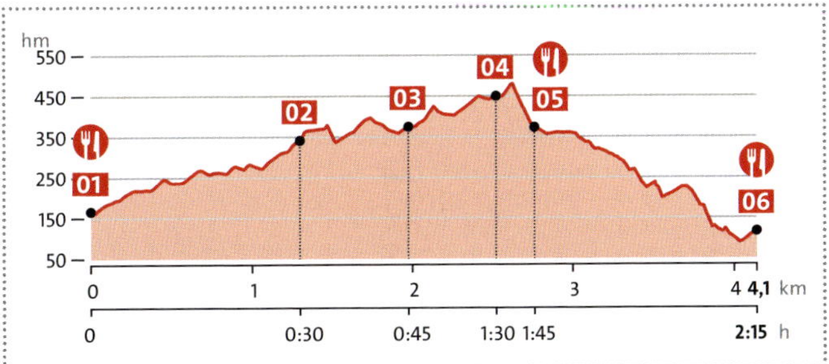

01 Positano, Bar Int., 150 m; 02 Brücke Valle Pozzo, 330 m; 03 Abzweigung, 370 m; 04 Felsloch von Montepertuso, 445 m; 05 Montepertuso, 365 m; 06 Bushaltestelle Positano Liparlati, 105 m;

folgen Sie anfangs der Wegbeschreibung von Tour 26 zur **Brücke Valle Pozzo** 02 und weiter dem Bach entlang aufwärts bis zum **Querpfad** bei der Wasserstelle.

Dort gehen Sie nun rechts, der Weg nach links führt nach S. Maria del Castello. Auf schönem, weitgehend ebenem Weg, (teils auf Felsbändern, hier ist Vorsicht mit Kindern geboten) wandern Sie dem Hang entlang; ein Rastplatz unter Kiefern lädt zum Verweilen. Der schattige Naturweg führt unterhalb des Monte Gambera vorbei. Vor einer Terrassenstützmauer mit Eisentor biegt links der Pfad bei einer, **Abzweigung** 03 zum Felsloch ab.

Auf dem unmarkierten Pfad steigen Sie durch Niederwald auf, bei einer Abzweigung rechts und vor einem in eine überhängende Felswand gebauten Stall links hinauf. Sie gelangen zu einer Felsgrotte neben dem Felsloch und gehen hier rechts, ein gespanntes Seil weist die Route und erleichtert den Aufstieg und die Kraxelei über die Felsstufe zum **Felsloch (Buco di Montepertuso)** 04 mit Rastplatz.

Auf der anderen Seite gehts zuerst durch Niederwald und bald auf einem steilen Treppenweg hinunter zur kleinen Piazza Cappella im Zentrum von **Montepertuso** 05.

Wer diese Schleife mit der kleinen Kraxelei hinauf und den steilen Treppenweg hinunter nicht machen möchte, geht bei der **Abzweigung** 03 geradeaus auf dem ebenen Weg weiter. Er tangiert bei einem kleinen Aussichtsplatz (Parkplatz) die Straße, halblinks leicht ansteigend wandern Sie dann mit schöner Aussicht durch

Positano

Noch in der ersten Hälfte des 20. Jahrhunderts war Positano ein armes Fischerdorf, in den 1930er Jahren lebten hier viele deutsche Schriftsteller und Maler im Exil, in den 1950er Jahren wurde Positano zuerst von Prominenten und dann von Touristen entdeckt. Damit begann ein Boom, der den kleinen Ort veränderte und bis heute prägt. Das kleine Fischerdorf wurde zur vertikalen Stadt, die sich über Treppenwege von der Chiesa Santa Maria Assunta an der Küste die steilen Hänge emporzieht. Treppen mit Sichtachsen, bunte Veranden, Bögen, orientalisch anmutende Fassaden, üppige Bougainvilleen, kleine Läden und zahlreiche Boutiquen prägen die Atmosphäre. „Moda Positano“ (Leinen) ist das bevorzugte Material, wird von den Touristen sehr geschätzt, was sich dann auch im gehobenen Preisniveau niederschlägt.

Sehenswert neben der Stadtanlage als Ganzes ist die Chiesa Santa Maria Assunta mit der glänzenden Majolikakuppel. Im Rahmen einer geführten Tour können auch die Reste einer römischen Villa und die Krypta besichtigt werden, berühmt ist auch der im 18. Jahrhundert in napoleonischer Zeit angelegte Friedhof in Aussichtslage oberhalb der Stadt.

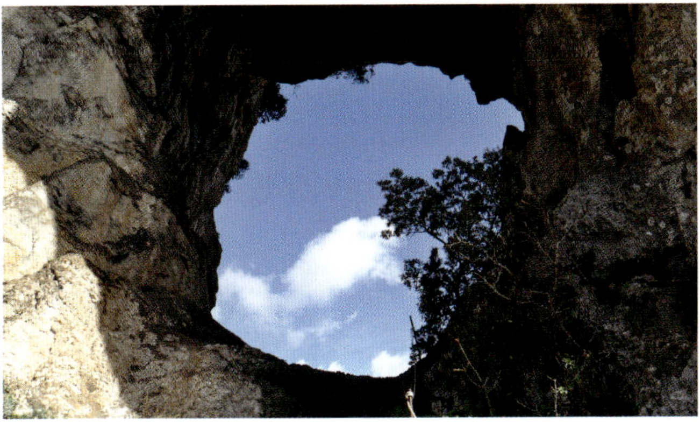

Felsloch im Monte Gambera

die Via Gradoni bis zur kleinen Piazza Cappella im Zentrum von Montepertuso mit Einkehrmöglichkeiten.

Für den Abstieg nach Positano gehen Sie die Via Gradoni kurz zurück und biegen, bevor sie leicht anzusteigen beginnt, bei der Nr. 72 links in den Treppenweg hinunter (Wegweiser Positano Centro). Sie überqueren die Straße und steigen auf dem gepflegten, breiten Treppenweg bald durch Terrassen mit Oliven und dann durch Wald ab. An einer mächtigen, leicht überhängenden Felswand mit Kakteen und Wolfsmilch vorbei gelangen Sie anschließend direkt hinunter zur **Bushaltestelle Positano Liparlati** 06 an der Hauptstraße. Alle Wege abwärts führen dann hinunter zur Chiesa S. Maria Assunta und zum Strand.

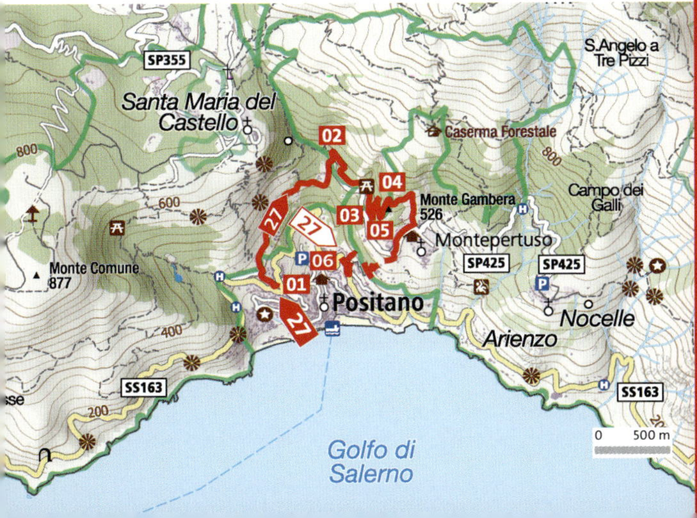

SENTIERO DEGLI DEI

Auf dem „Weg der Götter“ von Agerola nach Montepertuso

7,7 km | 3:10 h | 200 hm | 273 hm

START | Agerola/Bomerano, Piazza Paola Capuso.
Anfahrt: SITA-Busse von Amalfi, die Bushaltestelle befindet sich in der nahen Parallelstraße zur Piazza.
[GPS: UTM Zone 33 x: 461099 m y: 4497805 m]
CHARAKTER | Aussichtsreiche Streckenwanderung auf dem berühmtesten Weg der Amalfiküste. Pfade und Naturweg mit einigen Stufen, rot-weiße Markierung, wenig Schatten.

Der **Sentiero degli Dei** gilt als das Highlight der Wanderwege der Region, und das zu Recht. Er führt mit herrlicher Aussicht durch die spannende, spektakuläre Küstenlandschaft zwischen Agerola und Positano, über Felsnasen, vorbei an Höhlen, tiefen Schluchten und hohen Felsen, durch Macchia und Waldstreifen zieht sich der alte Verbindungsweg auf halber Höhe durch die zerfurchten Bergflanken. Der Name erinnert noch daran, dass in der Antike entlang des Pfades hier Tempel zur Huldigung der Götter standen. Obwohl die sonst üblichen steilen Treppenwege fehlen, sollte man das stete leichte Auf und Ab des teils felsigen Weges nicht unterschätzen. Da der Weg sehr populär ist empfiehlt es sich auch, die schönen Wochenenden in der Wandersaison zu meiden.

▶ Sie starten die Wanderung nach einem Kaffee in einer der Bars auf der Piazza Paolo Capuso

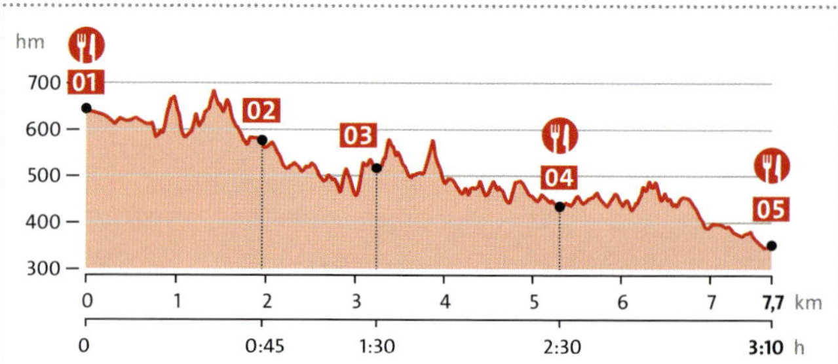

01 Agerola/Bomerano, 638 m; 02 Colle La Serra, 578 m;
03 Cisternuolo , 515 m; 04 Nocelle, 430 m; 05 Montepertuso , 365 m;

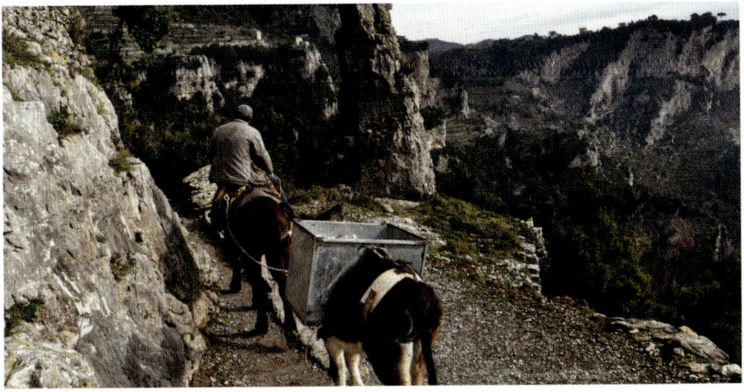

Lasten werden nach wie vor mit Mulis transportiert

in **Agerola/Bomerano** 01. Links der Kirche folgen Sie den Wegweisern „Sentiero degli Dei“ durch die Via Pennino zwischen Gärten leicht abwärts, am Ortsrand rechts über die Treppe hinauf zur Stichstraße. Sie geht bald in einen Pfad über und an der Grotta Biscotto vorbei wandern Sie nun durch die terrassierte Steilküste in leichtem Auf und Ab über Felsnasen zur **Colle La Serra** 02 mit einigen heute als Wochenendhäuser genutzten ehemaligen Hofstellen.

Hier teilt sich der Weg bis Cisternuolo in einen oberen und

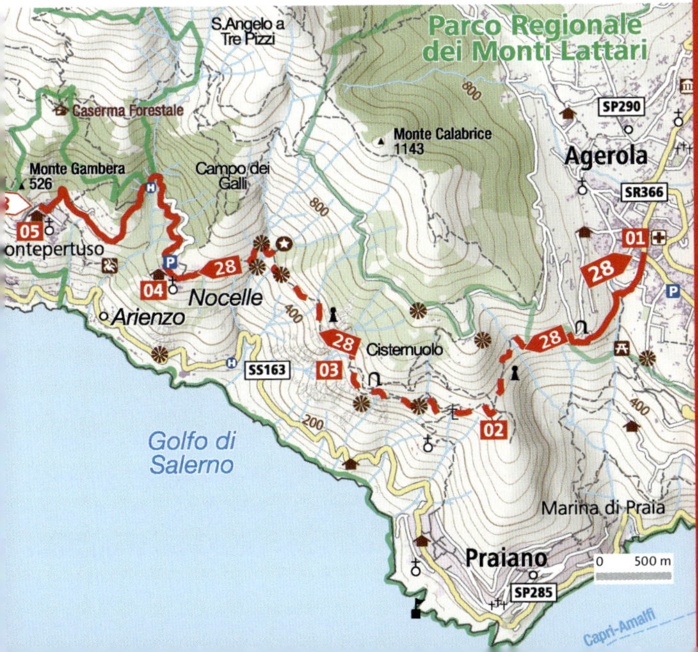

unteren Pfad. Der untere ist der Hauptpfad und bietet, weil er sich der Kante entlangzieht, eine fantastische Aussicht über die Küste. Er führt von Colle La Serra nach links, leicht abfallend und dann wieder ansteigend zu einer mächtigen Felswand (Kletterwand), danach treffen sich die Wege beim Wegpunkt Cisternuolo 03 wieder.

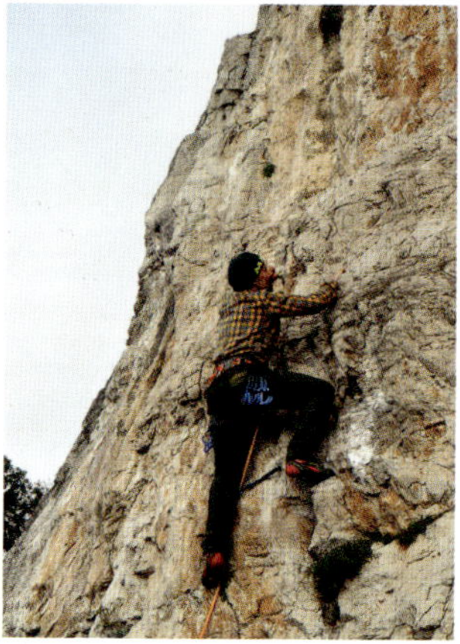

Kletterwand am „Weg der Götter“

Über etliche felsige Stufen und in nun deutlichem Auf und Ab zwei Schluchten querend wandern Sie anschließend nach **Nocelle** 04, dem abgelegensten Ortsteil von Positano, der erst seit 2001 auf einer Straße erreichbar ist.

Im Ort kurz auf dem Treppenweg hinunter, beim Wegweiser Positano oberhalb der Kirche nach rechts und am Ristorante St. Croce vorbei. Am Ortsende teilt sich der Weg, rechts gehts hinauf zur Bushaltestelle, geradeaus führt ein schattiger Betonweg mit etlichen Stufen durch die imposante Schlucht und trifft dann auf die Straße, auf der Sie in 15 Minuten **Montepertuso** 05 erreichen. Hier können Sie am Ende der Tour in einem der Restaurants an der zentralen Piazza Cappella einkehren, die Bushaltestelle für die Fahrt nach Positano befindet sich unterhalb der Piazza.

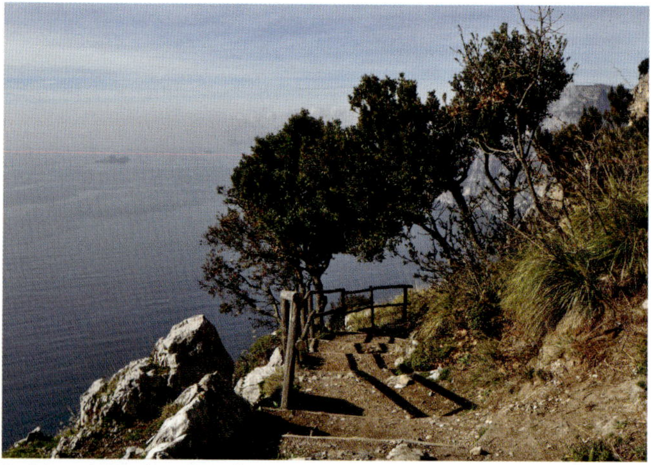

Auf dem „Weg der Götter“

AUF DEN HÖHEN ÜBER AGEROLA

San Lazzaro – Imbarrata – Pianillo

9,1 km | 3:00 h | ↗ 420 hm | ↘ 420 hm

START | Agerola/San Lazzaro.
Anfahrt: SITA-Busse von Amalfi oder Castellamare.
[GPS: UTM Zone 33 x: 463412 m y: 4497248 m]
CHARAKTER | Mittelschwere Streckenwanderung, größtenteils auf Naturwegen, ein steiler Anstieg. Rot-weiße Markierung, halb schattig.

Wie in einem Lehnsessel breitet sich die Berggemeinde Agerola auf einem Plateau hoch über der Amalfiküste aus, im Rücken die Monti Lattari. Von spektakulären Blicken auf die Steilküste bis zur weiten Aussicht über den Golf von Neapel und dazwischen Waldpartien – die wechselnden Perspektiven des Höhenweges im Halbrund über Agerola geben der Wanderung ihren besonderen Reiz.

▶ Die Tour beginnt bei der Kirche/Busstation in **San Lazzaro/Agerola** 01. Sie gehen rechts die Straße Richtung Meer und biegen dann links in die Straße hinauf nach S. Lucia (rot-weiße Markierung, Wegweiser Ferriere). Die Straße führt steil nach oben, wird dann schmäler und geht ab dem letzten Bauernhof in einen massiven Treppenweg über. Auf diesem steigen Sie an bis zum **Strommasten** 02 auf der Kuppe. Nun folgen Sie dem Wegweiser nach rechts Richtung Ferriere. Es folgt ein aussichtsreicher Wegabschnitt entlang der Abrisskante mit prächtigen Blicken auf die Amalfiküste. Beim Wegweiser Pontichito schwenken Sie nach

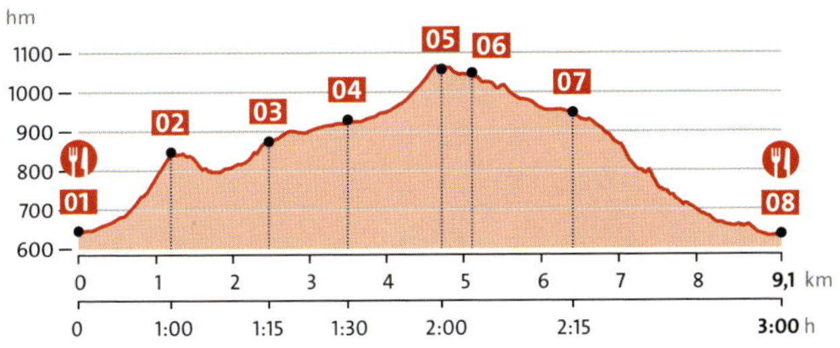

01 Agerola/San Lazzaro, 640 m; 02 Strommasten, 860 m; 03 Sattel Monte Murillo, 870 m; 04 Pontichito, 920 m; 05 Scupolo, 1060 m; 06 Imbarrata, 1040 m; 07 Pass S. Angelo, 960 m; 08 Agerola/Pianillo, 640 m;

links, der Weg führt jetzt auf der Ostseite des Monte Murillo hinauf zu einem Holzlagerplatz am Sattel des **Monte Murillo** **03**. Bei dieser Wegspinne gehen Sie auf dem rot-weiß markierten Weg geradeaus weiter. Durch lichten Mischwald gelangen Sie fast eben zu dem alleinstehenden Haus **Pontichito** **04**. Der Weg führt weiter durch den Wald und steigt dann an zur aussichtsreichen Kuppe **Scupolo** **05** (1060 m), die Sicht reicht nach Norden bis zum Vesuv. Am Hang entlang wandern Sie nun bis zur Wegverzweigung **Imbarrata** **06** beim Eingang zum Naturpark Ferriere. Rechts zweigt der Weg zum Monte Rotondo ab, Sie gehen geradeaus und bleiben nun immer auf diesem Fahrweg. Er führt den Hang entlang und dann als Kammweg über den **Pass Sant'Angelo** **07** mit schönen Blicken auf Agerola und den Vesuv auf der anderen Seite.

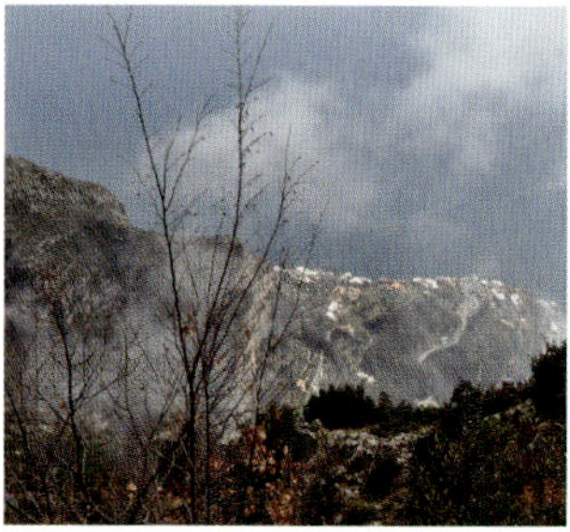

Blick von der Höhe oberhalb von San Lazzaro auf die Küste

Am Fuße des Monte San Michele beginnt der Abstieg. In Serpentinen geht es den Hang entlang abwärts, zuerst als Naturweg, dann betoniert und schließlich asphaltiert. Oberhalb der Kirche S. Maria zweigt rechts der alte Treppenweg ab, der Sie direkt hinunter zur Straße und Bushaltestelle bei der Kirche in **Agerola/Pianillo** **08** bringt.

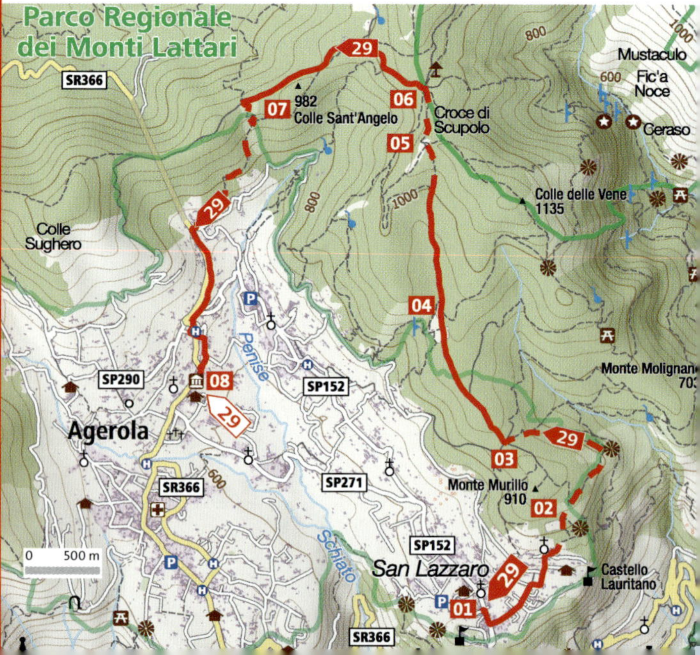

AMALFI – SAN LAZZARO

Im bergigen Hinterland von Amalfi

9 km 4:00 h 860 hm 220 hm

START | Amalfi, beim Start in Pogerola verkürzt sich die Tour um 1¼ Stunden.
Anfahrt: SITA-Busse.
[GPS: UTM Zone 33 x: 466400 m y: 4498228 m]
CHARAKTER | Ausgedehnte Wanderung in der imposanten Bergwelt des Valle Ferriere und über die Hochebene. Überwiegend schattige Waldwege und Pfade, zweimal über kleine Felsstufen, am Beginn und Ende Treppenweg, rot-weiße Markierung.

Die Tour zeigt den starken Gegensatz zwischen der touristisch geprägten Küste und dem ruhigen Hinterland. Während sich in Amalfi die Touristen durch die Hauptstraße schieben, geht das Leben in Pogerola bereits recht beschaulich zu. Bergeinsamkeit genießen Sie anschließend bei der Wanderung durch das Valle Ferriere und über die Hochebene, herrliche Blicke entschädigen für die Mühen des Anstiegs.

Von der Piazza Duomo in **Amalfi** 01 gehen Sie die Hauptstraße taleinwärts durch den Ort. Nach dem zweiten Hausdurchgang (rotes Haus) biegen Sie in das Sträßchen nach links aufwärts, beim Carabinieriposten beginnt dann der breite Treppenweg, auf dem Sie bis **Pogerola** 02 aufsteigen (Einkehr, Einkauf, Busstation).

Mit dem Rücken zum Brunnen gehen Sie anschließend von der

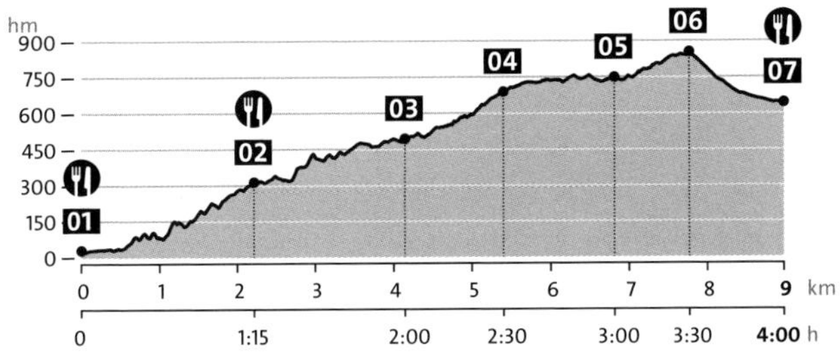

01 Amalfi, 0 m; 02 Pogerola, 326 m; 03 Cancello/Via Paradiso, 480 m; 04 Sattel Monte Molignano , 700 m; 05 Nespola, 750 m; 06 Strommasten, 860 m; 07 San Lazzaro, 640 m;

Piazza Don Gaetano Amodio die paar Stufen hinab und folgen dem rot-weiß markierten Weg Nr. 359 mit einigen Stufen abwechselnd zwischen Häusern und freier Sicht auf die Bergwelt des Valle Ferriere und Ravello auf der Terrasse.

Der Betonweg geht am Ortsende in einen Naturweg über, auf dem Sie in Etappen der Markierung folgend am Hang des Valle Ferriere ansteigen. Bei einem verlassenen Steinhaus den Pfad links aufwärts, er quert einen Seitengraben und führt dann ziemlich eben zu einem weiteren Graben, von rechts stößt ein Treppenweg hinzu. Entlang einer Trockenmauer wandern Sie weiter, die Terrassen werden hier kaum mehr genutzt. Nach einem weiteren verlassenen Steinhaus gehts Richtung Talschluss bis zum Wegpunkt **Cancello/Via Paradiso** **03** mit Wegweisern ins Valle Ferriere und Valle Mulino.

20 Meter vor dem Wegweiser biegen Sie links in den stufigen Weg hinauf, weiterhin rot-weiße Markierung. Der Weg dreht nach Süden, führt an einem renovierten ehemaligen Kalkofen vorbei und schlängelt sich nun steiler den bewaldeten, von Felsen durchsetzten Hang hinauf; kleinere Felsstufen müssen überwunden werden. Ab einer Quelle (Wasserstelle) steigen Sie dann auf nunmehr schottrigem Weg die letzten Höhenmeter zum **Sattel** beim **Monte Molignano** **04** auf.

Hier rechts und noch kurz ansteigend beginnt bald ein schöner, fast ebener Höhenweg am Rande der Hochebene Piano del Ceraso, der auch von Mulis zum Abtransport von Kleinholz für Pergolas und Pizzerien verwendet wird. Nach der flachen Passage beginnt bei einem kleinen Graben in **Nespola** **05** (Flurname) ein weiterer kurzer Anstieg. Nach den Felsstufen bietet sich links vom Rastplatz ein erster spektakulärer Tiefblick auf die Küste, knapp danach zweigt rechts der Weg Richtung Imbarrata ab (Tour 29).

Sie steigen noch kurz weiter auf und wandern dann bald der Kante entlang (Hinweg der Tour 29) mit herrlicher Sicht über die

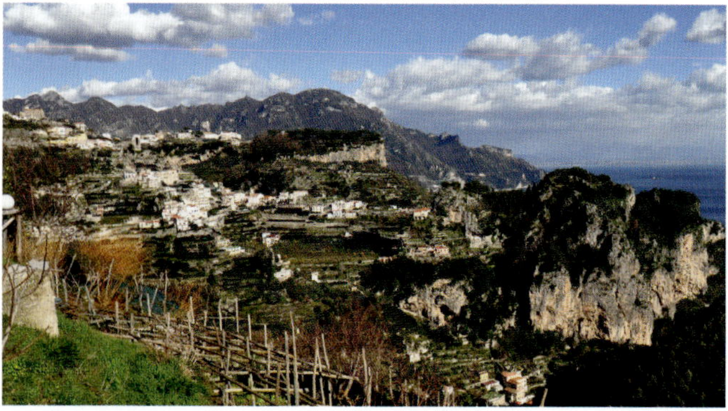

Blick von Pogerola nach Ravello

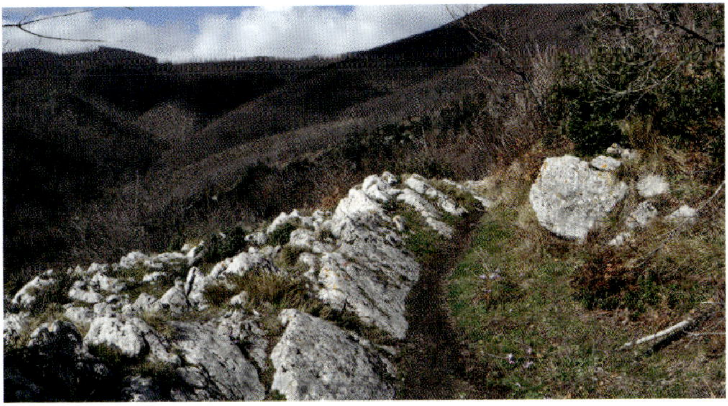

Auf dem Piano del Ceraso

Küste bis zum **Strommasten 06**, mit 860 m der höchste Punkt der Wanderung. Hier genießen Sie einen weiten Blick über Agerola in einer geschützten Mulde.

Zuerst auf einer Mulattiera und dann auf der Zufahrtsstraße steigen Sie nun ab nach **San Lazzaro 07**, dem östlichsten Ortsteil von Agerola mit mehreren Einkehrmöglichkeiten und Busstation im Zentrum. Einen herrlichen Panoramablick bietet die Punta San Lazzaro, auf der Straße links 150 m bis zur Kante.

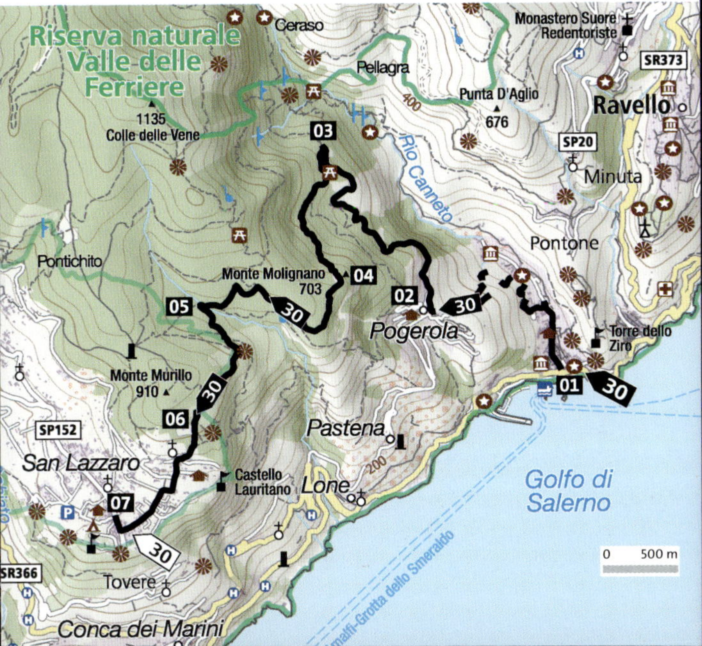

SCALA – POGEROLA

Durch das Valle delle Ferriere

7,8 km | 2:50 h | 215 hm | 276 hm

START | Scala, Busstation am Domplatz.
Anfahrt: SITA-Busse von Amalfi.
[GPS: UTM Zone 33 x: 466826 m y: 4500317 m]
CHARAKTER | Landschaftlich beeindruckende Tour durch das Naturschutzgebiet Valle delle Ferriere. Treppenweg am Beginn, dann aussichtsreicher, fast ebener Weg zum Talschluss. Abstieg anfangs auf teils felsigem Pfad, dann gute Wege. Rot-weiße Markierung, überwiegend schattig.

Die Wanderung durch den Naturpark ist ein besonderes Erlebnis: Fasziniert im ersten Abschnitt die gepflegte Kulturlandschaft mit ihren der Natur abgerungenen Terrassen, sind es im zweiten Abschnitt die imposante Naturlandschaft, der Felsenzirkus am Talschluss und die botanischen Raritäten am Weg.

▶ Sie starten die Wanderung nach einem Kaffee auf der Aussichtsterrasse mit Ravelloblick der Bar Da Pietro neben dem Dom von **Scala** 01. Mit dem Rücken zum Dom gehen Sie anschließend die Treppe durch ein Haus hinauf und weiter auf dem Treppenweg aufwärts. Sie überqueren die Via Traglio, der anschließende Treppenweg führt durch Terrassen hinauf zur **Ex-Chiesa S.S. Annunziata** 02 und zur Straße.

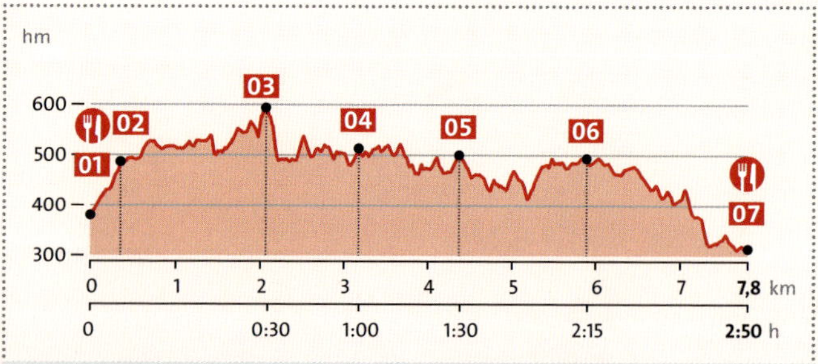

01 Scala, 377 m; 02 Ex-Chiesa S.S. Annunziata, 480 m;
03 Punta d'Aglio, 550 m; 04 Pellagra, 458 m; 05 Fic'a Noce, 500 m;
06 Cancello/Via Paradiso, 480 m; 07 Pogerola , 326 m;

Hier gehen Sie links und bleiben 150 m auf der Straße (nicht die Kehre hinaufgehen). Kurz nach dem kleinen Aussichtsplatz biegen Sie rechts in den Treppenweg Via Acquacciola hinauf zur Via Belvedere. Auf diesem schönen, weitgehend ebenen Hangweg mit herrlicher Aussicht wandern Sie durch Terrassen mit Wein und Oliven zur **Punta d'Aglio** 03.

Dort setzt sich der ebene Weg ins Naturschutzgebiet Valle delle Ferriere zunächst breit und gepflastert durch ein Wäldchen und nach einem kleinen Tunnel als Naturweg fort. Er folgt einer Wasserleitungstrasse und führt nur mit einigen Stufen auf- und abwärts den Felswänden entlang hinein Richtung Talschluss.

Beim Wegpunkt **Pellagra** 04 zweigt auf einer Felsplatte rechts der Weg Nr. 301 zur Punta delle Castagne ab. In leichtem Auf und Ab gehen Sie weiter bis zur Lichtung **Fic'a Noce** 05 beim Zusammenfluss zweier Bäche.

Auf Trittsteinen überqueren Sie das felsige Bachbett des Canetto, anschließend führt der Pfad kurz auf einem breiten Felsband oberhalb des Wasserfalls weiter, hier ist Vorsicht mit Kindern geboten. Auf dem schattigen Hangpfad gehts dann talauswärts, Sie passieren einen Seitenbach mit Wasserfall (nur nach Regenfällen), und kommen, über eine Felsstufe kurz ansteigend, zu einer Abzweigung. Hier steigen Sie rechts den Weg Nr. 325a kurz steil hinauf, der Weg Nr. 325 führt geradeaus bald steil hinunter ins Mühlental. Nach dem kurzen Anstieg gehts wieder in leichtem Auf und Ab durch den Hang, manchmal über kleine Felsstufen. Sie queren einen weiteren Bach mit Schleierwasserfall und erreichen danach bald den Wegpunkt **Cancello/Via**

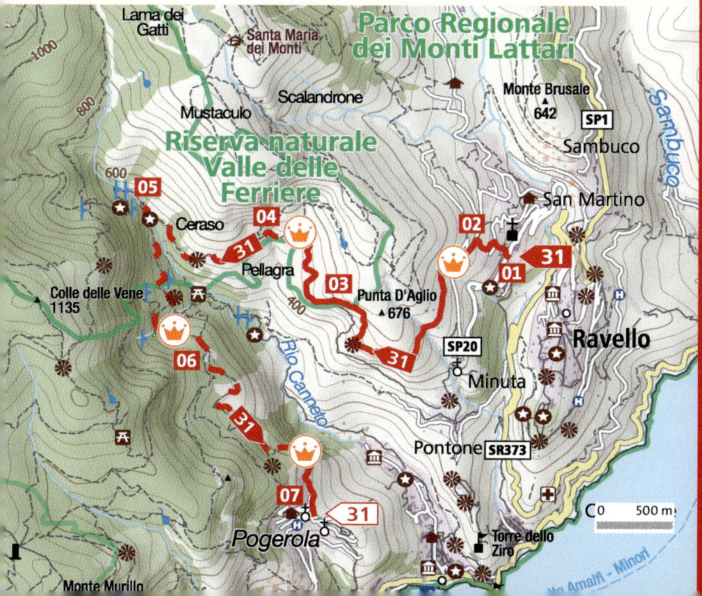

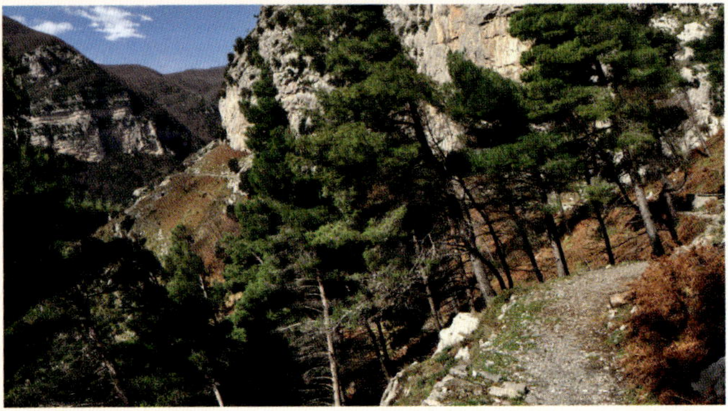

Im Valle delle Ferriere

Paradiso 06, wo Sie auf den Weg von Tour 30 treffen.

Auf diesem steigen Sie nun nach Pogerola ab. Bei der Wegverzweigung geht es geradeaus weiter, bald an einem verlassenen Bauernhof vorbei, danach beim von links einmündenden Treppenweg geradeaus weiter und bei der Weggabelung danach den unteren Pfad. Er führt an einem weiteren verlassenen Steinhaus vorbei, auf breiterem Weg mit etlichen Stufen erreichen Sie am Ende **Pogerola** 07. Einkehren können Sie im Ristorante La Capannina am Weg vor der Piazza mit Aussicht auf Ravello und den Hinweg, die Busstation ist 100 m von der Piazza Don Gaetano Amodio entfernt.

Riserva Naturale Valle delle Ferriere

Eine ehemalige Eisenhütte (Ferriere), die, wie die vielen Papiermühlen, die Kraft des Wildbaches Canneto nutzte, gab dem Tal seinen Namen. Früher war es ein wichtiger Wirtschaftsstandort, heute liegt seine Bedeutung in der besonderen Natur.

Seit 1972 steht das Valle delle Ferriere mit seinen Felswänden, Schluchten, Wasserfällen und der vielfältigen Vegetation in dem besonderen Mikroklima unter Naturschutz. Die hohen Berge schirmen die kalten Nordwinde ab, heiß-feuchte Südwinde bringen viel Niederschläge. An den bewaldeten Hängen mit ihren zahlreichen Bachläufen finden sich botanische Raritäten wie Orchideen, die fleischfressende „Pinguicolo Hirtiflora" (Fettkraut) und besonders auffällig der riesige Wurzelnde Kettenfarn, der hier die Eiszeit überdauert hat. Seine bis zu 2 Meter langen Wedel gedeihen prächtig in den feuchten, schattigen Wäldern des Tals. Auch der Brillensalamander hat hier einen idealen Lebensraum, kaum zu Gesicht bekommen wird man hingegen die scheuen Fischotter im Wildbach Canneto.

AMALFI – POGEROLA

Küstenpanorama bei Amalfi

5,2 km 2:40 h 326 hm 326 hm

START | Amalfi
Anfahrt: SITA-Busse.
[GPS: UTM Zone 33 x: 466398 m y: 4498221 m]
CHARAKTER | Aussichtsreiche Rundwanderung auf guten Wegen und Pfaden. Im Anstieg steiler Treppenweg, rot-weiße Markierung im ersten Abschnitt, wenig Schatten.

Die Tour bietet herrliche Küstenpanoramen um Amalfi. Sehr stark fallen die Gegensätze zwischen dem touristischen Amalfi und seinem bergigen Hinterland ins Auge. Die Passage durch die Terrassengärten zeigt, wie aufwendig und schwierig die Anlage, Pflege und Ernte der Kulturen hier ist.

Sie starten die Rundtour von der Piazza Duomo in **Amalfi** 01. Den Dom im Rücken gehen Sie auf der Gasse durch ein Haus zur kleinen Piazza dei Dogi, überqueren diese linkshaltend und steigen die Treppen der überbauten Salita S. Nicola dei Greci an. Bei einer Abzweigung links, der Treppenweg geht dann im Freien in einen Hangweg entlang einer an den Felsen gebauten Häuserzeile über. Bei der Gabelung links hinunter zum Tunnelportal, die Treppen rechts führen hinauf zum berühmten Hotel Cappuccini im ehemaligen Kloster.

Vor dem Tunnelportal überqueren Sie die Straße und gehen auf dem Umgehungsweg des Tunnels

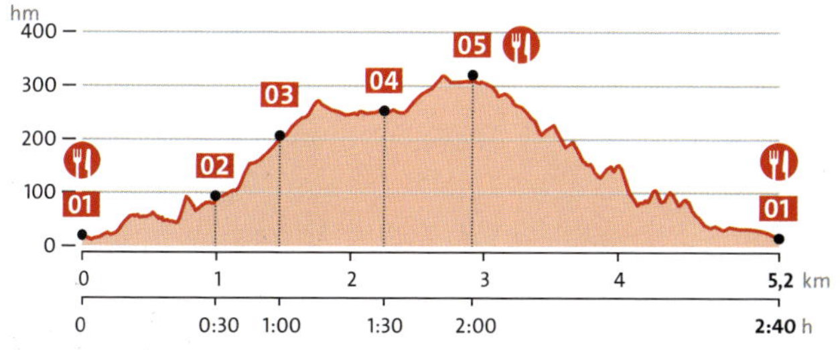

01 Amalfi, 0 m; 02 Kapelle S. Maria Carmine, 85 m; 03 Abzweigung, 185 m; 04 Kirche S. Maria Assunta, 200 m; 05 Pogerola, 326 m;

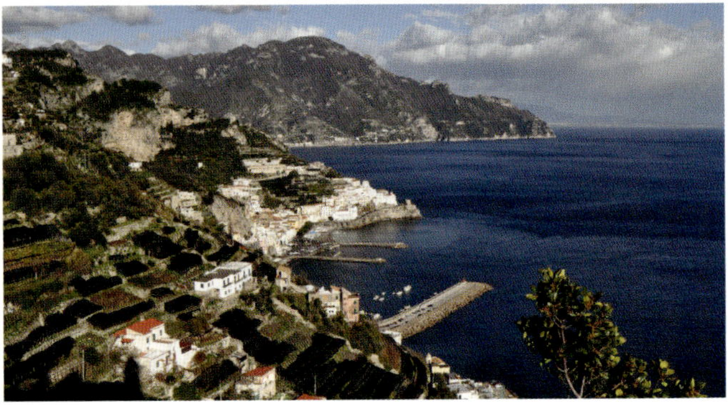

Küstenblick vom Kirchplatz

durch einen ehemaligen, heute bewaldeten Felssturzhang zum westlichen Portal mit der alten Kapelle S. Christoforo in der Grotte. Hier wieder über die Straße biegen Sie nun in den Treppenweg, der oberhalb der Straße entlangführt mit rot-weißer Markierung. Vor der **Kapelle S. Maria del Carmine** 02 mit dem sehenswerten Fresko im Durchgang biegen Sie in den Treppenweg rechts hinauf. Es folgt nun ein steiler, aussichtsreicher Anstieg durch Terrassengärten mit Orangen, Zitronen und Wein. Oben wo rechts der markierte ebene Betonweg abzweigt verlassen Sie die Markierung und gehen nach links die Treppen hinauf zu einer **Abzweigung** 03. In leichtem Auf und Ab wandern Sie nun durch Terrassengärten mit weiter Aussicht Richtung Pastena mit der markanten Kirche auf einem Vorsprung. Den Pfad begleiten bald die Schienen eines „Trenino“, einer kleinen Lastenbahn zum Abtransport der Ernte aus den Terrassengärten des Steilhanges. Den Schienen folgend gelangen Sie zur **Kirche S. Maria Assunta** 04 aus dem 14. Jahrhundert in Panoramalage. Von der Kirche hinauf zur Straße,

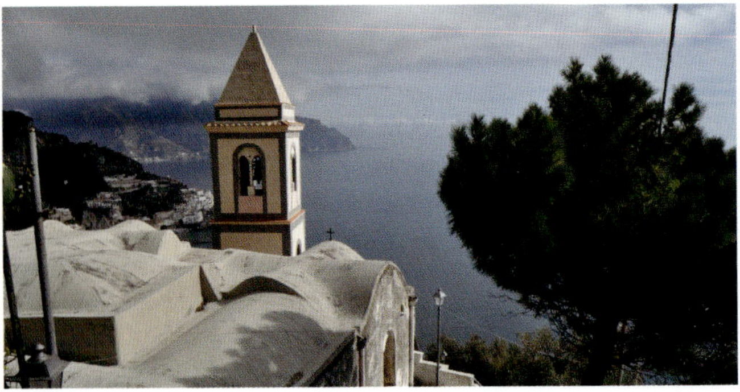

Kirche von Pastena

diese überqueren und in den Treppenweg weiter ansteigend ein letzter kräftiger Anstieg fast bis zur Felswand. Auf einem Betonweg und dann auf einem Sträßchen wandern Sie nun oberhalb der Terrassen und Häuser der Felswand entlang. Beim ehemaligen Hotel Excelsior treffen Sie auf die Straße und folgen dieser am Ende vorbei an der Busstation ins nahe **Pogerola** **05**. Hier können Sie in der Cocktail-Bar oder in einem der Restaurants bei der Piazza Don Gaetano Amodio einkehren.

Lohnend ist anschließend ein Spaziergang um den Sporn-Hügel oberhalb der Kirche. Von dem parkartigen Gelände mit einigen schattigen Rastplätzen bieten sich auch Panoramablicke nach Ravello und zu den umliegenden Monti Lattari.

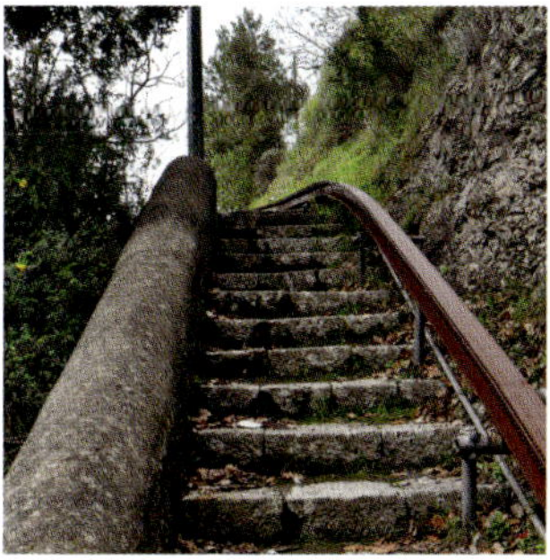

Treppenweg mit Transportschiene für „Trenino“ bei Pastena

Der Abstieg nach **Amalfi** **01** erfolgt dann in Serpentinen auf dem Treppenweg. Von der Piazza gehen Sie den Brunnen im Rücken die paar Stufen hinunter und biegen in den Weg nach rechts; Wegweiser Via Nuova per Amalfi, Hinweg von Tour 30.

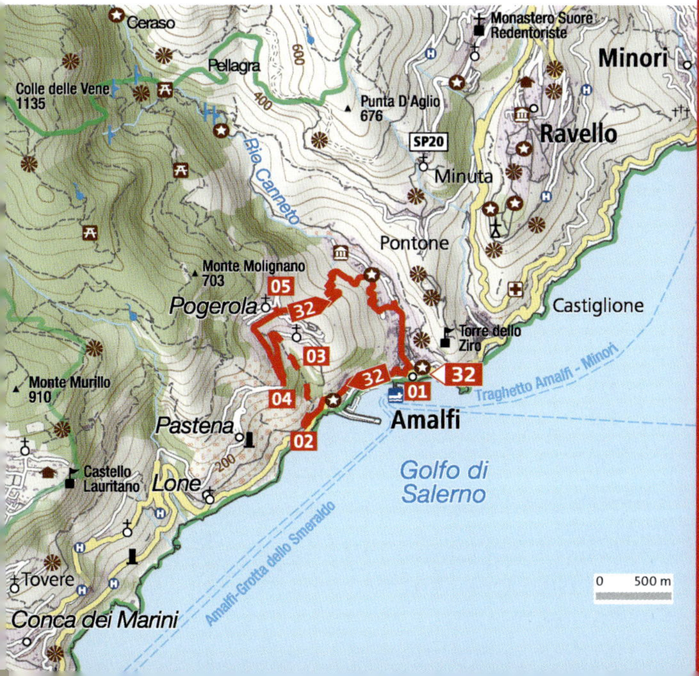

AMALFI – VALLE DEI MULINI

Zeugen vergangener Zeiten

5,8 km | 2:15 h | 268 hm | 268 hm

START | Amalfi
Anfahrt: SITA-Busse.
[GPS: UTM Zone 33 x: 466393 m y: 4498225 m]
CHARAKTER | Leichte Rundwanderung auf guten Wegen, Abstieg auf steilem Treppenweg. Halbschattig.

Das untere **Valle delle Ferriere** wird landläufig wegen der vielen Mühlen als Valle dei Mulini (Mühlental) bezeichnet. Romantiker kommen bei dieser Wanderung auf ihre Kosten. Ein enges Tal, vorne Terrassen mit Zitronen und Olivenbäumen, im hinteren Teil naturbelassen mit üppiger, vielfältiger Flora, einem rauschenden Wildbach, Ruinen alter Papiermühlen und gegen Ende prachtvolle Blicke auf das zwischen Felswänden eingekeilte Amalfi. Eine leichte, abwechslungsreiche Wanderung ins Hinterland der kleinen Hafenstadt.

▶ Die Wanderung beginnt an der Piazza Duomo von **Amalfi** **01**. Vom Domplatz gehen Sie durch die von Lokalen und Geschäften gesäumte Hauptstraße Via Lorenzo D'Amalfi (Wegweiser Valle dei Mulini) Richtung Gebirge. Nach einem knappen Kilometer gelangen Sie zum kleinen Papiermuseum **Museo della Carta** **02**, wo man sich mit der alten Technik der Papierherstellung vertraut machen kann (vgl. Info Tour 34).

Anschließend biegen Sie rechts in die Salita Grade Lunghe, nach

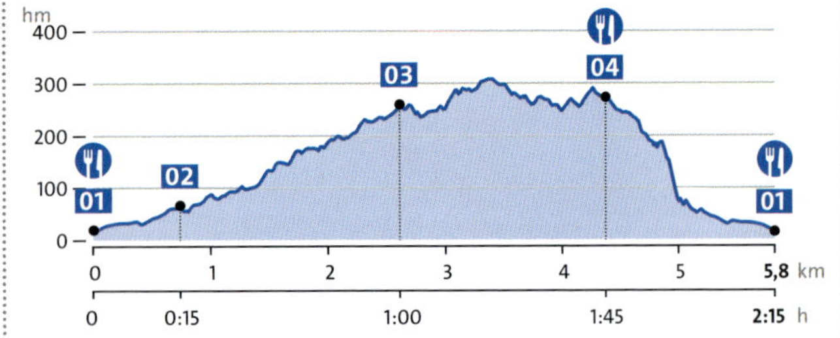

01 Amalfi, 2 m; **02** Museo della Carta, 70 m;
03 Ruderi delle Ferriere, 200 m; **04** Pontone, 270 m;

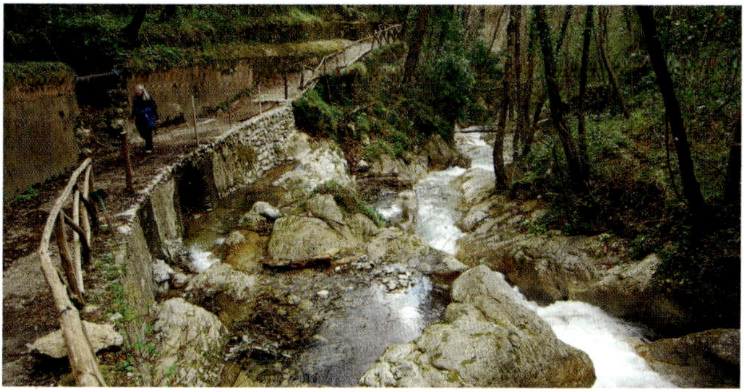

Im Mühlental

60 m beginnt links der Treppenweg (Wegweiser Valle delle Ferriere, rot-weiße Markierung Nr. 325), dem Sie nun folgen. Dieser im ersten Abschnitt gepflasterte Weg führt oberhalb von Zitronenplantagen hinein ins Valle dei Mulini. Vorbei an Ruinen ehemaliger Papiermühlen und Kraftwerken steigen Sie langsam an, beim Aquedotto Serbatoio beginnt der Naturweg, der nach einer großen Mühlenruine direkt dem Bachlauf folgt, an diesem romantischen Abschnitt gibt es einige schöne Rastplätze. Beson-

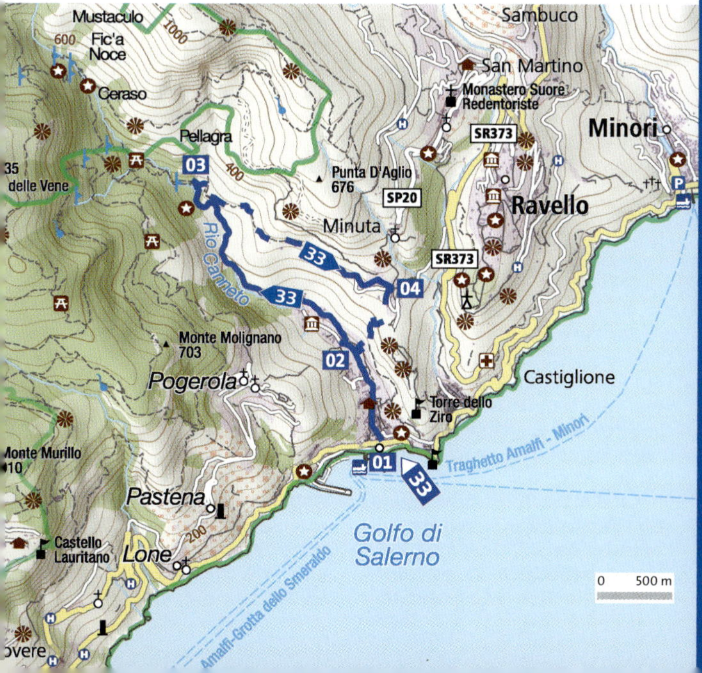

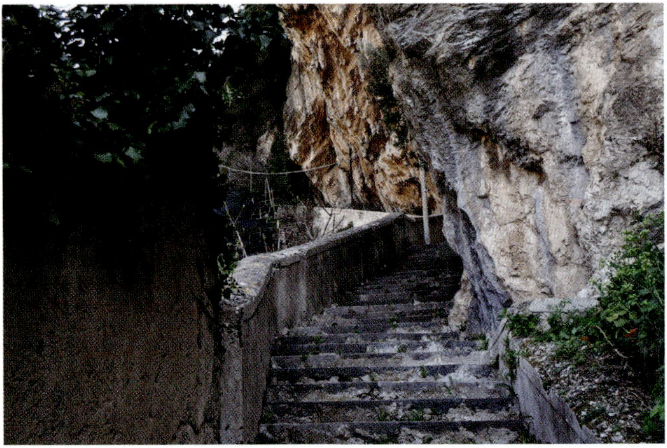

Treppenweg nach Pontone

ders stimmungsvoll ist der Platz bei der **Ruderi delle Ferriere** 03 (Ruine des alten Eisenwerkes mit Resten eines Aquädukte).

Das enge Tal zwischen den Bergen von Scala ist von den kalten Nordwinden geschützt, die feuchten Südwinde bringen hingegen regelmäßige Niederschläge. Das reichlich fließende Wasser war nicht nur für die Papiermühlen und die Eisenhütte wichtig, in dem feuchten Mikroklima entwickelte sich auch eine interessante, vielfältige Vegetation (vgl. Info Tour 31).

Bei den Ruinen zweigt rechts der **Sentiero Giustino Fortunato**, Wegweiser Richtung Pontone –Scala, ab. Der gut ausgebaute Weg, teils gepflastert, zieht sich zunächst fast eben den Hang entlang und geht dann in einen Treppenweg über, der zur Kuppe vor Pontone hinaufführt. Dort öffnet sich ein herrliches Panorama auf Pontone, Amalfi und Pogerola. Der aussichtsreiche Weg führt nun weiter den Hang entlang und geht in ein kleines Sträßchen über. Beim Wegweiser „Centro" am Ende der Mittelpflasterung biegen Sie halb links in den Weg zum Zentrum von **Pontone** 04 nach oben. In 5 Minuten gelangen Sie durch den alten Ortsteil und durch die Porta Occidentale auf die zentrale Piazza vor der Kirche. Pontone gehört heute zur Gemeinde Scala, im Mittelalter war es Teil der Seerepublik Amalfi; die alten Häuser im Zentrum erinnern noch daran. Einkehren können Sie in der Bar Blu oder im Ristorante San Giovanni.

Rückweg:
Bei der Kirche beginnt der ausgeschilderte Stufenweg in Serpentinen unterhalb von überhängenden Felsen vorbei nach **Amalfi** 01 bis hinunter (Hinweg Tour 34).

Wenn Sie mit dem Bus zurückfahren wollen, gehen Sie 15 Minuten auf der Zufahrtsstraße zur Bushaltestelle an der Abzweigung von der Straße Amalfi–Ravello (Wegweiser Ravello).

Dom von Amalfi

Hauptsehenswürdigkeit, Wahrzeichen der Stadt und Zeugnis ihrer großen Vergangenheit ist der Dom-Komplex, bestehend aus Kathedrale, Basilika, Krypta und Paradieskreuzgang. Der älteste Teil ist die heutige **Kruzifixbasilika**, die bis ins Jahr 596 zurückreicht. Sie war die ursprüngliche Domkirche, bevor im 9. Jahrhundert daneben eine neue, große **Kathedrale** gebaut wurde, die im 12. Jahrhundert im arabisch-normannischen Stil Siziliens umgestaltet wurde. Zu Beginn des 13. Jahrhunderts ließ Kardinal Pietro Capuano unter dem Altar eine **Krypta** errichten, eigens für die 1208 aus Konstantinopel überführten Gebeine des Apostels Andreas, des ersten Jüngers Jesu, der Griechenland bekehrt hatte und in Patras gekreuzigt worden war. Im 18. Jahrhundert wurde der gesamte Komplex barockisiert. Im Zuge der letzten Restaurierung Ende des 20. Jahrhunderts hat man die barocken Verkleidungen in der Kruzifixbasilika, die heute den Domschatz beherbergt, weitgehend entfernt und so die mittelalterliche Baustruktur wieder sichtbar gemacht. Die Fassade des Doms mit Atrium stammt aus dem 19. Jahrhundert, im Gegensatz zur 1066 in Konstantinopel gegossenen Bronzetür und dem 1180 bis 1276 errichteten Glockenturm mit dem arabisch anmutenden, mit Majoliken verkleideten Abschluss.

Der **Chiostro del Paradiso** wurde 1266 bis 68 als Friedhof für verdiente Bürger der Stadt angelegt. Der Arkadenrundgang besteht aus 120 schlanken Doppelsäulen mit im arabischen Stil verflochtenen Spitzbögen.

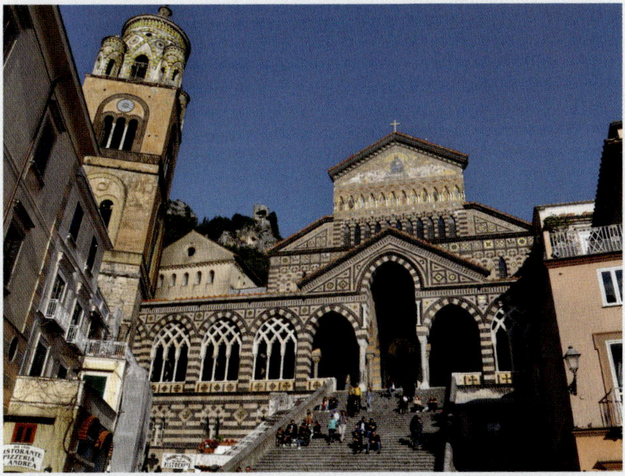

Dom mit Freitreppe

AMALFI – BELVEDERE – ATRANI

Zur mittelalterlichen Burgruine

4,8 km | 2:20 h | 416 hm ↗ | 416 hm ↘

START | Amalfi, Piazza Duomo.
Anfahrt: Busse von Sorrento, Salerno, Agerola.
[GPS: UTM Zone 33 x: 466393 m y: 4498225 m]
CHARAKTER | Aussichtsreiche Rundtour zu hervorragenden Aussichtspunkten zwischen Amalfi und Atrani. Steiler An- und Abstieg auf Treppenwegen, Wegweiser, halb schattig.

Auf dem Bergrücken zwischen Amalfi und Atrani liegen die Ruinen der mittelalterlichen Burg Scatelle mit dem markanten **Torre dello Ziro** auf einer Felsnase, der Wachturm diente auch als Aussichtsturm, um Seeangriffe frühzeitig zu erkennen. Heute genießen Sie vom **Belvedere** einen wunderbaren Blick auf Amalfi, Atrani und die gebirgige Küstenlandschaft. Der Rundweg führt auch durch die verschachtelten Gassen von Amalfi und Atrani sowie durch Terrassengärten im Dragonetal.

▶ Von der Piazza Duomo in **Amalfi** 01 gehen Sie die zentrale Via Lorenzo d'Amalfi hinauf, sie geht über in die Via Marino del Giudice. Bei der Nr. 18 biegen Sie rechts in den Treppenweg Salita dei Pastori, er führt oberhalb der Straße taleinwärts. Bei der Weggabelung mit einem Madonnenbild beginnt der eigentliche Anstieg nach Pontone (Wegweiser, rote Markierung). Durch Terrassengärten unterhalb von Felsen geht's steil hinauf bis zur Kirche San Giovanni in **Pontone** 02.

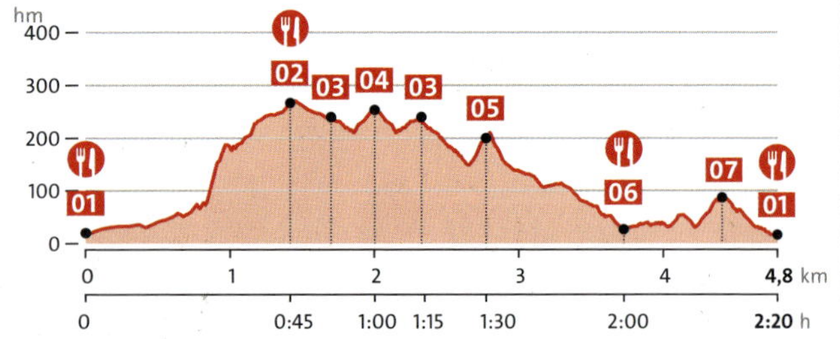

01 Amalfi, 2 m; 02 Pontone, 270 m; 03 Abzweigung, 230 m;
04 Ruinen, 298 m; 05 Brücke, 180 m; 06 Atrani, 2 m; 07 Friedhof, 90 m;

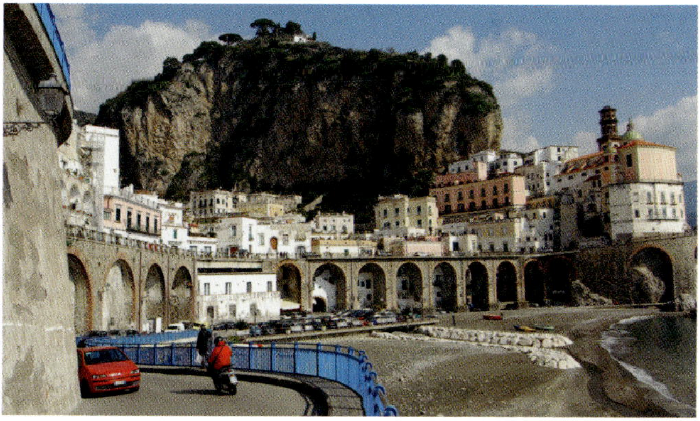

Atrani

Von der Piazzatta genießen Sie eine schöne Aussicht, weiter oberhalb thront die große Ruine der Kirche S. Eustachio auf einer Terrasse.

Der Weiterweg führt durch den Kirchturm, dann rechts (Wegweiser Torre dello Ziro) zur Zufahrtsstraße. Schräg gegenüber geht's weiter in den Treppenweg abwärts, durch einen zweiten Kirchturm hindurch, nach einem Durchhaus kommen Sie zur **Abzweigung Atrani 03**.

Nun machen Sie den Abstecher zur Burgruine und zum Belvedere. Der Weg führt zur Felswand, auf dem Treppenweg hinauf und

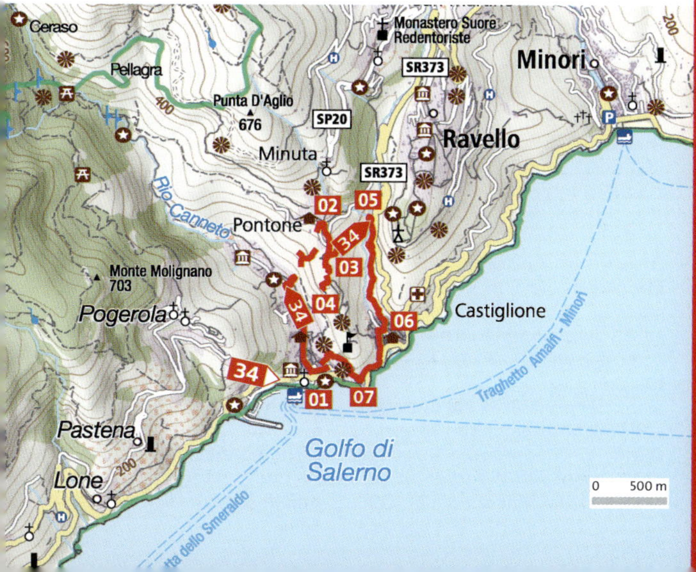

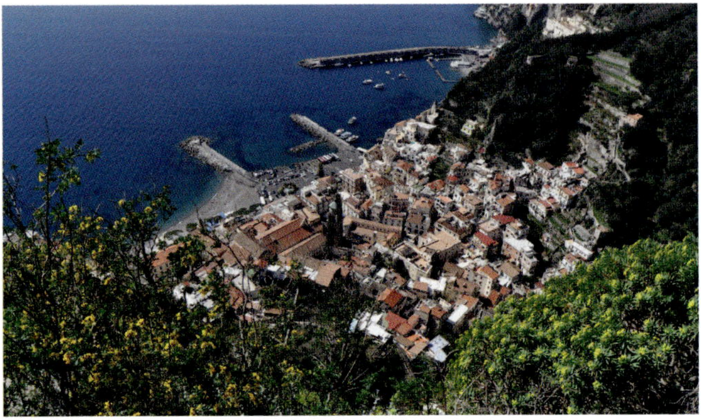

Blick vom Belvedere auf Amalfi

in leichtem Auf und Ab über den parkartigen Höhenrücken. Bei einer Weggabelung rechts den Treppenweg aufwärts zum Plateau, auf dem Pfad geradeaus gehen Sie anschließend zum Belvedere. Bei einer Runde durch das bewaldete Plateau mit den **Ruinen** 04 der Burg Scatelle genießen Sie die Aussicht in alle Richtungen. Den spektakulären Tiefblick auf Amalfi, Atrani und den Torre dello Ziro bietet das Belvedere etwas unterhalb. Der Abstecher zum Torre dello Ziro ist nur für geübte Wanderer empfehlenswert, der Weg ist etwas ausgesetzt, erfordert Trittsicherheit und ist bei Regen steinschlaggefährdet.

Zurück zur **Abzweigung Atrani** 03 biegen Sie nun in den Treppenweg rechts hinunter, steil geht's zwischen Mauern von Terrassengärten hinab ins Dragonetal. Den Bach überqueren Sie auf einer kleinen **Brücke** 05 und steigen kurz an zum breiten Weg, der später als Treppenweg hinunter nach Atrani führt. Vorbei an der Chiesa della Madonna del Carmine bei den Felsen gelangen Sie hinunter zur stimmungsvollen Piazza Umberto I., dem Zentrum von **Atrani** 06 mit mehreren Einkehrmöglichkeiten, zum Beispiel im A Paranza in der Traversa Dragone 1. Das einfache, bei Einheimischen beliebte Lokal liegt in den Gewölben einer ehemaligen Schlachterei und ist bekannt für seine Fischgerichte, der frische Fisch wird täglich von hauseigenen Booten angeliefert.

Von der Nordwest-Ecke der Piazza weisen Sie die Wegweiser nach Amalfi mit roten Punkten an den Treppenstirnseiten. Nach dem Gassengewirr von Atrani führt der Weg oberhalb der Küstenstraße entlang mit schönen Blicken zurück auf Atrani. Bei der Salita Capo di Croce rechts hinauf (geradeaus geht der direkte Weg weiter nach Amalfi), nach der Treppe wieder rechts Salita S. Lorenzo del Piano zum großen **Friedhof** 07 mit einem abschließenden herrlichen Blick auf Amalfi. Durch die abwärtsführenden Gassen gelangen Sie direkt zur Piazza Duomo nach **Amalfi** 01 zurück.

Amalfi

Die kleine Stadt, die der gesamten Küste ihren Namen gegeben hat, blickt auf eine große Vergangenheit zurück. Die Ursprünge der heute rund 5.500 Einwohner zählenden Kleinstadt reichen bis in die römische Kaiserzeit zurück. Im 9. Jahrhundert erlangte Amalfi seine Unabhängigkeit und entwickelte sich rasch zu einer der bedeutendsten Seerepubliken Italiens neben Genua, Pisa und Venedig. Flavio Gioia – um seine Herkunft streiten Amalfitaner und Positaner – erfand den Kompass, die Amalfitaner kontrollierten den Seehandel im Mittelmeer, sie hatten Handelsniederlassungen an allen wichtigen Häfen und verfügten über eigene Münzen, den Turi. Das von ihnen entwickelte Seerecht, die Tabula Amalfitana, hatte bis ins 17. Jahrhundert hinein im gesamten Mittelmeerraum seine Gültigkeit. Die Glanzzeit Amalfis dauerte rund 300 Jahre, nach Angriffen der Normannen und der Pisaner geriet die Stadt im 12. Jahrhundert in die Abhängigkeit von Pisa und schließlich ab 1582 von Neapel. Die einstige stolze Seerepublik schrumpfte zur Kleinstadt, wichtigster Wirtschaftsfaktor war nun die Papierherstellung.

Die Technik der Papierherstellung hatten die Amafitaner durch ihre weiträumigen Handelsverbindungen bereits im 12. Jahrhundert bei den Arabern kennengelernt, ab dem 13. Jahrhundert nutzten sie die Energie des Wildbaches Canneto im Valle dei Mulini und errichteten eine ganze Kette von Papiermühlen in dem engen Tal. Berühmt wurde Amalfi für sein **Büttenpapier**: Dabei werden Lumpen zerrissen und von mit Wasserkraft angetriebenen Hämmern zu einem Brei zerstampft, die Masse wird in Rührbütten, daher der Name, geschüttelt, dann dünn auf ein Sieb aufgetragen, getrocknet und abschließend zur Haltbarmachung mit Tierleim bestrichen, wieder getrocknet und geglättet. Jahrhundertelang bildete die Papierherstellung das wirtschaftliche Rückgrat von Amalfi, ab der Mitte des 19. Jahrhunderts kam es zu einem Niedergang, das Tal war für moderne industrielle Techniken zu eng, heute produziert nur mehr eine Papiermühle das erlesene Büttenpapier.

Bekannt geworden durch Reiseberichte prominenter Schriftsteller wie Stendhal, Maxim Gorki, Walter Benjamin oder Hendrik Ibsen wurde Amalfi im 20. Jahrhundert zum Inbegriff süditalienischer Romantik und ist heute einer der bekanntesten Fremdenverkehrsorte Italiens.

Drei Museen sind der Geschichte der Stadt gewidmet:
– Im **Museo Civico** im Rathaus ist die berühmte Tabula Amalfitana zu sehen.
– Am Corso Roma wird in der alten Schiffswerft Arsenale im **Museo della Bussola** die Seefahrt der Vergangenheit wieder lebendig.
– Das **Papiermuseum** zeigt Techniken der alten Papierherstellung; hier oder bei Cartier Amatruda, Via Cartiere, kann man das edle Büttenpapier auch kaufen.

ATRANI – RAVELLO

Perlen an der Amalfitanischen Küste

5 km 2:00 h 368 hm 122 hm

START | Atrani
Anfahrt: wie Amalfi.
[GPS: UTM Zone 33 x: 466956 m y: 4498434 m]
CHARAKTER | Streckenwanderung auf gut ausgebauten Wegen, Anstiege teils auf Treppenwegen, kaum Schatten, einzelne Wegweiser.

Bei dieser Wanderung lernen Sie die Kulturlandschaft der Steilküste kennen. Auf terrassierten Hängen, mühsam der Natur abgerungenen Flächen, wird intensiver Anbau betrieben: Zitronen, Orangen, Oliven, Gemüse; die Produkte des Landes ergänzen das Angebot aus dem Meer. Häuser, in Berggrotten gebaut, nutzen jeden Quadratmeter Boden. Am Ende ein kultureller Höhepunkt: **Ravello** in aussichtsreicher Lage über der Küste.

▶ Von der zentralen Piazza Umberto I. in **Atrani** 01 gehen Sie Richtung Kirche (Osten) in die linke Treppengasse, sie mündet in einen breiten Treppenweg, von dem nach wenigen Stufen links eine schmale Treppengasse abzweigt, die zur Kirche **S. Maria Maddalena** hinaufführt. Dort nehmen Sie den linken Treppenweg, die Via San Nicola, dann gleich in die Via Pastino nach rechts bis zum Treppenweg Via Atrani, der nun entlang der Felswand steil nach oben führt. Bei der Nr. 9 gehen Sie links hinauf und biegen dann in den rechts abzweigenden Weg, er bringt Sie über Terrassen hinauf zur Straße.

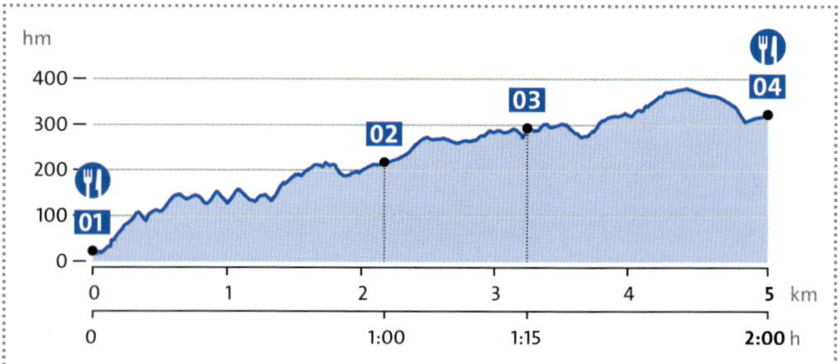

01 Atrani, 2 m; 02 Torello, 227 m; 03 S. Cosma, 300 m; 04 Ravello, 370 m;

Dort kurz nach rechts, in der Kurve zweigt links der Treppenweg ab (Wegweiser Ravello, Marmorata). Sie wandern nun durch Terrassen mit Oliven und Zitronen immer in leichtem Auf und Ab am Hang entlang bis zu einem Sträßchen, gleich danach biegen Sie links in den Treppenweg nach oben und gehen nach dem Knick immer geradeaus weiter auf der Via Vallone bis zur Kirche San Michele Arcangelo in **Torello** **02**.

Dort gehen Sie links auf dem alten Hauptweg durch den Weiler, überqueren die Straße und biegen nach links in den leicht ansteigenden Treppenweg zur Kirche **San Pietro alla Costa**.
Sie durchqueren die Vorhalle (rechts führt Tour 36 weiter) und wandern geradeaus auf der Via Loggetta unterhalb der Straße und dann kurz auf dieser hinüber zur nächsten Kirche, der **San Cosma** **03**.

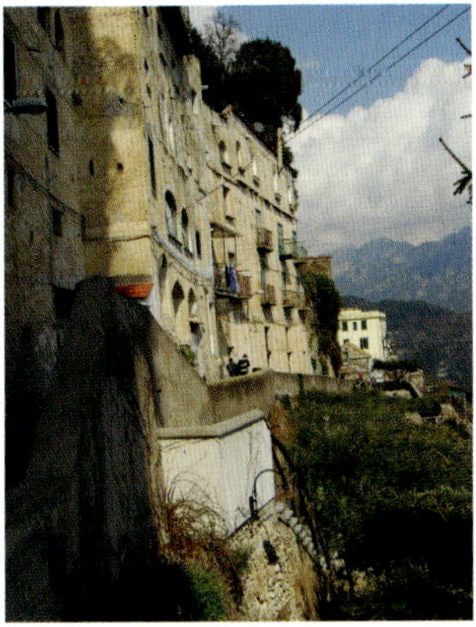

An die Felswand gebaute Häuser

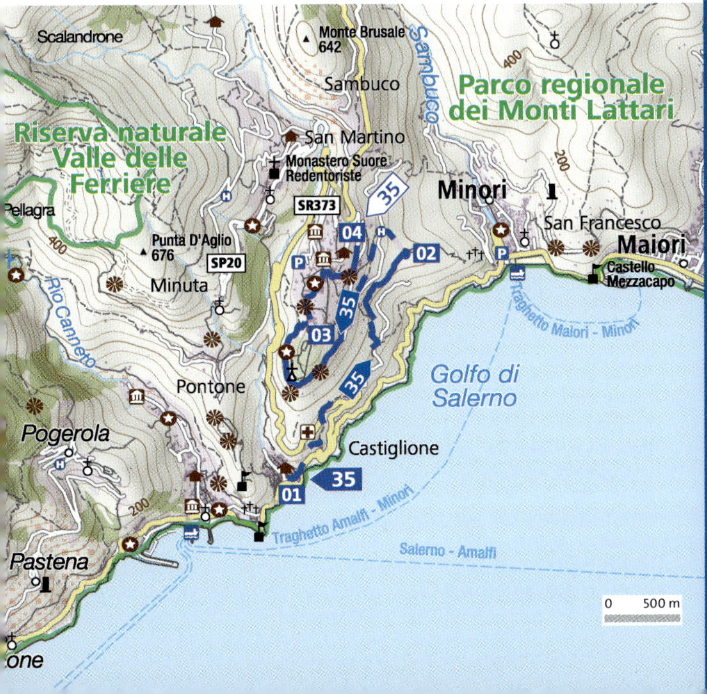

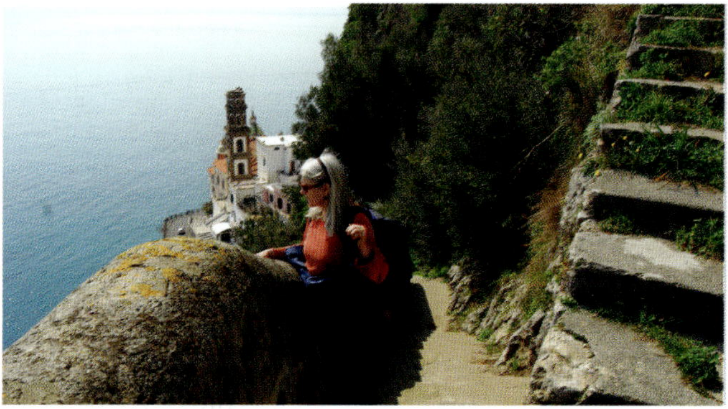

Treppenweg bei Atrani

Der Weg führt nun vorbei an Häusern die in den Berg hineingebaut wurden. Zwischen Oliven- und Zitronenhainen um den Sporn herum gelangen Sie schließlich zu einem Treppenweg, auf dem Sie rechts steil nach oben zur Villa Cimbrone in **Ravello** 04 ansteigen. Nach dem Besuch des Parks mit der berühmten Aussichtsterrasse spazieren Sie den Treppenweg weiter bis ins Zentrum zur Piazza Duomo mit Dom, der Villa Rufolo und mehreren netten Einkehrmöglichkeiten. Einen herrlichen Ausblick bietet auch die Aussichtsterrasse des Hotel/Restaurants Villa Amore, Via dei Fusco 5, unterhalb der Villa Rufolo. Info Ravello siehe Tour 36.

Atrani

Die mit 0,20 km² zweitkleinste Gemeinde Italiens liegt in einem kleinen Talboden zwischen steil aufragenden Felsen am Ausgang des Valle del Dragone. Hier wohnten einst die reichen Bürger der Seerepublik Amalfi. Im Mittelalter wurden in der Kirche San Salvatore de'Bireto, direkt an der Piazza Umberto I., die Dogen von Amalfi gekrönt berretto = Hut (der Dogen).

Immer enger wurden auch sonst die Verbindungen. Musste man früher ins Boot steigen oder den Treppenweg überwinden, geht's heute einfacher. Am schnellsten durch den Fußgängertunnel oder man spaziert 10 Minuten der Straße entlang bis unmittelbar vor den ostseitigen Tunneleingang, dann durch den stimmungsvollen Gastgarten des Restaurants Da Zaccaria, auf einer Küstenklippe genau an der Grenze zwischen den beiden Städtchen gelegen, hinunter zum Hafen von Atrani. Die Straße hat auch das Gesicht des kleinen Hafens verändert. Der Viadukt schiebt sich wie eine schützende Barriere zwischen Meer und Ort, die kleine Piazza Umberto I. betritt man durch die Bögen wie ein Wohnzimmer.

MINORI – RAVELLO

Reiz der alten Pracht

2,5 km 1:30 h 377 hm 1 hm

START | Minori, Piazza Umberto I.
Anfahrt: Busse von Amalfi.
[GPS: UTM Zone 33 x: 468392 m y: 4499914 m]
CHARAKTER | Aussichtsreiche Wanderung überwiegend auf Treppenwegen vom kleinen Fischerhafen Minori in das geschichtsträchtige Ravello auf einem Höhenrücken oberhalb der Küste, kaum Schatten, einzelne Wegweiser.

Seit dem Mittelalter ziehen die Gärten der Villa Rufolo in **Ravello** die Besucher in ihren Bann. Boccaccio hat ihnen in seinen Novellen Decamerone ein Denkmal gesetzt, Richard Wagner ließ sich zu Klingsors Zaubergarten inspirieren. Auch die vielen alten Kirchen, Villen und Terrassen mit Zitronengärten künden von der einstigen Blüte der Region. Herrliche Aussichten auf die Amalfitana zeigen das harmonische Miteinander von Mensch und Natur.

▶ Sie starten die Wanderung in der Piazza Umberto I. am westlichen Ende der Küstenpromenade von **Minori** 01. Auf der schmalen Altstadtgasse Via Capo di Piazza gehen Sie vorbei an den Ausgrabungen der Villa Romana und nach der Überquerung der Via Gerardo Amato geradeaus weiter durch die Via Santa Lucia. Nach der Kirche S. Lucia biegen Sie vor dem Durchhaus nach links in den Treppenweg, er führt über den Bach und dann hinauf zur Straße.

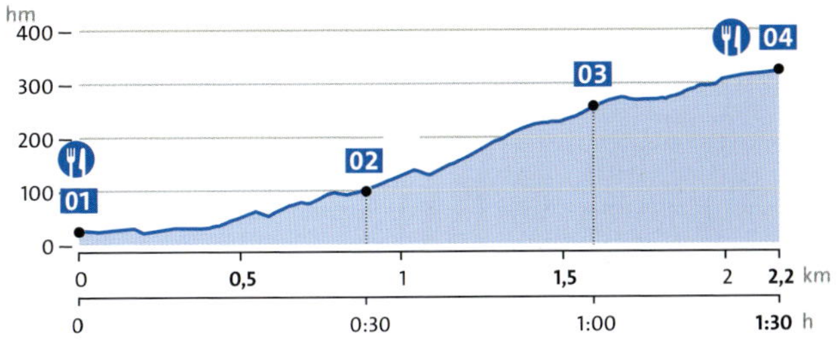

01 Minori, 1 m; 02 S. Gennaro , 100 m; 03 Torello, 227 m;
04 Ravello, 370 m;

Auf der anderen Seite der Straße beginnt der Treppenweg zur Chiesa **San Gennaro** 02 (Wegweiser). Am schönen Platz vor der alten Kirche aus dem 8. Jahrhundert laden Bänke zur Rast, hier befindet sich auch eine Wasserstelle.

Der Treppenweg führt links weiter (Wegweiser Ravello), und zwischen hohen alten Mauern der Wein- und Zitronengärten steil nach oben. Sie passieren die Kapelle Santa Croce und gelangen zum Hauptweg in **Torello** 03.

Dort geht's rechts weiter, Sie überqueren eine Stichstraße und biegen nach links in den leicht ansteigenden Treppenweg zur Kirche **San Pietro alla Costa**. In der Vorhalle der alten Kirche mit frühmittelalterlichen Kapitellen zweigen Sie rechts in die Via San Pietro a Costa ab (geradeaus Tour 35). Der Treppenweg quert die

Ravello

Das Städtchen in wunderbarer Lage auf einer vorgeschobenen Terrasse zwischen dem Dragone- und dem Reginnatal geht auf eine römische Gründung zurück. Im Mittelalter gehörte es zur Seerepublik Amalfi und erlebte seine Blütezeit vom 10. bis zum 13. Jahrhundert, Bischofssitz war es von 1086 bis 1818. Eine der Hauptsehenswürdigkeiten ist der **Dom** aus dem 11. Jahrhundert mit den berühmten Bronzetoren, Reliefs und Mosaiken, z.B. wie Jonas vom Wal verschlungen wird. Neben dem Dom liegt die **Villa Rufolo** aus dem 13. Jahrhundert in arabisch-sizilianischem Stil, deren prachtvolle Gartenanlage Richard Wagner zu Klingsors Zaubergarten im Parsifal inspirierte. Vorbei an gepflegten Häusern und der Kirche San Francesco (Atrium aus dem 14. Jahrhundert) gelangt man in 20 Minuten zur Villa Cimbrone mit Park und **Belvedere Cimbrone**. Von dieser „Terrasse des Unendlichen" bietet sich eine prachtvolle Aussicht auf die Amalfitana.

Ravellos wichtigste Veranstaltung ist das Musikfestival mit starkem Wagner-Bezug, seit 2010 hat es mit dem Oscar-Niemeyer-Auditorium neben den traditionellen Spielstätten auch einen gelungenen modernen Konzertsaal.

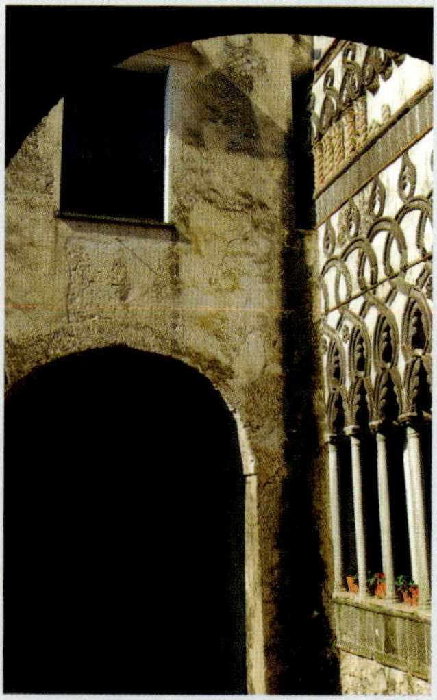

Villa Rufolo – Kreuzgang

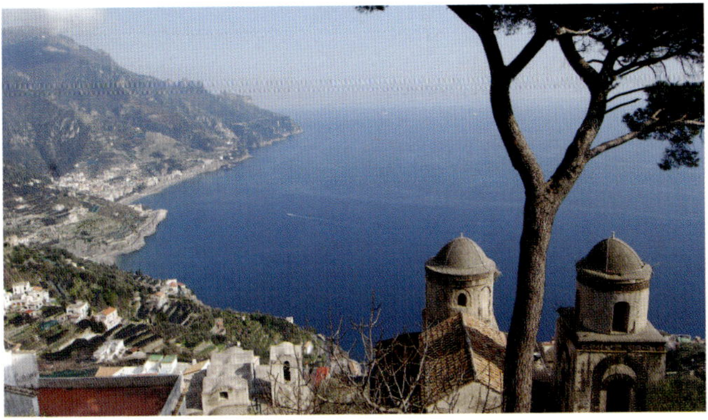

S.S. Annunziata in Panoramalage

Straße, jenseits beginnt die Via dell'Annunziata. Auf diesem Treppenweg wandern Sie vorbei an den alten Kirchen S. Maria della Grazie (12. Jh.) und SS. Annunziata (13. Jh.) mit den zwei charakteristischen Rundtürmen unterhalb einer großen Pinie, einem Wahrzeichen der Amalfiküste, direkt hinauf zur Villa Rufolo und der Piazza Duomo im Zentrum von **Ravello** 04.

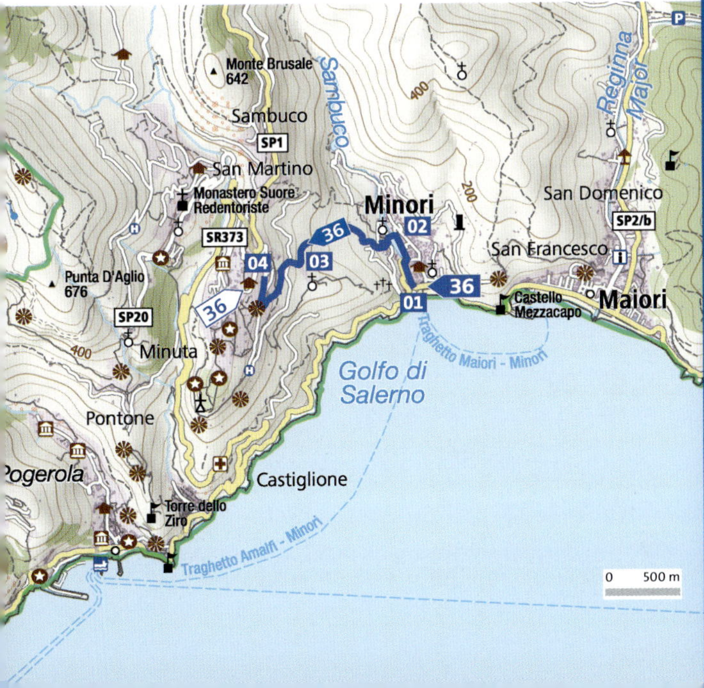

MAIORI – SAN NICOLA

Zur verlassenen Klosterkirche und durch das Sambucatal

9,2 km 4:20 h 486 hm 486 hm

START | Maiori
Anfahrt: SITA-Busse von Amalfi, Salerno.
[GPS: UTM Zone 33 x: 469631 m y: 4499755 m]
CHARAKTER | Wanderung ins küstennahe Hinterland mit schöner Aussicht. An- und Abstieg auf Treppenwegen, keine durchgehende Markierung, keine Einkehr, halb schattig.

Das ehemalige Kloster **San Nicola** wurde 1486 auf dem Bergrücken zwischen dem Tramonti- und dem Sambucotal errichtet, aufgrund seiner Panoramalage diente es auch als Wachposten gegen Piratenüberfälle. Im unteren Sambucatal arbeiteten früher, ähnlich wie bei Amalfi, große Papiermühlen, mächtige Ruinen erinnern noch heute daran.

▶ Die Wanderung beginnt bei der Marienstatue am Lungomare von **Maiori** 01 (Busstation). Sie gehen durch die Fußgängerzone Corso Reginna und biegen nach 150 m links in den Treppenweg zur Kirche S. Maria a Mare hinauf. Weiter auf dem Treppenweg Via Vena mit schönem Blick auf Ravello fast auf der Höhe **zweigen** 02 Sie dann **rechts** in den Treppenweg mit Holzgeländer nach S. Nicola ab.

Durch Terrassen geht's aufwärts, Sie bleiben auf dem Hauptweg, eine rechts abzweigende Treppe ignorieren und danach halb rechts durch die Einkerbung und am Rande von Zitronengärten

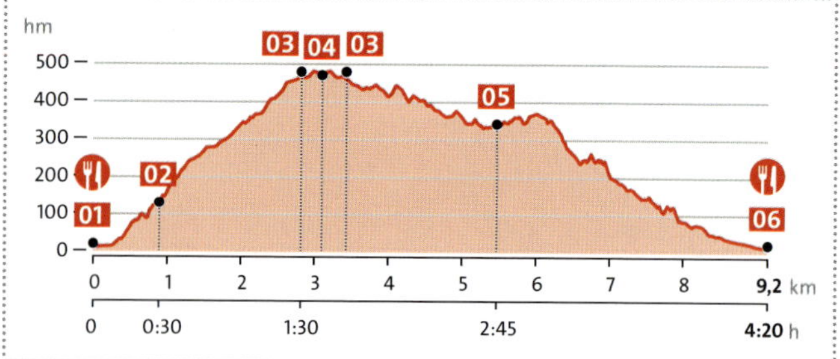

01 Maiori, 0 m; 02 Abzweigung, 140 m; 03 Sattel, 460 m; 04 S. Nicola, 486 m; 05 Sattel, 460 m; 06 Sambuco, 324 m; 07 Minori, 0 m;

mit Olivenbäumen entlang. Der Weg tangiert rechts einen Pfad mit Holzbohlen, auf diesem weiter, von links stößt später der Treppenweg von Minori herauf dazu. An der Kante oben ist bereits S, Nicola sichtbar. Durch Niederwald geht's kurz fast eben weiter, bevor der letzte Anstieg durch den Kiefernwald beginnt. Bei der Wegverzweigung auf einem kleinen **Sattel** 03 machen Sie rechts den kurzen Abstecher nach **S. Nicola** 04 (Wegweiser).

In 5 Minuten auf fast ebenem Weg sind Sie bei der ehemaligen Abtei in Panoramalage gegenüber Ravello, auf der anderen Seite hoch über dem Tramontital das Santuario Madonna dell'Avvocata.

Zurück zum **Sattel** 03 folgen Sie dem Wegweiser Sambuco nach rechts. Ein angenehmer Weg führt durch die felsige Landschaft am Hang des Sambucotales entlang und bei einer Weggabelung vor einer Ruine halb links. Sie bleiben auf dem Hauptweg, queren zwei Taleinschnitte und gelangen zu einer kleinen Brücke über den Sambuco. Über Stufen geht's dann hinauf zur Straße und auf dieser links durch den kleinen gleichnamigen Ort Sambuco 05.

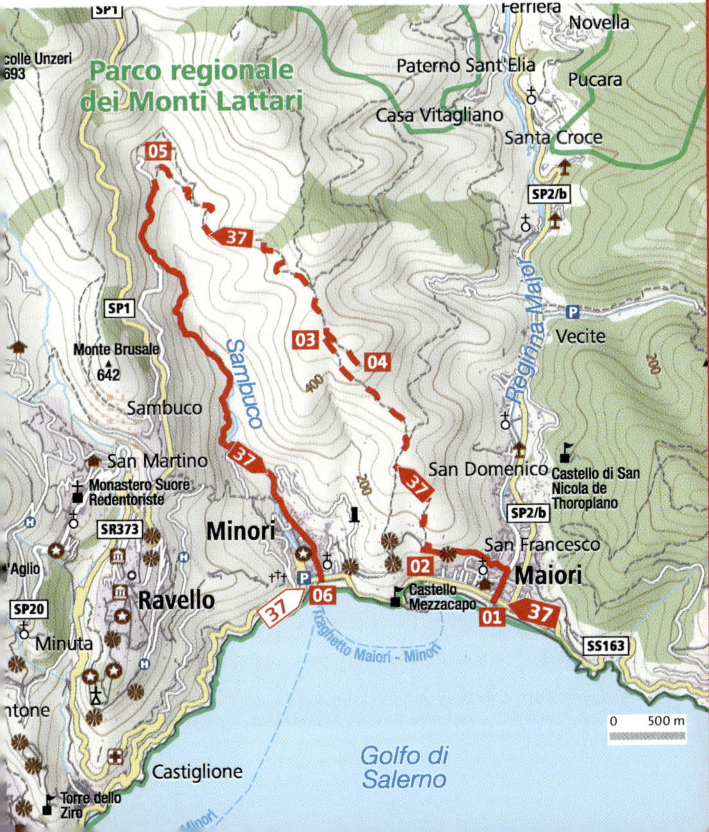

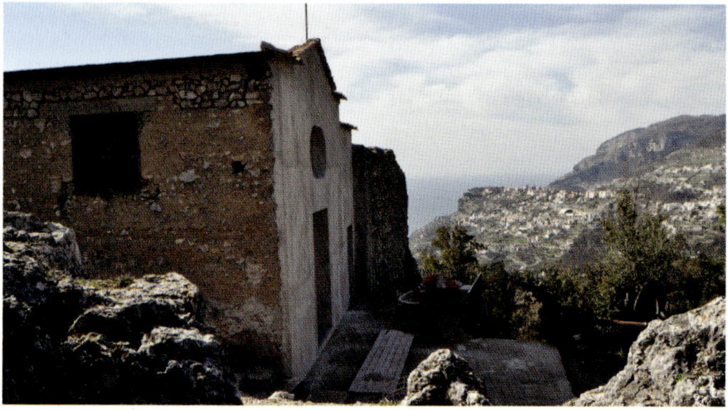

San Nicola

Die kaum befahrene Straße führt nach Ravello, der Abstieg durch das Sambucotal nach Minori beginnt nach der Busstation bei einem großen, gelben Haus; hier biegen Sie links in den Betonweg hinunter. Er geht über in einen Treppenweg, vorbei an einigen Häusern und führt bald nach dem letzten Bauernhaus als Pfad weiter. Nach einigen alten Kastanienbäumen gelangen Sie wieder auf einen alten Treppenweg und auf diesem zum Talboden. Vorbei an imposanten Ruinen alter Papiermühlen wandern Sie talauswärts, bei der Straße links und dann zuerst rechts und später links dem nun kanalisierten Bach entlang nach Minori hinein. Durch die schmale Via S. Lucia, die Straße überqueren und geradeaus weiter zur Via Capo di Piazza kommen Sie direkt zur Piazza Umberto I., dem Zentrum von **Minori** 06 am Lungomare (Busstation, mehrere Einkehrmöglichkeiten).

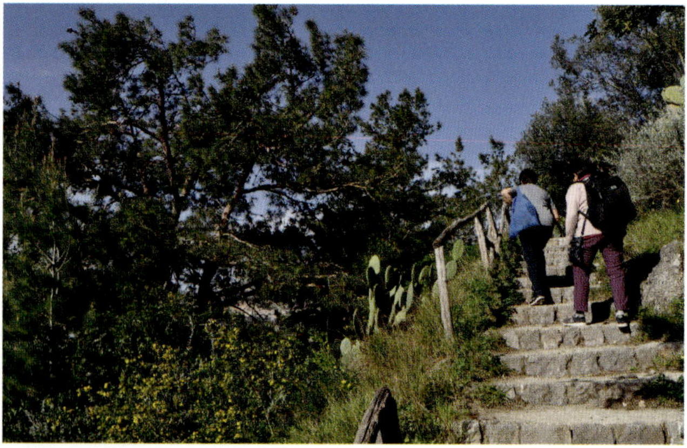

Auf dem Weg nach S. Nicola

TRAMONTITAL: UNTERER RUNDWEG

Auf dem „Weg der 13 Kirchen“

8,3 km | 3:00 h | 260 hm | 260 hm

START | Pucara, Bushaltestelle an der Hauptstraße.
Anfahrt: Busse von Maiori Richtung Chiunzi, Abfahrt von der Hauptstraße bei der Abzweigung ins Tramontital.
[GPS: UTM Zone 33 x: 469968 m y: 4502894 m]
CHARAKTER | Lohnenswerte Rundwanderung im unteren Teil des landwirtschaftlich intensiv genutzten Tramontitals. Naturwege, Ortsstraßen, am Ende steiler Treppenweg hinunter. Halbschattig, rot-weiße Markierung.

Das **Tramontital** zieht sich rund 12 km von Maiori bis zum Chiunzipass hinauf. Es ist weniger schroff, klimatisch begünstigt, seit jeher landwirtschaftlich intensiv genutzt und von vielen alten Dörfern, heute Ortsteile der Großgemeinde Tramonti, besiedelt, das Gemeindezentrum ist Polvica. Viele Ortsteile haben ihre eigene Kirche, Wegmarken in meist schöner Lage, insgesamt sind es 13. Der CAI hat den „Weg der 13 Kirchen“ als Verbindungsweg Nr. 310 ausgeschildert, der hier beschriebene untere Teil führt als Rundweg an sieben von ihnen vorbei. Die meisten sind barockisiert und nur zu Gottesdienstzeiten geöffnet.

▶ Die Rundtour beginnt an der Bushaltestelle von **Pucara** 01 4 km nach Maiori (Bar, Ristorante).

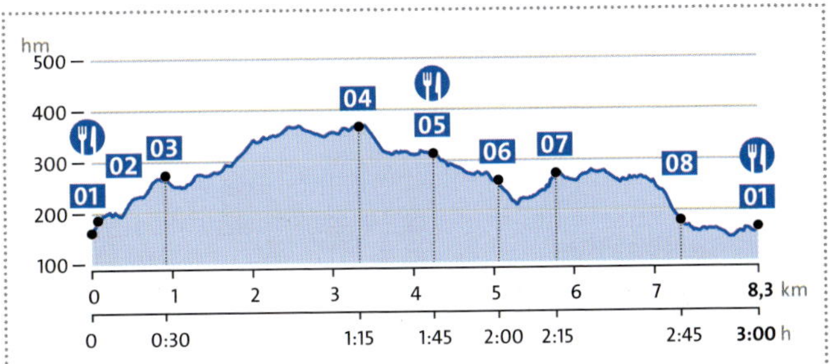

01 Pucara, 160 m; 02 San Erasmo, 190 m; 03 Novella, 250 m; 04 Ponte, 360 m; 05 Polvica, 300 m; 06 Reginna Maior, 220 m; 07 Chiesa dell`Ascensione, 260 m; 08 S. Elia , 220 m;

Sie gehen die schmale Via Carlo Piscane rechts bergwärts, rote Markierung. Das Sträßchen führt durch Terrassen hinauf Richtung Pucara und schwenkt nach links zur sichtbaren **Chiesa S. Erasmo** 02.

Anschließend geht's durch einen Hohlweg steil hinauf und dann flacher mit freiem Blick einer Terrasse entlang. Sie treffen auf einen Fahrweg und gehen um einen Seitentaleinschnitt herum zum Ortsteil **Novella** 03 mit der barocken **Chiesa S. Bartolomeo Apostolo** mit schönem Kirchplatz.

Hinter der Piazza Pio biegen Sie in der Kurve halb rechts in den stufigen Weg und wandern wieder durch Terrassengärten mit Oliven, Zitronen und Orangen bis **Pendolo**. Hier rechts und an der Kirchenruine vorbei gehts dann hinauf nach **Bolviso** und weiter zur barocken **Chiesa San Michele**. Diese wurde 1743 erbaut, nachdem ein Wildwasser die nahe gelegene alte Kirche, heute **Cappella Rupestre**, zerstört hatte.

Der Weg führt über den Kirchplatz und links weiter durch Gete,kurz auf einer Nebenstraße und dann halb rechts nach **Ponte** 04 zur **Chiesa di San Felice** in schöner Lage. Hier überblicken Sie das mittlere Tramontital bei Polvica mit dem Convento San Francesco. Oben auf dem Sporn ist der zentrale Friedhof der Großgemeinde.

Der Weg führt anschließend zur Hauptstraße, Sie queren diese und biegen nach links und nach wenigen Metern rechts in den Treppenweg mit Holzgeländer hinunter. Auf einem schönen Pfad steigen Sie ab bis zum Talgrund des Vallone di Campinola, die Rechtsabzweigung des Weges Nr. 310 ignorieren Sie. Der ebenfalls rotweiß markierte Verbindungsweg nach Polvica führt im Talgrund über eine kleine Brücke und danach über das trockene Bachbett des oberen Reginna Maior. Auf angenehmem Weg steigen Sie anschließend wieder nach **Polvica** 05 auf. Gleich am Ortseingang liegt rechts der **Convento San Francesco**, 20 m danach biegen Sie links in den Treppenweg hinunter. Er führt zu einer Nebenstraße, rechts liegt neben dem Municipio die Bar Treviso, im Ort lädt die Trattoria S. Francisco zur Einkehr.

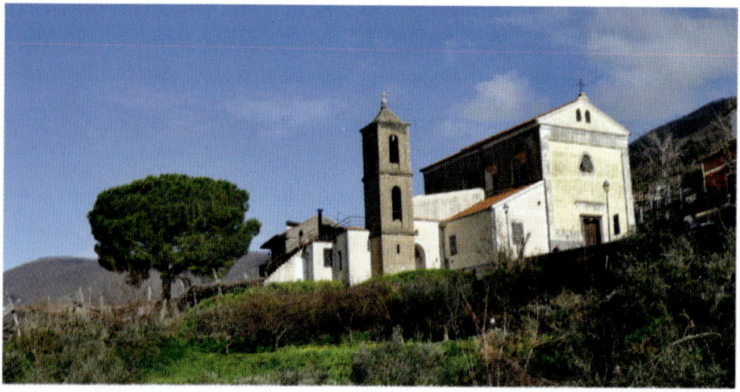

Ponte – Chiesa di San Felice

Sie gehen kurz auf der Straße abwärts, nach der Kreuzung schneidet ein Treppenweg rechts eine Serpentine ab. Danach kurz auf der Straße weiter, über eine Brücke und vor den Häusern rechts die Stufen mit Holzgeländer hinunter. Wieder steigen Sie auf schönem Pfad in die bewaldete Talschlucht ab, überqueren bei einer Wasserfassung des **Reginna Maior** 06 das trockene Bachbett und wandern auf betoniertem Weg nun hinauf zur romanischen **Chiesa dell'Ascensione** 07.

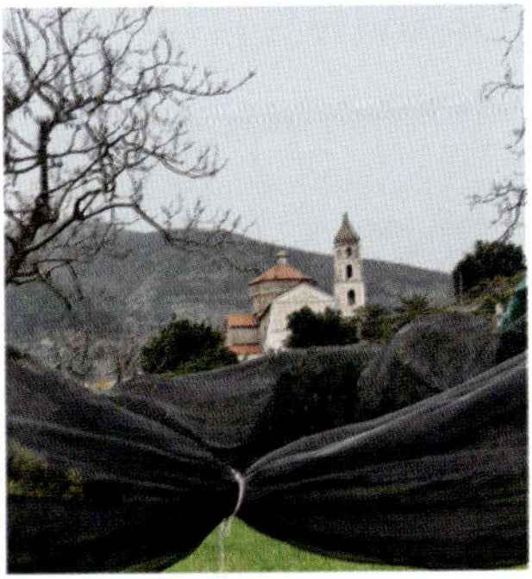

Pucara – San Erasmo

An der Kirche vorbei gelangen Sie hinauf zur Straße und folgen dieser nach links, wieder auf den Weg Nr. 310. Nach dem Ortsteil **Paterno** geht das Sträßchen in einen Betonweg mit einigen Stufen über und quert bei einer Quelle mit romantischem Rastplatz das Vallone Vena della Madonna. Kurz ansteigend und dann wieder abfallend bei der Weggabelung auf dem linken Weg gelangen Sie zur **Chiesa S. Elia** 08 in Aussichtslage über dem Talgrund. Vom Kirchplatz steigen Sie nun auf einem langen Treppenweg ab bis **Ferriera** am Talboden ab und gehen auf der Zufahrtsstraße talauswärts zur Bushaltestelle **Pucara** 01 zurück.

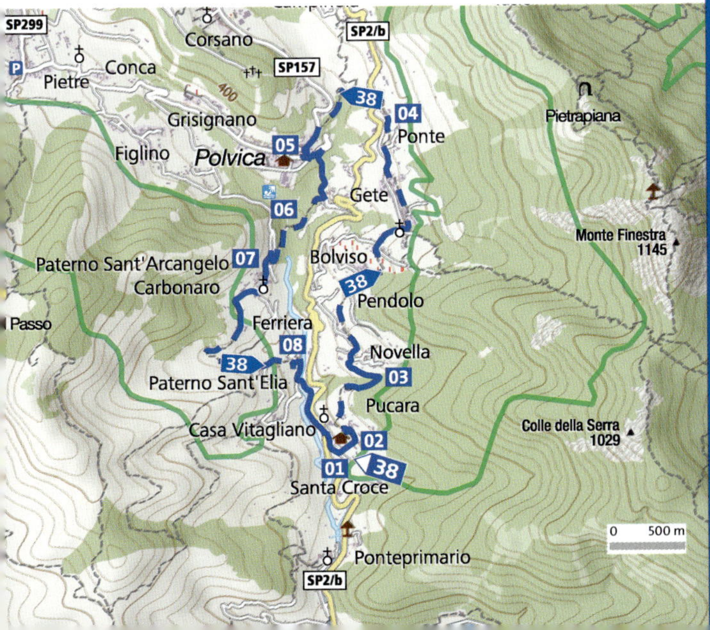

TRAMONTITAL: OBERER RUNDWEG

Chiunzipass – Tuoro di Cesarano – Colle Rassa

8,3 km 3:00 h 433 hm 433 hm

START | Valico di Chiunzi.
Anfahrt: SITA-Busse.
[GPS: UTM Zone 33 x: 467918 m y: 4507583 m]
CHARAKTER | Aussichtsreiche Wanderung über die Höhenzüge im oberen Tramontital. Pfade, Wege und kaum befahrene Sträßchen durch Kastanienhaine und Wälder, halb schattig, rot-weiße Markierung.

Der 656 m hoch gelegene **Chiunzipass** war bereits in der Antike ein wichtiger Übergang in den Monti Lattari. Über ihn verlief die Via delle Tramontane von der Amalfiküste durch das Tramontital in die Nocera-Sarno-Ebene. Im Mittelalter wurde der Torre Orsini di Chiunzi zum Schutz des strategisch wichtigen Passübergangs und als Zollstation errichtet, das später angeschlossene Restaurant ist heute wieder geschlossen.

Der erste Abschnitt der Tour führt über den aussichtsreichen Kammweg zum Tuoro di Ceserano, den zweiten Abschnitt prägen die ausgedehnten Kastanienhaine am kleinen Höhenzug Colle Rassa, der sich vom Chiunzipass ins obere Tramontital schiebt und es in zwei Teile teilt.

▶ Nach einem Kaffee in der Chiunzi-Bar starten Sie die Rundwanderung und gehen vom **Valico**

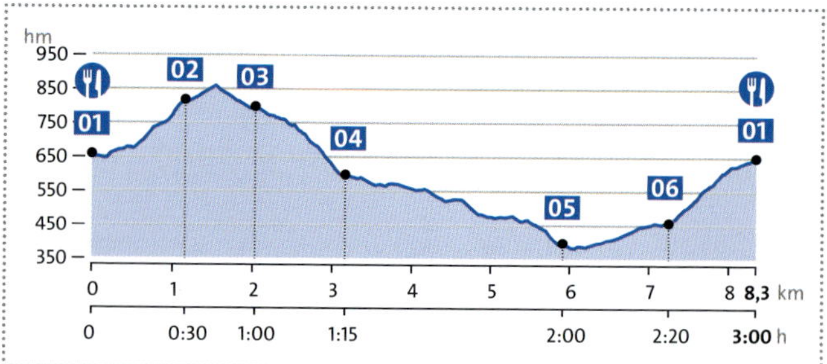

01 Valico di Chiunzi, 656 m; 02 360°-Panorama, 833 m; 03 Tuoro di Ceserano, 795 m; 04 Straße Capitignano, 600 m; 05 Corsano, 400 m; 06 Sofilciano, 460 m;

di Chiunzi 01 die Seitenstraße bergwärts Richtung Norden. Sie führt zum Torre Orsini di Chiunzi, dahinter beginnt der markierte Wanderweg. Leicht ansteigend gehts durch Niederwald mit viel Ginster und über Lichtungen dem Kamm entlang hinauf zum freien Hügel mit herrlichem **360°-Panorama** 02. Der Blick schweift vom Vesuv über die dicht besiedelte Sarno-Ebene und den Golf von Neapel mit der Insel Ischia sowie über das in die Monti Lattari eingebettete Tramontital in beherrschender Lage auf einer Terrasse das Santuario dell'Avvocata (siehe Tour 41).

Der Pfad führt anschließend über einen weiteren Hügel zum Sattel **Tuoro di Ceserano** 03, nochmals mit freiem Blick zum Vesuv und über das Tramontital. Bei einem Holzpfosten zweigt hier der ebenfalls rot-weiß markierte Weg nach links ab, auf dem Sie nun absteigen. Anfangs ist die Markierung auf den Steinen am Boden leicht zu übersehen. Vom Holzpfosten 15 m nach links abwärts, dann dreht der Pfad nach Osten Richtung Sendemasten auf dem Monte S. Angelo di Cava und quert schräg nur leicht abfallend den Karsthang an einem einzelnen Baum vorbei zum Wald. Dort wandern Sie nun wieder auf schönem Pfad, anfangs von viel Ginster begleitet, dann durch dichter werdenden Wald und einen Kastanienhain hinunter zur **Straße nach Capitignano** 04.

Sie überqueren die Straße und gehen auf dem kaum befahrenen Sträßchen geradeaus weiter durch Kastanienhaine dem kleinen Höhenzug Colle Rassa

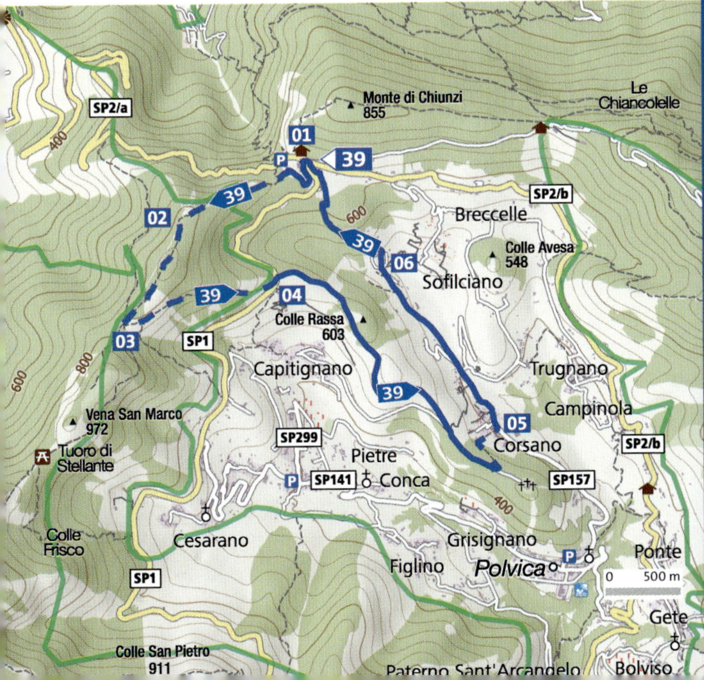

entlang. Nach dem Hubschrauberlandeplatz sind Sie bald beim zentralen Friedhof der Großgemeinde Tramonti in Panoramalage.

Der Pfad nach Corsano zweigt 20 m vor dem Geländer bei einem Strommasten links ab und führt teils etwas steiler den Hang hinunter zur Straße nahe der Kirche von **Corsano** **05**. Hier könnten Sie in 20 Minuten rechts auf der Nebenstraße nach Polvica gehen (Tour 38). Nach links führt die Route auf der Nebenstraße vorbei am Buswendeplatz und dann geradeaus hinauf zu den verstreuten Häusern von **Sofilciano** **06**.

Bei der Wegverzweigung am Ende der Straße gehen Sie geradeaus den schmalen, stufigen Weg hinauf zu den Häusern. Durch Terrassen führt der Pfad dann weiter aufwärts und bei einer Rechtsabzweigung geradeaus weiter. Durch einen Kastanienwald mit weniger gepflegtem Pfad gelangen Sie zu einem Querweg, überqueren diesen und

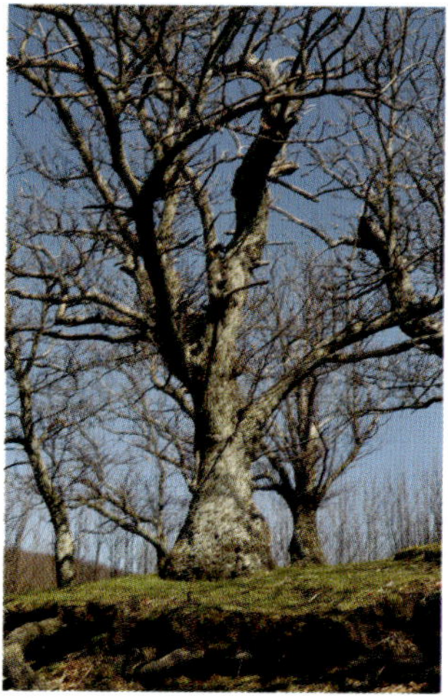

Alter Kastanienhain an der Colle Rassa

steigen auf nunmehr wieder gepflegtem Pfad durch einen Kastanienhain hinauf. Gegen Ende auf einem Treppenweg gelangen Sie anschließend wieder zum Ausgangspunkt am **Chiunzipass** **01** zurück, wo Sie im Ristorante Valico di Chiunzi einkehren können.

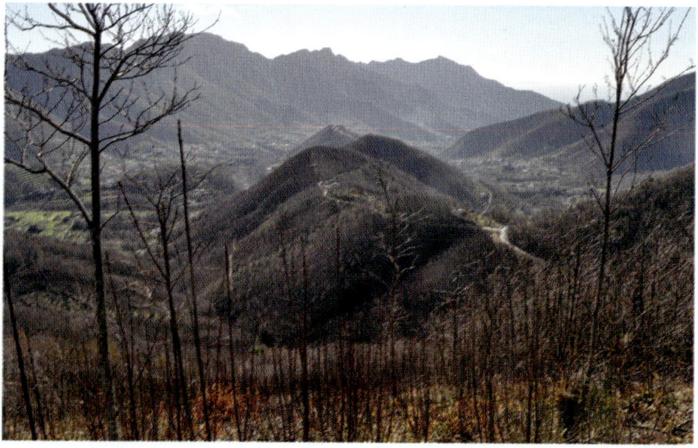

Panoramablick über das Tramontital

MAIORI – SANTA MARIA DE OLEARIA

Zum ehemaligen Höhlenkloster

4,9 km 2:15 h 315 hm 175 hm

START | Maiori, Zentrum.
Anfahrt: SITA-Busse von Amalfi, Salerno.
[GPS: UTM Zone 33 x: 469629 m y: 4499758 m]
CHARAKTER | Kurze Wanderung durch Terrassengärten zum ehemaligen Kloster mit berühmten Fresken. Steiler Anstieg auf Treppenweg, wenig Schatten, keine Einkehr, keine durchgehende Markierung.

Die ehemalige Abtei **S. Maria de Olearia** (oder Catacombe a Badia) besteht aus einem Komplex von drei übereinanderliegenden, in eine Grotte gebauten Kapellen aus dem 10. Jahrhundert. Der Name erinnert daran, dass die Mönche hier eine Ölpresse betrieben haben, die Wandmalereien werden dem Benediktinermönch Leone Amalfitano aus dem 11. Jahrhundert zugeschrieben. Der letzte Abt starb 1509, daraufhin wurde das Kloster verlassen, 1589 fielen die Besitztümer an Amalfi und 1866 an den neu gegründeten italienischen Staat. Das Klostergebäude wurde zu einem Hotel umgebaut: Die Kapellen mit den berühmten Fresken sind zu besichtigen am Samstag von 15.30 bis 18 Uhr und am Sonntag von 10 bis 13 Uhr und an unterschiedlichen Wochentagen. Info: Tourismusbüro Maiori. www.aziendaturismo-maiori.it

Die Tour beginnt bei der Marienstatue am Lungomare von **Maiori** 01 (Busstation). Sie ge-

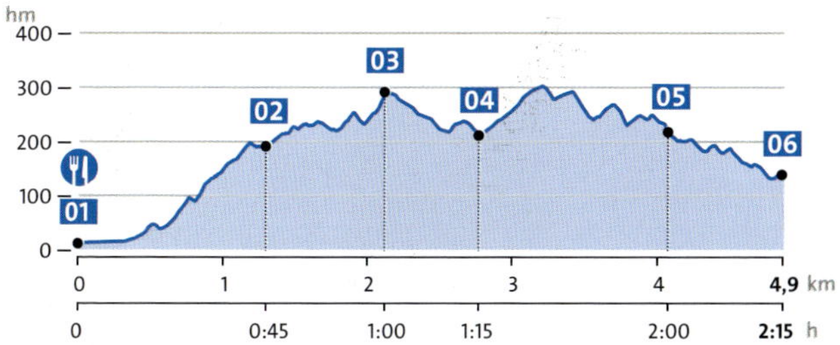

01 Maiori, 0 m; 02 Weggabelung, 246 m; 03 Haus, 300 m; 04 Abzweigung, 210 m; 05 Pfad, 225 m; 06 S. Maria de Olearia, 140 m;

hen die Fußgängerzone Corso Reginna hinauf und biegen nach 250 m beim Palazzo Mezzacapo rechts in die gepflasterte Fußgängergasse Via Casale dei Cicerali, überqueren die Straße und gehen weiter auf dem Treppenweg durch die Altstadt. Bei einer Weggabelung vor einem Kreuz links die Via Grade dei Pezzi mit Wegweiser Santuario Madonna dell'Avvocata und roter Markierung. Der Treppenweg führt nach der Altstadt den freien Hang und dann durch Terrassen mit Zitronen hinauf mit schönen Blicken zurück auf Maiori.

Nach einem roten Haus gehen Sie bei der **Weggabelung** 02 geradeaus den nun fast ebenen Weg Nr. 304 weiter, links führt der Treppenweg Richtung Santuario dell'Avvocata. Der Weg wird zum Fahrweg, der nochmals ansteigend um einen Taleinschnitt herumführt. Nach einem alten **Haus** 03 mit Marienschrein geht's leicht abwärts weiter, 150 m nach einem großen Wendeplatz biegen Sie bei der **Abzweigung** 04 in den Weg nach links ansteigend, nicht den Hauptweg abwärts weitergehen.

Zuerst leicht ansteigend, dann leicht abfallend wandern Sie durch die felsige Landschaft mit Macchia hoch über der Küste auf die charakteristische Silhouette des Monte Uomo a Cavallo zu. Unten ist der Friedhof von Maiori sichtbar, hoch oben an der Kante seht die Wallfahrtskirche Madonna dell'Avvocata (Tour 41). Auf Höhe des Friedhofs biegen Sie bei einer großen Terrassenstützmauer in einen zuerst aus Beton, dazwischen eine Treppe und anschließend aus Bruchstein bestehenden Pfad 05 nach rechts unten Richtung Friedhof. Der schottrige Pfad führt zu einem kleinen Sattel, hier links weiter und beim fast ebenen Querpfad dann nach rechts. In kleinen Serpentinen geht's dann bald den Steilhang hinunter zur Küstenstraße und auf dieser 400 m vorsichtig zum ehemaligen Kloster **S. Maria de Olearia** 06 in einer Grotte direkt an der Straße (Busstation).

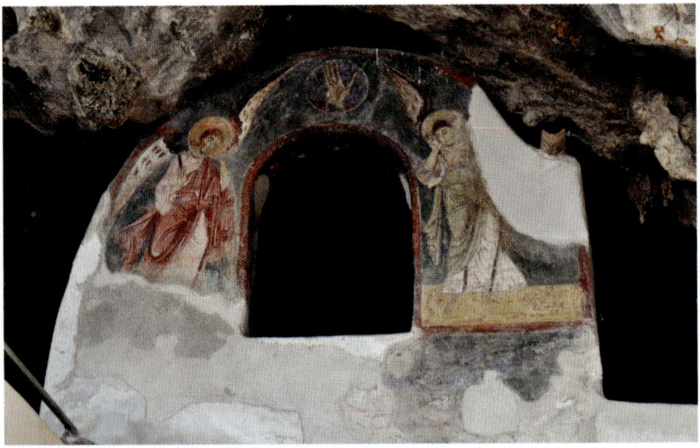

Alte Malereien im Höhlenkloster

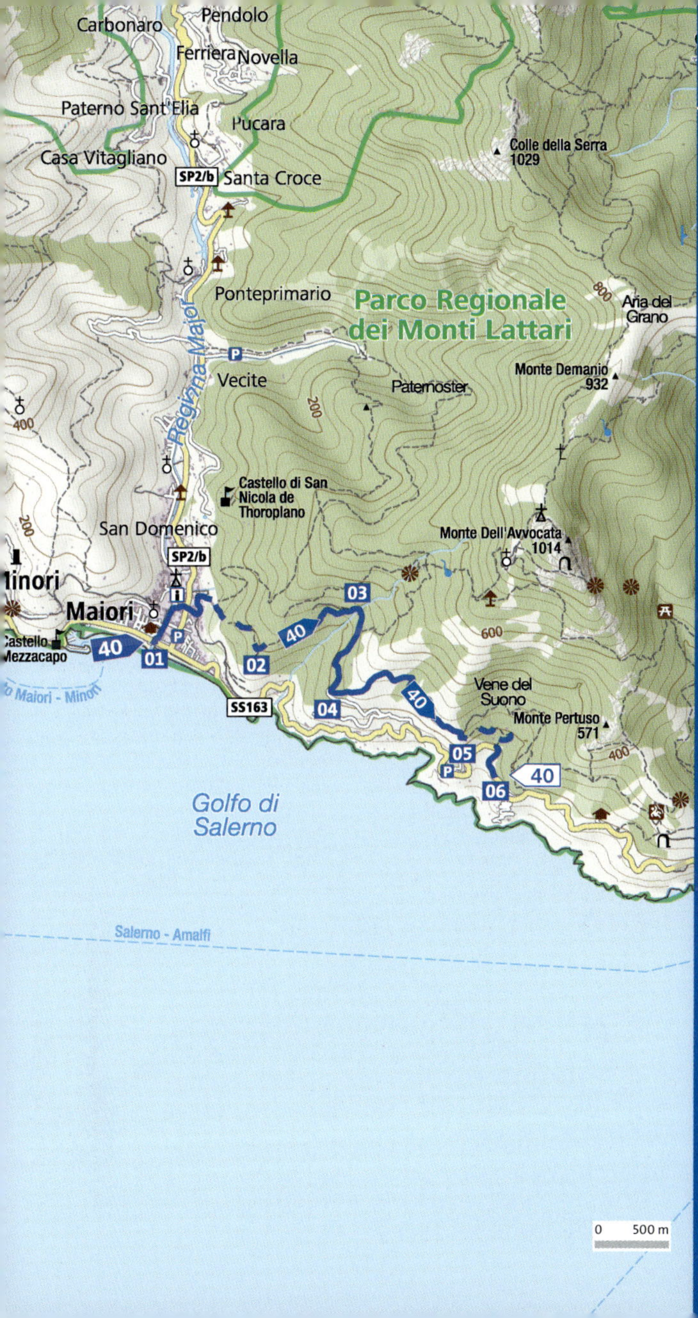
Carbonaro
Pendolo
Ferriera
Novella
Paterno Sant'Elia
Pucara
Casa Vitagliano
Colle della Serra
1029
SP2/b
Santa Croce
Ponteprimario
Parco Regionale
dei Monti Lattari
Aria del
Grano
Regina Major
Vecite
Paternoster
Monte Demanio
932
Castello di San
Nicola de
Thoroplano
San Domenico
Monte Dell'Avvocata
1014
SP2/b
Maiori
Minori
Castello
Mezzacapo
Vene del
Suono
Monte Pertuso
571
SS163
Golfo di
Salerno
Salerno - Amalfi
0 500 m

41

MAIORI – SANTUARIO DELL'AVVOCATA

Zur Wallfahrtskirche in Panoramalage

9,7 km 5:00 h 873 hm 873 hm

START | Maiori, Zentrum.
Anfahrt: SITA-Busse von Amalfi, Salerno.
[GPS: UTM Zone 33 x: 469647 m y: 4499769 m]
CHARAKTER | Bergwanderung zu einem hervorragenden Aussichtspunkt, langer, steiler Aufstieg, Abstieg weniger steil mit mehreren flachen Passagen durch imposante Berglandschaft. Der Weg ist technisch unschwierig, die Tour erfordert jedoch Kondition und Ausdauer. Halbschattig, keine Einkehr, unvollständige rote Markierung.

Das 873 m hoch gelegene **Santuario dell'Avvocata** ist die bekannteste der sieben der Madonna geweihten Wallfahrtskirchen der Region. Die große Wallfahrt findet jedes Jahr am Pfingstmontag statt, der großartige Blick und der Abstieg durch die dramatische Felslandschaft nach Cetara entschädigen auch einfache Wanderer für ihre Mühen.

▶ Bereits beim Start in **Maiori** 01 sehen Sie die Wallfahrtskirche hoch oben auf einer Terrasse des Monte dell'Avvocata. Im ersten Anstieg folgen Sie bis zur **Weggabelung** 02 dem Weg der Tour 40. Hier halb links den Treppenweg mit der Leitschiene für die kleine Standseilbahn weiter auf Weg Nr. 307 und vorbei an der Ruine der Kapelle S. Vito. Nach dem Treppenweg geht's auf ei-

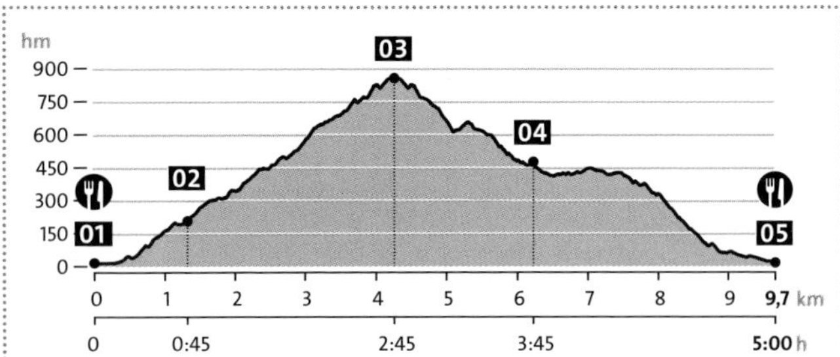

01 Maiori, 0 m; 02 Weggabelung, 246 m; 03 Santuario dell`Avvocata, 873 m; 04 Picknickplatz, 470 m; 05 Cetara, 0 m;

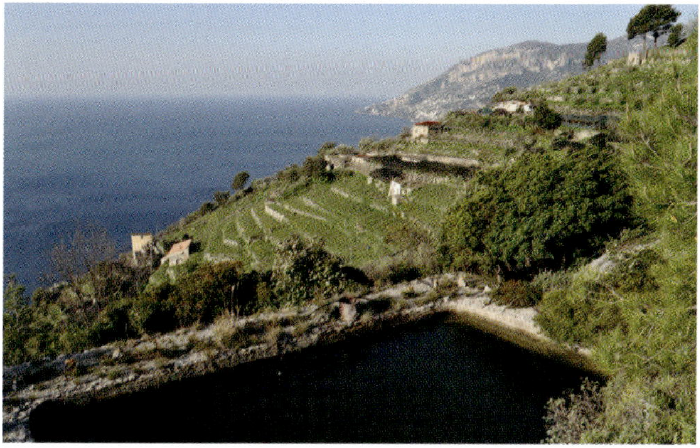

Zisterne

nem fast ebenen Pfad durch Terrassengärten und dann wieder steil durch felsige Landschaft hinauf. Sie passieren eine Hausruine und abwechselnd über flachere und steilere Abschnitte. Sie queren einen Taleinschnitt und gelangen zu einer Wegverzweigung bei einer weiteren Ruine auf einer kleinen Terrasse. Geradeaus geht's weiter, zunächst auf dem Treppenweg und dann auf gut ausgebautem Weg durch Mischwald hinauf auf einen Rücken. Der rot markierte Pfad macht nun einen Bogen auf die sonnige Süd-

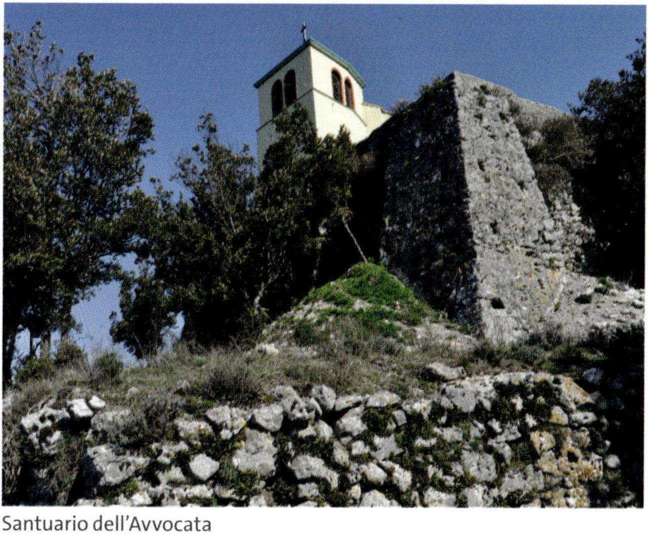

Santuario dell'Avvocata

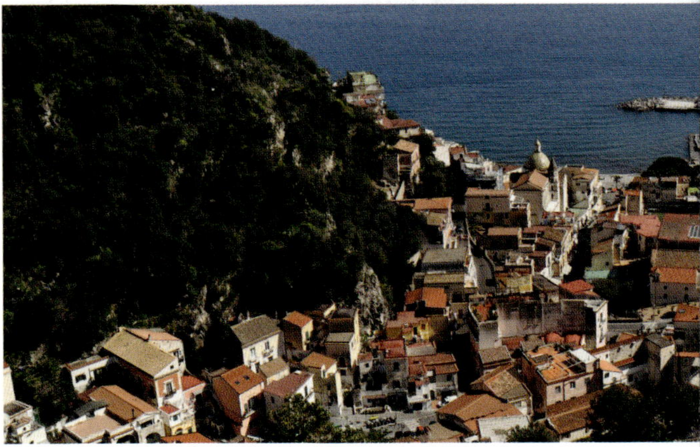

Cetara

seite, der direkte Weg zur Abtei ist zugewachsen. Auf steinigem Pfad erreichen Sie schließlich nach einem verfallenen Steintor das **Santuario dell'Avvocata** **03**. Vom Klosterhof bietet sich ein Panoramablick über die Küste sowie Amalfi, Maiori, Ravello und den Monte Faito und im Hintergrund ist der Gipfel des Vesuvs zu sehen. Vor dem Klosterhof gibt es schöne, schattige Rastplätze und 15 Minuten später in südlicher Richtung ein Belvedere mit Blick über den Golf von Salerno.

Der Abstieg nach Cetara führt zunächst knapp 15 Minuten auf dem steinigen Hinweg zurück. Nach dem verfallenen Steintor bei der ersten Abzweigung geradeaus und bei der nächsten Kehre mit Holzbohlen im rechten Winkel am Boden verlassen Sie den Hinweg und gehen geradeaus weiter (verwaschene gelbe und rot-weiße Markierung, Weg Nr. 305). Auf dem Pfad geht's nun durch Buschwald hinunter und dann fast eben zum Felsgrat des Monte Uomo a Cavallo. Vom Grat links abwärts auf dem alten CAI-Weg Nr. 5 und bei einer Gabelung nach Felsen rechts. Durch Busch-

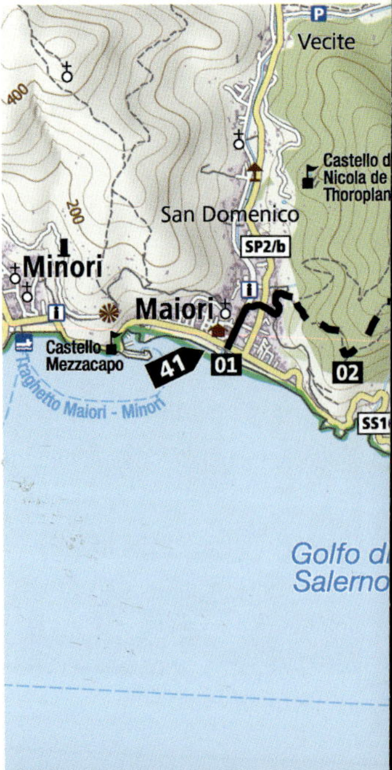

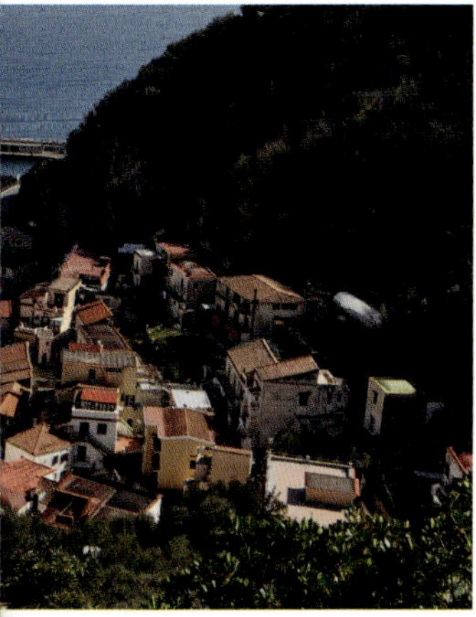

wald und Macchia weiter abwärts treffen Sie auf den Weg der von Erchie heraufführt, geradeaus weiter sind Sie in ein paar Schritten beim großen, schattigen **Picknickplatz 04**.

Der Weiterweg Nr. 305a, (rot markiert), führt rechts abwärts, Sie queren einen Bach und wandern nach den Felsplatten fast eben durch Niederwald und dann durch aufgelassene Terrassen zu einem verlassenen Bauernhaus auf dem Piano Viesco mit schönem Blick auf die Bucht von Salerno. Links an der Hausruine vorbei steigen Sie dann auf dem Stufenweg mit Holzbohlen ab nach **Cetara 05**. Immer wieder bieten sich schöne Blicke auf den kleinen Ort in der Bucht. Am Ende gehen Sie auf dem gepflasterten Weg und dann auf der Stichstraße hinunter bis zum Strand mit etlichen Einkehrmöglichkeiten sowie Busstation auf dem Viadukt.

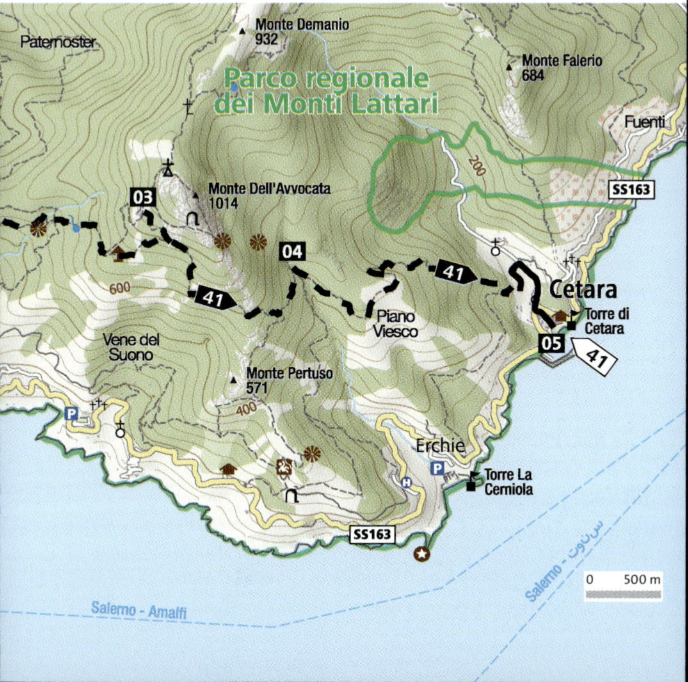

CETARA – MONTE FALERIO, SATTEL

Durch die östlichen Monti Lattari

8,3 km | 4:00 h | 555 hm | 479 hm

START | Cetara
Anfahrt: SITA-Busse von Amalfi, Salerno.
[GPS: UTM Zone 33 x: 474784 m y: 4499590 m]
CHARAKTER | Attraktive Bergwanderung mit herrlicher Aussicht. Gute Wege und Pfade, steiler Anstieg in zwei Etappen, halbschattig. Rote Markierung, Anstieg Weg Nr. 303b, Abstieg Weg Nr. 303a.

Sattel und Gipfel des Monte Falerio sind hervorragende Aussichtsplätze in den östlichen Monti Lattari. Da der letzte Aufstieg vom Sattel zum Gipfel schwierig ist, wird hier nur der Weg über den Sattel beschrieben. Harmonisch in die beeindruckende Naturlandschaft eingefügt sind der kleine Fischerhafen Cetara am Anfang und die Dörfer Albori und Raito am Ende der Tour.

Nach einem Kaffee im ehemaligen Fischerhafen **Cetara** 01 beginnen Sie den Anstieg zum Monte Falerio. Sie gehen auf der zentralen Dorfstraße Corso Federici bergwärts und biegen bei der Nr. 92 in den Treppenweg nach rechts (Via Cacarella). Er führt in einer Schleife zum Friedhof hinauf und an diesem rechts vorbei (rote Markierung, Weg Nr. 303b). Die Stichstraße geht über in ei-

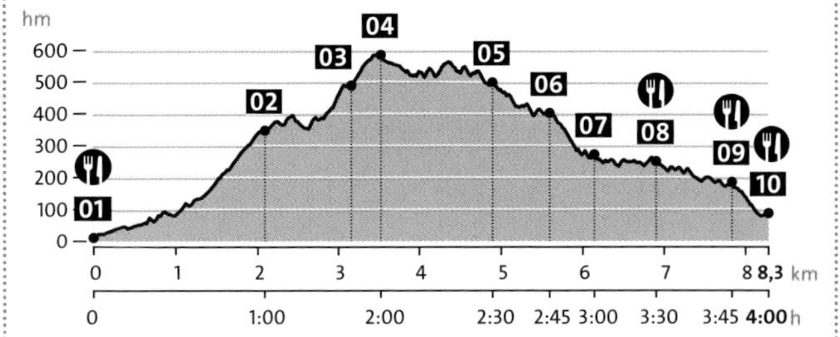

01 Cetara, 0 m; 02 Hausruine, 330 m; 03 Abzweigung 1, 400 m; 04 Sattel des M. Falerio, 555 m; 05 Abzweigung 2, 480 m; 06 Abzweigung 3, 400 m; 07 Sorgente del Cesare, 375 m; 08 Albori, 240 m; 09 Raito, 177 m; 10 Küstenstraße, 76 m;

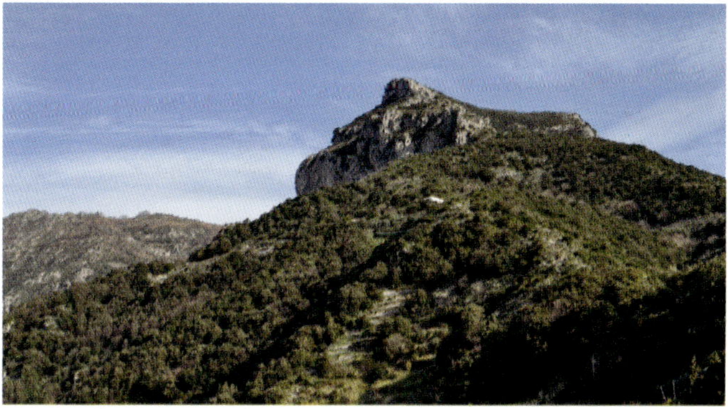

Monte Falerio

nen gepflasterten Weg, dann in einen betonierten Pfad und später in einen Naturpfad. In kleinen Serpentinen geht's durch Macchia den steilen, sonnigen Grat hinauf. Sie passieren das Ferienhaus Puontico und am Beginn des flachen Teiles eine **Hausruine** **02**. Nun führt der Weg in leichtem Auf und Ab durch Buschwald den Felswänden des Gipfelstocks entlang. Bei einer Felsnase erreichen Sie die **Abzweigung 1** **03** und biegen auf den Pfad nach

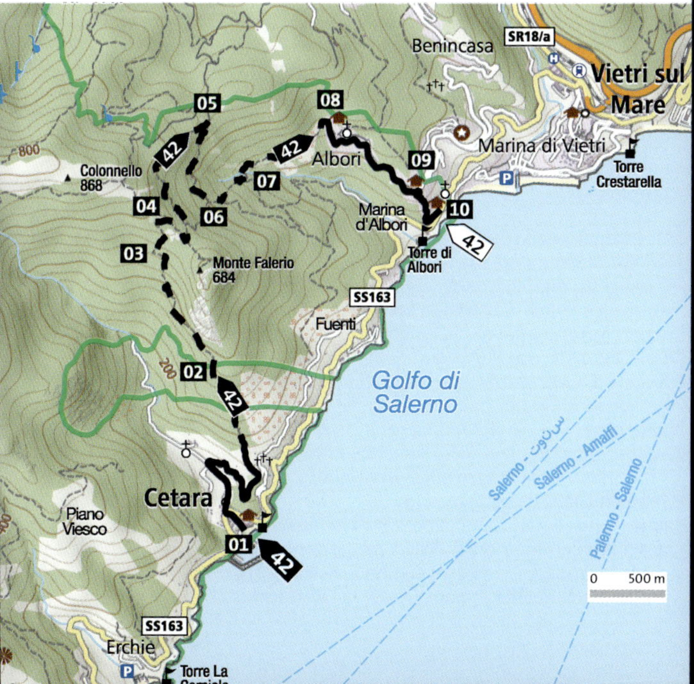

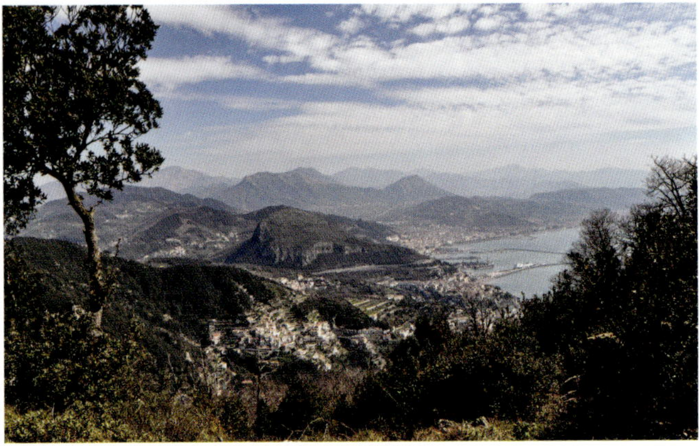

Blick zur Bucht von Salerno und die Bergketten der Apenninen

rechts hinauf (Bodenmarkierung beachten). Steil hinauf und bei einer Weggabelung rechts erreichen Sie schließlich den **Sattel des Monte Falerio 04**. Hier genießen Sie einen herrlichen Blick über den Golf von Salerno und die gestaffelten Ketten der Apenninen und am Hang auf das kleine Albori, das nächste Ziel. Der Aufstieg zum Gipfel ist steil, teilweise über Felsplatten, ausgesetzt und schwierig, nur für erfahrene Wanderer!

Der Weiterweg ist durch den Wechsel von kurzen Abstiegen, flachen Passagen und leichten Gegenanstiegen durch die felsige Landschaft mit mehreren Aussichtspunkten sehr attraktiv. Vom Grat folgen Sie der roten Markierung geradeaus hinunter, bei einer Weggabelung mit Bodenmarkierung weiter abwärts. Der Weg macht nun einen weiten Bogen durch den felsigen Hang, quert zwei Bachläufe und führt ansteigend und dann wieder eben durch Wald zu einer Felsnase mit der **Abzweigung 2 05** nach rechts hinab. Durch Mischwald geht's wieder Richtung Monte Falerio bis zur **Abzweigung 3 06**, wo der direkte Weg von oben herunterkommt (Wegweiser für die Gegenrichtung).

Hier biegen Sie links hinunter, nach dem ersten Haus können Sie beim Quellbrunnen **Sorgente del Cesare 07** vorzügliches Trinkwasser nachfüllen. Vom Brunnen nun links weiter auf breitem Weg hinüber nach **Albori 08** zum Restaurant Il Cavaliere dei Conti an der Straße. Von der Kapelle auf der ansteigenden Dorfstraße durch den alten Ort mit Lauben, Bogengängen, Freitreppen und der großen Chiesa di Santa Margherita di Antiochia.

Der Weiterweg nach Raito ist auf dem kaum befahrenen Zufahrtssträßchen schöner als über den Rücken zwischen hohen Mauern. Bei der Kirche von **Raito 09** biegen Sie rechts in den breiten Treppenweg (Via Scavata) durch den Ort hinunter zur **Küstenstraße 10** mit Bushaltestelle und Restaurant.

PAESTUM UND VELIA

Durch die beiden Archäologieparks

3 km 0:45 h 0 hm 0 hm

START | Bahnhof Paestum, Parkmöglichkeit.
Anfahrt: Regionalzug oder Bus.
[GPS: UTM Zone 33 x: 501253 m y: 4474560 m]
CHARAKTER | Spaziergang durch den Archäologiepark mit seinen griechischen Tempeln und der umfangreichen archäologischen Ausgrabungsstätte mit Museumsbesuch. Kombiticket mit Velia, geöffnet täglich von 9 bis 19.30 Uhr; die angegebenen Gehzeiten werden durch die Besichtigung deutlich überschritten.

Die Tour 43 besteht aus zwei eigenständigen Teilen, den Rundgängen durch die Archäologieparks **Paestum** und **Elea/Velia**.

Aus verschiedenen Teilen des griechischen Mutterlandes kamen griechische Kolonisten und gründeten auf der Apenninenhalbinsel und auf Sizilien neue Städte. Sie brachten ihre Götter und ihre überlegene Kultur mit, einige ihrer architektonischen Glanzleistungen wie die Tempel von **Paestum** haben mehr als zwei Jahrtausende überdauert, in **Elea/Velia** sind die Grundfesten einer reichen Handelsstadt mit einer im Mittelalter überbauten Akropolis und Stadtmauer zu bestaunen. Seit 1998 stehen die beiden archäologischen Parks unter dem Schutz der UNESCO und laden zu ausgedehnten Spaziergängen in mediterraner Landschaft ein.

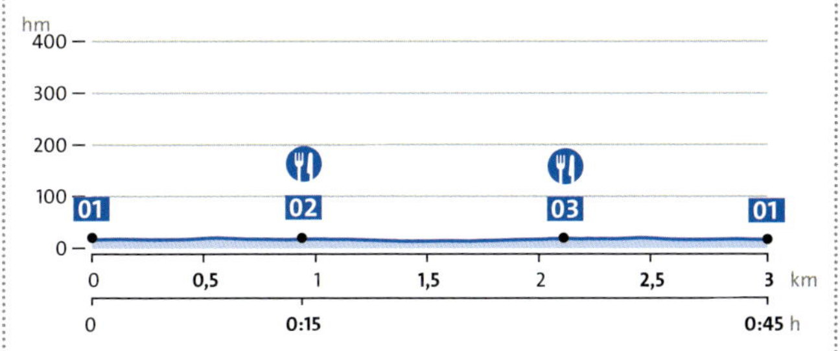

01 Paestum, Bahnhof, 15 m; 02 Museum, 15 m; 03 Poseidontempel, 15 m;

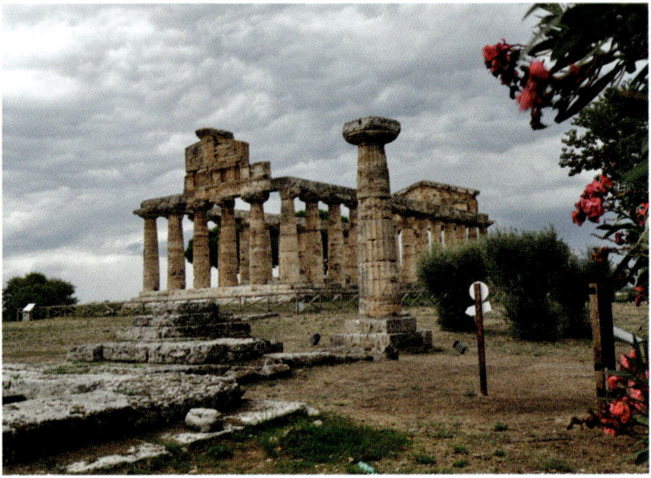

Athenetempel

Paestum: Griechische Pracht an der Selemündung

Griechische Siedler aus Sybaris im heutigen Kalabrien gründeten um 650 v. Chr. an der Mündung der Sele eine Kolonie, um ihren Einflussbereich am Thyrrenischen Meer auszudehnen. Die zu Ehren des Meeresgottes Poseidon benannte Stadt entwickelte sich schnell zu einem reichen landwirtschaftlichen Zentrum. 273 v. Chr. wird Poseidonia von den Römern erobert und erhält den Namen **Paestum**. Durch den Untergang des römischen Reiches und die im Sumpfland wütenden Malaria-Epidemien verlor die Stadt an Bedeutung. Im frühen Mittelalter nützte eine kleine Christengemeinde den Athenetempel als Kirche. Nach der Plünderung der Stadt durch die Sarazenen im 9. Jahrhundert wurde die Siedlung aufgegeben, die restliche Bevölkerung zog in die angrenzende Bergregion und gründete Cappacio..

Das antike Paestum geriet über Jahrhunderte in Vergessenheit, wurde von Vegetation überwuchert und erst Mitte des 18. Jahrhunderts wieder von der Wissenschaft bekanntgemacht. Bald wurden die monumentalen Kultstätten nun Fixpunkte der Grand Tour. Die drei nach Osten ausgerichteten Tempel dorischer Bauordnung sind repräsentativ, von beachtlichem Ausmaß, demonstrieren Selbstbewusstsein, Reichtum und technisches Können. Prunkstück des hochkarätigen Museums ist der weltbekannte „Taucher“.

▶ Sie starten den Rundgang beim **Bahnhof Paestum** **01** und gehen die Straße Richtung Meer zur nahen Porta Sirena. Die antike Stadt ist nahezu vollständig von einem Mauerring umgeben, der eine Länge von fast 5 km und vier Stadttore aufweist. Nach 10 Minuten stoßen Sie auf eine Querstraße, die ehemalige bourbounische Küstenstraße. Sie wurde Mitte des 18. Jahrhunderts gebaut und führte mitten durch die antike Stadt und mitten durch das Amphitheater, nur der südliche Teil der Stadt mit den berühmten Tempeln wurde in der Folge ausgegraben. Auf der Straße links kommen Sie zum Parkeingang, rechts liegen das **Museum** 02, mehrere Gaststätten und ein gebührenpflichtiger Parkplatz.

Im Süden des Archäologieparks erhebt sich der um 450 v. Chr. errichtete majestätische **Poseidontempel** 03, sein Vorbild war der Zeustempel in Olympia. Er zählt zu den am besten erhaltenen dorischen Bauten der Magna Graecia; die streng symmetrischen Proportionen verleihen ihm Einheit und Harmonie. Daneben steht der große Heratempel, die sogenannte **Basilika**. Der im Jahr 530 v. Chr. errichtete Tempel ist der älteste, er wirkt gedrungen und archaisch.

Das nördliche Heiligtum der Stadt war der **Athenetempel**, der um 510 v. Chr. errichtet wurde. Seine ausgewogenen Säulenverhältnisse verkörpern das klassische Schönheitsideal und verleihen ihm eine besondere Eleganz. Der Rundgang durch das Ausgrabungsgelände führt unter anderem. noch zu den Thermen, dem Amphitheater und dem Forum. Den Abschluss bildet dann der Besuch des 1952 eröffneten **Museums**. Es zeigt Fundstücke von der Urgeschichte bis zum Untergang der Stadt, besonders bekannt sind neben den Metopen die bemalten Grabplatten. Das Grab des Tauchers wird auf das Jahr 470 v. Chr. datiert.

Auf demselben Weg kehren Sie dann zum **Bahnhof** 01 zurück.

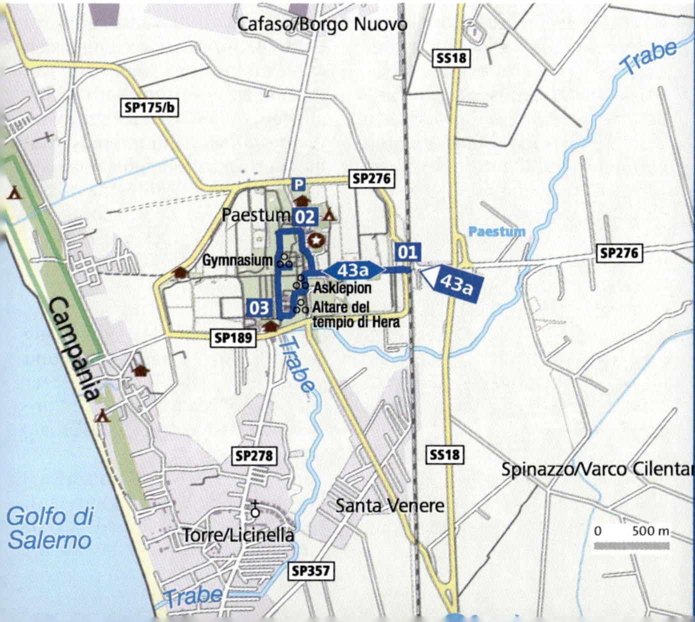

43b

VELIA UND PAESTUM

Durch die beiden Archäologieparks

3,8 km 1:30 h 95 hm 95 hm

START | Marina di Ascea, Porta Rosa.
Anfahrt: Bahnhof Ascea, im Sommer fahren Lokalbusse zum 2 km entfernten Parkeingang zur Porta Rosa, Parkplatz.
[GPS: UTM Zone 33 x: 513320 m y: 4445456 m]
CHARAKTER | Archäologischer Spaziergang in schöner hügeliger mediterraner Landschaft. Geöffnet täglich von 9 bis 19.30 Uhr, Kombiticket mit Paestum.

Elea: Wo die europäische Philosophie begann
Elea nannten die Griechen aus Phokaia ihre neue Heimat am Thyrrenischen Meer, die sie Mitte des 6. Jahrhunderts auf der Flucht vor den Persern nach langen Irrfahrten erreichten. Bekanntester Bürger war Parmenides, der Begründer der einflussreichen vorsokratischen Philosophenschule der „Eleaten". Seine Marmorbüste wurde bei Ausgrabungsarbeiten gefunden und steht heute in der Cappella Palatina. Die wirtschaftliche und kulturelle Überlegenheit der Phokäer und ihre Allianz mit den Römern im Krieg mit Karthago sicherten ihnen bis 89 v. Chr. Selbstständigkeit, Münzrecht und den Gebrauch der griechischen Sprache. Die Römer nannten die Stadt dann **Velia**, im Gegensatz zu Paestum kann sie heute zwar nicht mit aufgerichteten Tempeln aufwarten, fasziniert aber durch Panorama und Gesamtanlage an einem Hügel bei der Küste.

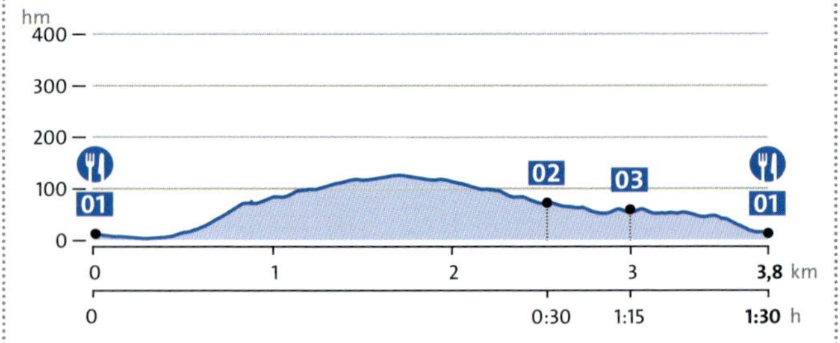

01 Eingang, 15 m; 02 Porta Rosa, 70 m; 03 Akropolis, 50 m;

▶ Hinter dem **Eingang** des Archäologieparks **Elea/Velia** 01 liegen rechts die südlichen Ausgrabungen mit den umfangreichen römischen Thermen. An den Hügeln von Velia traten mehrere Quellen aus, die für Thermalbäder genutzt wurden und die Stadt zum geschätzten Kurort mit bis zu 6.000 Bewohnern werden ließen. Gleichzeitig machten diese Quellen den Boden instabil, es kam zu Anschwemmungen und Erdrutschen, die Küstenlinie verschob sich, der Hafen der Stadt versandete, was schließlich zum langsamen Niedergang der Stadt führte.

Durch einen Taleinschnitt führt der Weg hinauf zur **Porta Rosa** 02 mit dem ältesten erhaltenen Rundbogen der Magna Graecia. Das Tor in der Stadtmauer in einem Geländeeinschnitt stammt aus dem 4. Jh. v. Chr., es wurde durch einen Erdrutsch bald verschüttet und erst 1964 bei den Ausgrabungen wiederentdeckt. Entlang der heute nur mehr bruchstückhaft vorhandenen Stadtmauer und Resten von Kultplätzen können Sie einen Abstecher auf dem Hügelrücken bis hinauf zum **Castelluccio**, den Resten eines alten Festungsturmes, machen. Zur Zeit der Recherche war dieser Weg allerdings wegen Grabungsarbeiten geschlossen. Von hier und dem Belvedere bei der Akropolis bieten sich herrliche Aussichten auf die Küste und die umliegende Hügellandschaft.

Der Rückweg führt dann über die **Akropolis** 03. Sie wurde dank ihrer strategischen Lage über dem Küstenstreifen im Mittelalter zu einer Festung um- und aus-

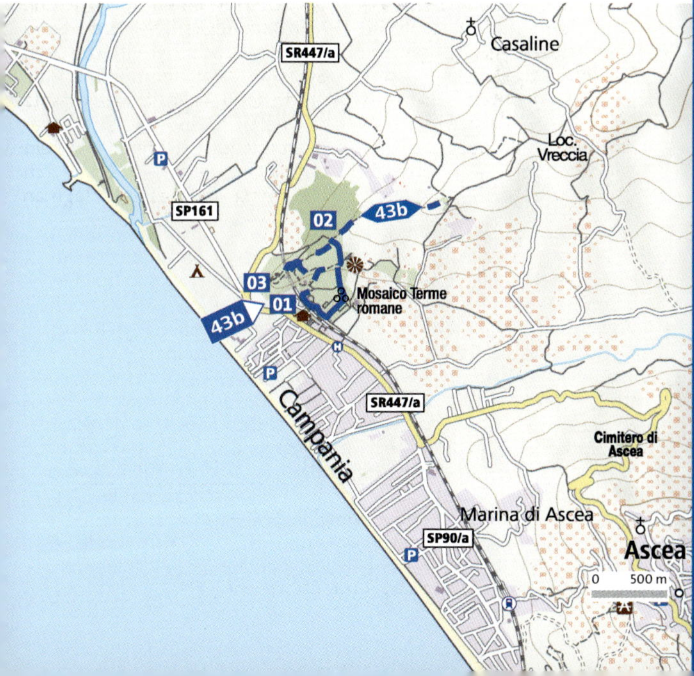

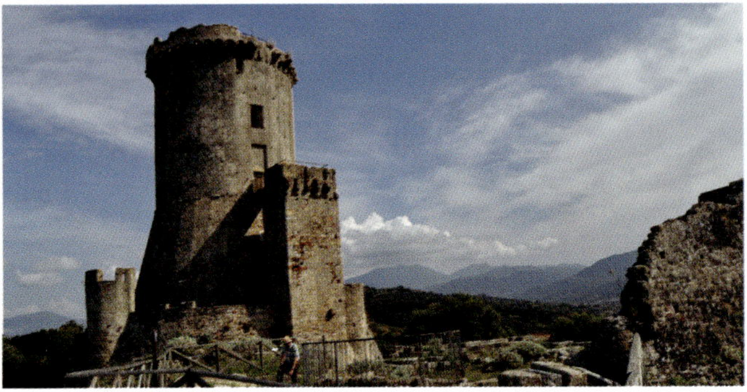

Velia – mittelalterlicher Burgturm

gebaut, für den Bau des Rundturmes (Torre Angioina) wurden Steine des antiken Tempels verwendet. Zu sehen sind noch Reste des griechischen Theaters, in der Cappella Palatina und der Kirche von Santa Maria werden Fundstücke aus Elea/Velia ausgestellt. Tafeln auch in deutscher Sprache informieren über die Entwicklung und Bedeutung der Stadt.

Auf breitem Weg gehts dann wieder hinunter zum Eingang **01**.

Einkehren nach dem Besuch können Sie im Ristorante Porta Rosa in der Nachbarschaft.

Anmerkung: Da im Gebiet laufend weitere Ausgrabungen stattfinden, können einzelne Wegabschnitte temporär gesperrt sein.

Zenons Paradoxon von Achilles und der Schildkröte

Das Paradoxon von Achilles und der Schildkröte ist das bekannteste der Paradoxa des griechischen Philosophen Zenon von Elea, 490 bis 430 v. Chr., eines Schülers von Parmenides. Es besagt, dass der als Schnellläufer berühmte Achilles eine Schildkröte, die einen Vorsprung hat, niemals einholen könne, obwohl er mit der zwölffachen Geschwindigkeit laufe. Dies begründetet Zenon folgendermaßen: Hat Achilles den ursprünglichen Vorsprung zurückgelegt, ist die Schildkröte bereits ein Stück weiter, hat Achilles auch dieses Stück zurückgelegt, ist die Schildkröte erneut weiter usf. Immer dann, wenn Achilles dort ankommt, wo die Schildkröte zuvor war, ist diese schon wieder an einem neuen Ort, ihr Vorsprung verringert sich zwar, verschwindet aber nie, folglich könne Achilles die Schildkröte niemals einholen. Da dies aber jeglicher praktischer Erfahrung widerspricht, glaubte Zenon die Unzulänglichkeit der mathematischen Weltbetrachtung nachgewiesen zu haben. Tatsächlich war sein Paradoxon mithilfe der griechischen Mathematik nicht zu widerlegen, erst mit der Einführung des Grenzwertes im 19. Jahrhundert konnte der scheinbare Widerspruch gelöst werden.

MONTE SOTTANO • 632 m

Küstennaher Aussichtsgipfel

7,1 km 3:45 h 222 hm 222 hm

START | Capaccio
Anfahrt: Capaccio liegt an der SP13, 10 km von Capaccio Scalo, Bus Peluso.
[GPS: UTM Zone 33 x: 506553 m y: 4474907 m]
CHARAKTER | Aussichtsreiche Bergwanderung. Rot-weiße Markierung, mit der Höhe zunehmend karstiger Pfad, wenig Schatten.

Capaccio ist die mittelalterliche Nachfolgesiedlung von Paestum in der erhöhten Talmulde zwischen Monte Soprano und Monte Sottano. Die Felsen des Monte Sottano fallen zur Küste hin senkrecht ab, vom Karstgrat und Gipfel bietet sich ein herrliches 360°-Panorama.

Sie starten die Wanderung in **Capaccio** 01 bei der Piazza Tempone mit dem Belvedere-Blick über die Küstenebene und die Tempel von Paestum. Durch die Via Vittorio Emanuele gelangen Sie zum Uhrturm auf der Piazza Orologio. Auf der Straße noch 100 Meter weiter biegen Sie beim Brunnen rechts die gepflasterte Via Fontana hinunter und folgen dann links der rot-weißen Markierung (Weg Nr. 459). Er führt in einem großen Bogen durch bäuerliche Kulturlandschaft zu einem Quersträßchen und auf diesem rechts zu einem **Sendemasten** 02.

Hier beginnt der Anstieg. Zuerst gehts durch einen Weidezaun und auf einem breiten Weg durch ein Waldstück, danach wird der Weg schmäler und karstiger. In

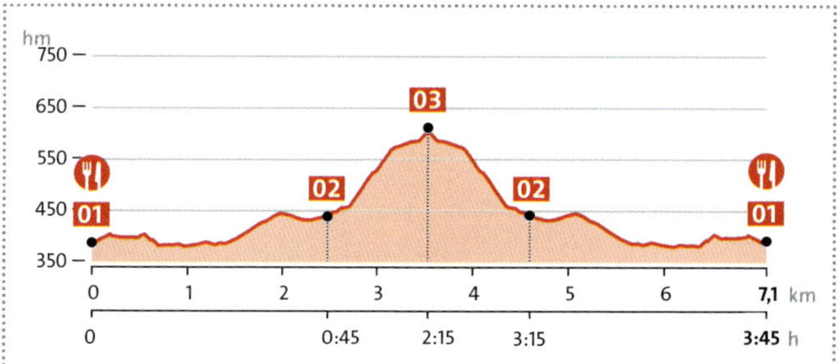

01 Capaccio, 410 m; 02 Sendemast, 440 m; 03 Monte Sottano, 632 m;

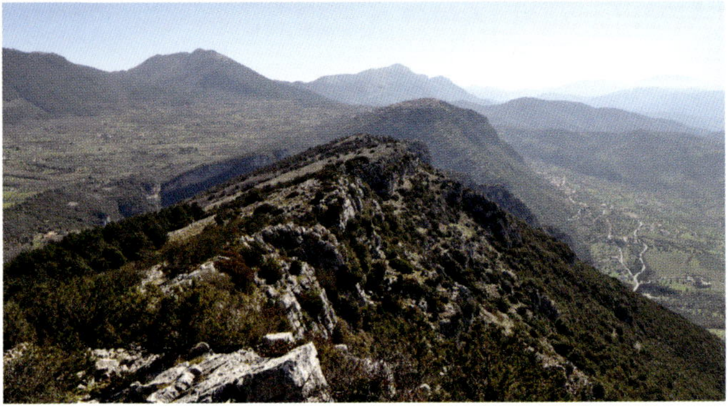

Grat des Monte Sottano

Serpentinen mit zunehmend weitem Blick steigen Sie den locker mit Macchia bewachsenen Hang hinauf. Folgen Sie aufmerksam der Markierung, nicht immer ist der Pfad breit und eindeutig. Im Weidegebiet gibt es viele Trittspuren der Kühe und Ziegen. Der Weg fällt einmal kurz ab, danach kommen Sie zu einer Wegkreuzung. Hier biegen Sie rechts hinauf, geradeaus führt der Stichpfad zu einem weiteren Aussichtspunkt, und steigen nun dem Karstgrat entlang auf zum Gipfel des **Monte Sottano** **03**.

Das Panorama ist hier umfassend – von der Küste über Capaccio am Fuße des Monte Soprano, Trentinara auf der Terrasse und die Bergketten im Hinterland.

Nach einer ausgiebigen Rast kehren Sie auf demselben Weg nach **Capaccio** **01** zurück. Einkehren können Sie dort im Ristorante Borgo Contea an der Piazza Tempone.

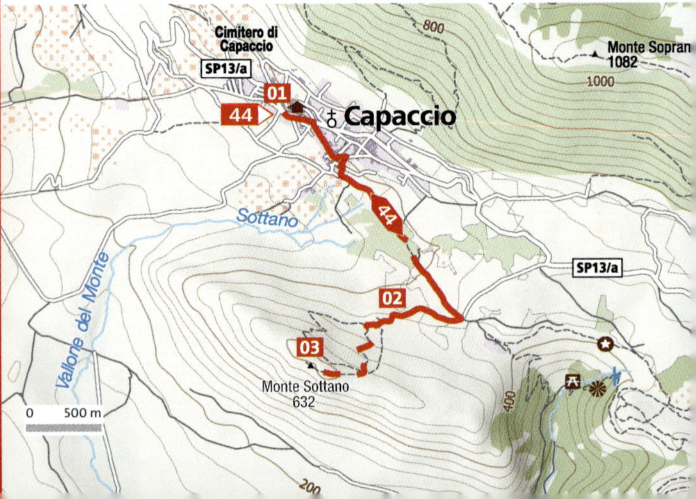

GOLA TREMONTI

Schluchtlandschaft bei Trentinara

7 km 3:10 h 440 hm 440 hm

START | Giungano, Parkplatz.
Anfahrt: Mit dem Auto von Paestum auf die SP137 Richtung Giungano. Vor der Solofrone-Brücke, 1 km vor dem Ort, links in die Via Difesa, Wegweiser „Sentiero Tremonti“, nach 250 m beim kleinen Kiesplatz parken.
[GPS: UTM Zone 33 x: 507843 m y: 4472163 m]
CHARAKTER | Anspruchsvolle Rundwanderung durch die Schlucht und den Talkessel bei Trentinara. Steiler Aufstieg auf schattigem Waldpfad, der steile Abstieg auf unmarkiertem Karstpfad am Sonnenhang erfordert Orientierungssinn. Abschnittsweise rot-weiß markiert.

Neben der faszinierenden Schluchtlandschaft führt die Tour auch durch zwei Dörfer, die sich deutlich in ihrer Lage unterscheiden. Während **Trentinara** oben in karstiger Umgebung auf der Terrasse thront, liegt **Giungano** am Fuß des Hanges inmitten einer fruchtbaren Kulturlandschaft. Für den Namen Trentinara gibt es zwei Erklärungen: Er könnte sich vom römischen Soldatensold „3 Denari“ herleiten, oder der Ort könnte von 30 Siedlern gegründet worden sein.

Reizvoll ist der Spaziergang durch die alten Gassen in beiden Orten, spektakulär die Aussicht von der Belvedere-Terrasse in Trentinara, hervorragend die Küche im Ristorante Antiche Mura, Via Forno An-

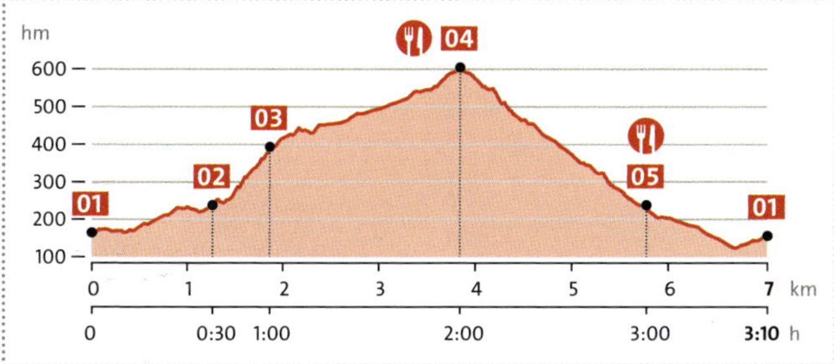

01 Giungano, Parkplatz, 160 m; 02 Holzbrücke, 245 m; 03 Wasserfall Solofrone, 390 m; 04 Trentinara, 600 m; 05 Giungano, Convento B., 230 m;

tico 8, im Zentrum von Trentinara und im Ristorante Villa Torretta mit stimmungsvoller Terrasse des Palazzo Ducale im Zentrum von Giungano.

Cilento in Volo: Seit 2017 kann man auch auf einer Zipline von Trentinara aus die Schluchtlandschaft von oben erleben und auf 1,5 km Länge in fast 300 Meter Höhe über die Schlucht gleiten. www.cilentoinvolo.it

▶ Der erste Abschnitt der Tour bis zur Holzbrücke ist leicht. Auf einem Fahrweg wandern Sie vom **Parkplatz** 01 durch das offene Eisentor zum aufgelassenen Steinbruch und dann rechter Hand auf der Schotterstraße talaufwärts. Durch Steineichenwald mit Macchia-Unterwuchs gehts meist leicht ansteigend bis zur **Holzbrücke** 02 über den Solofrone am Fuße des Felsenkessels. Hier beginnt der steile Anstieg den bewaldeten Hang nahe dem Bachlauf hinauf. Der Solofrone fällt über eine Reihe von Kaskaden ab, eine kleine liegt gleich hinter dem Rastplatz am Anfang. Nach wenigen Minuten zweigt ein Pfad links zur ersten größeren Kaskade ab, nach 20 Minuten einer zum besonders beeindruckenden großen **Wasserfall** des **Solofrone** 03; im Sommerhalbjahr ist er jedoch ausgetrocknet.

Danach steigt der Pfad in Etappen weiter an, auf dem karstigen, rot-weiß markierten Weg gehts mit herrlichem Blick auf Trentinara, in die Talschlucht und den Monte Sottano den Felsen entlang. Durch steiniges Gelände kommen Sie zu einer T-Kreuzung auf der Höhe und biegen hier nach rechts. Auf dem breiten, steinigen Weg, nun unmarkiert, wandern Sie im Bogen Richtung Trentinara. Bei den verwilderten Terrassen geht der Weg in einen Pfad über. Bei einer isolierten Baumgruppe an der Felskante – vorne sehen Sie den Startplatz des Volo – biegen Sie durch das Holzgeländer (Überstieg) im spitzen Winkel links hinauf nach **Trentinara** 04 mit seiner herrlichen Aussichtsterrasse, dem „Balkon des Cilento“, und mehreren Einkehrmöglichkeiten.

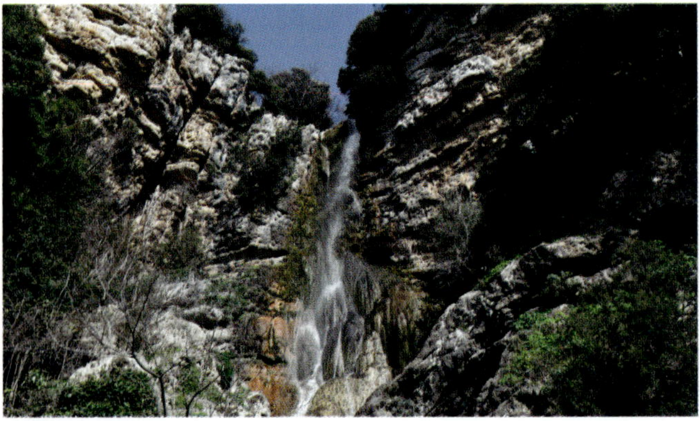

Großer Solofrone-Wasserfall

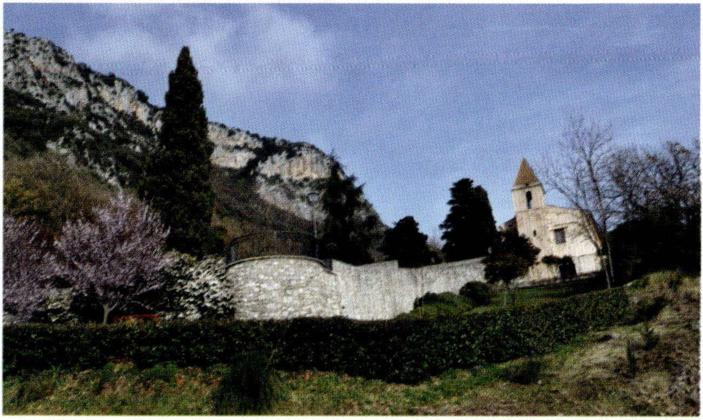

Convento Benedettino in Giungano

Zurück zur Baumgruppe beginnt nun der steile Abstieg: Der erste Abschnitt durch den Karsthang hinunter ist bis vor einen Aussichtspunkt rot-weiß markiert, danach ist Orientierungssinn gefragt. Der alte, steinige Verbindungsweg führt in Serpentinen den Hang hinunter, er wird jedoch nicht mehr gepflegt, ist sehr steinig und oft nur mehr in der Anlage erkennbar. Im unteren Teil wandern Sie dann auf deutlichem und besserem Weg durch Macchia hinunter zum **Convento Benedettino** von **Giungano** 05.

Auch hier empfiehlt sich ein Abstecher links durch den kleinen Ort mit bekanntem Ristorante, bevor Sie vom Convento rechts und nach der Kehre wieder rechts auf der Nebenstraße zum **Parkplatz** 01 zurückkehren.

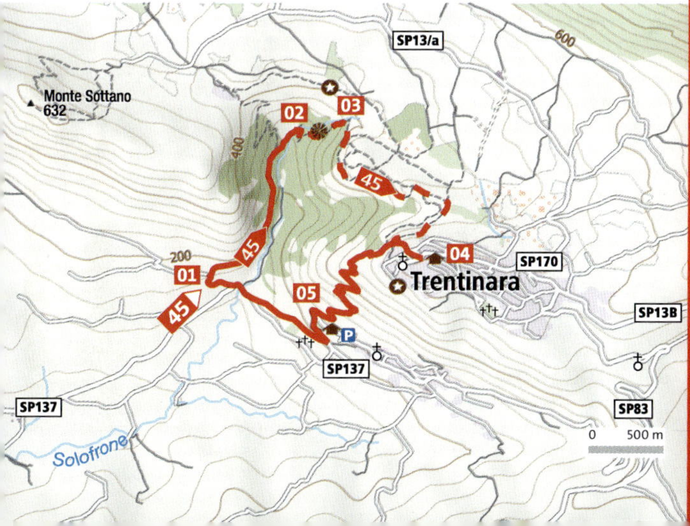

MONTE VESOLE • 1210 m

Kleiner Berg mit großer Aussicht

2,4km 1:30 h 183 hm 183 hm

START | Valico di Vesole, Parkplatz.
Anfahrt: Von Trentinara auf kurvenreicher Straße Richtung Roccadaspide bis zur Passhöhe.
[GPS: UTM Zone 33 x: 513345 m y: 4473554 m]
CHARAKTER | Kurze, leichte Wanderung auf einen hervorragenden küstennahen Aussichtsgipfel im nördlichen Cilento.

Auf der Passhöhe **Valico di Vesole** wurde früher in zwei ausgemauerten runden Eisgruben, sogenannte Nevere, im Winter Schnee gesammelt, zu Eis gepresst, zwischen isolierenden Schichten von Farnen und Blättern aufbewahrt und im Sommer zu frischer Granita verarbeitet. Rund um die Eisgruben wurde in den vergangenen Jahren der Parco Le due Nevere mit großem Picknickplatz eingerichtet, zur Saison gibts in einem Kiosk Erfrischungen.

Sie starten die Wanderung auf der Passhöhe **Valico di Vesole** 01 am Parkplatz. Auf breitem, rot-weiß markiertem Weg wandern Sie in weiten Serpentinen durch Buchenwald aufwärts; am Weg blühen im Frühjahr zahlreiche Anemonen. Beim **Sattel** 02 biegen Sie nach rechts, bald danach endet der Wald. Mit herrlicher Sicht steigen Sie dann dem Karstgrat entlang hinauf zum **Monte Vesole** 03 mit der kleinen Sendeantenne. Vom Gipfel und der Gratkante im Westen genießen Sie ein

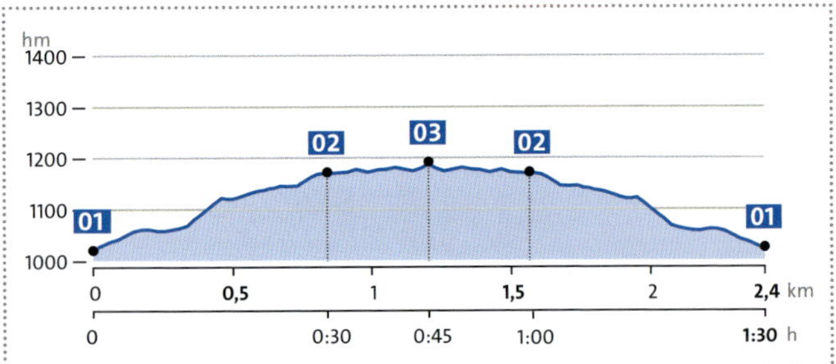

01 Valico di Vesole, 1027 m; 02 Sattel, 1160 m; 03 Monte Vesole, 1210 m;

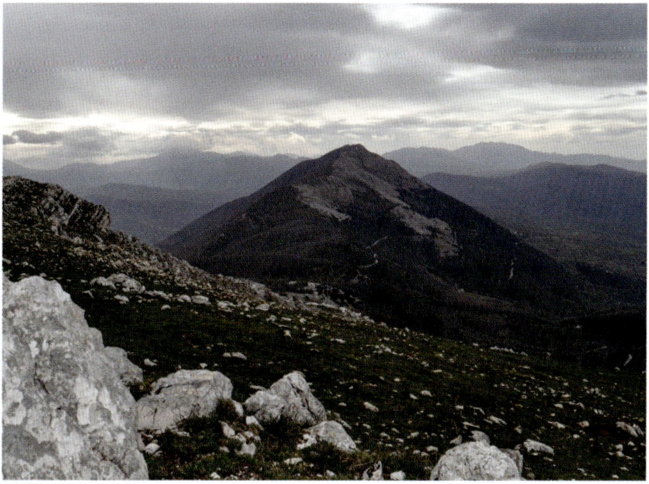

Blick vom Monte Vesole zum Monte Chianello

umfassendes Panorama von Capri über die Sorrentiner Halbinsel, die Amalfiküste und die Monti Lattari zu den Bergketten des Cilento mit Monte Stella, Monte Gelbison und Monti Alburni. Auf demselben Weg kehren Sie anschließend zum Ausgangspunkt zurück.

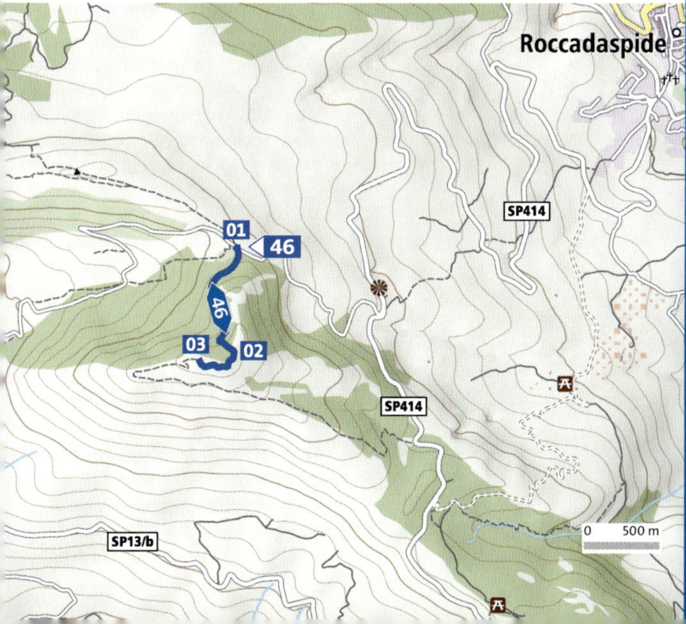

PUNTA TRESINO

Von Trentova nach S. Maria di Castellabate

10,2 km | 3:30 h | 114 hm | 120 hm

START | Parkplatz oberhalb der Baia di Trentova.
Anfahrt: SCAT-Lokalbus von Agropoli-Stazione.
[GPS: UTM Zone 33 x: 497837 m y: 4465796 m]
CHARAKTER | Angenehme Streckentour auf breiten Wegen und guten Pfaden mit schönen Aussichten. Ab Punta Tresino überwiegend sonnig, Bademöglichkeit am Sandstrand von Santa Maria. Rot-weiße Markierung, ausgeschildert als Weg Nr. 700.

Die beiden Landzungen Punta Tresino und Punta Licosa sind die ältesten Naturschutzgebiete im Nationalpark Cilento, auch die Küstengewässer stehen unter Schutz. Der CAI hat am Monte Tresino zwischen Trentova und Santa Maria in den letzten Jahren mehrere Wanderwege neu markiert und ausgeschildert. Die Wege Nr. 701 und 702 (Tour 49) führen zum und um den Gipfel, der Weg Nr. 700 führt oberhalb der Steilküste durch den mit Macchia und Wald bewachsenen Hang des Monte Tresino und verbindet die beiden schönen Sandstrände Trentova und S. Maria. Immer wieder bieten sich herrliche Aussichten, besonders weit von der **Punta Tresino**.

▶ Sie starten die Wanderung am gebührenpflichtigen Parkplatz oberhalb der **Baia di Trentova** 01 (Infohütte) und folgen dem rot-weiß markierten Weg Nr. 700; zur Saison wird hier eine

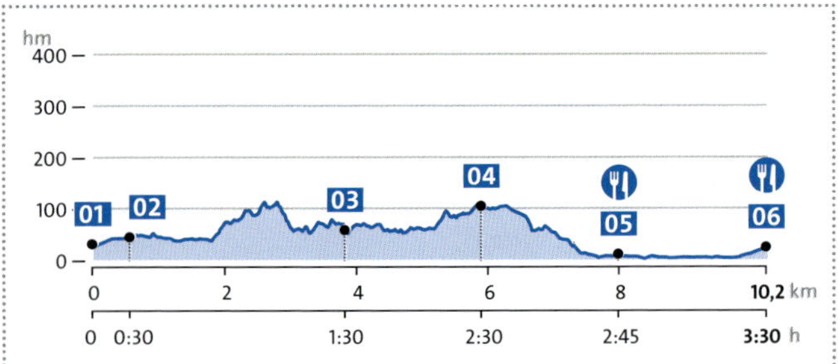

01 Baia di Trentova, 26 m; 02 Abzweigung, 40 m; 03 Punta Tresino, 84 m; 04 Sattel , 120 m; 05 Lago, 0 m; 06 Santa Maria, 20 m;

geringe Eintrittsgebühr erhoben. Auf einem breiten, anfangs gepflasterten Weg steigen Sie langsam an, immer wieder zweigen Pfade zur Küste ab. Wo links der Weg Nr. 701 abzweigt, lohnt sich rechts ein kurzer Abstecher auf dem Sentiero Belvedere vor bis zur Kante, wo sich ein schönes Küstenpanorama bietet.

Auf dem Fahrweg weiter; die ehemals genutzten Terrassen sind heute verwildert und vollständig von Macchia bewachsen. Bei der **Abzweigung** 02 biegen Sie links in den ansteigenden Weg (Wegweiser), rechts gehts zur Picknickzone Calette. Sie kommen an zwei Hausruinen vorbei und biegen bei den zwei folgenden Abzweigungen nach rechts. In leichtem Auf und Ab gehts nun auf einem Pfad durch Niederwald weiter. Beim Abstieg immer abwärts halten bis zur Kante mit freiem Blick zur Küste hinunter. Anschließend queren Sie auf breitem Hangweg das Vallone della Lecina, danach genießen Sie von der **Punta Tresino** 03, den Resten eines mittelalterlichen Küstenwachturmes, einen weiten Blick vom Golf von Salerno und Agropoli im Norden bis zur Punta Licosa im Süden. Der Name leitet sich von lateinischen „tres sinus“ her und bezeichnet die drei Einbuchtungen, in denen sich die Häfen von Patina im Norden, Staino im Westen und Lago im Süden befanden.

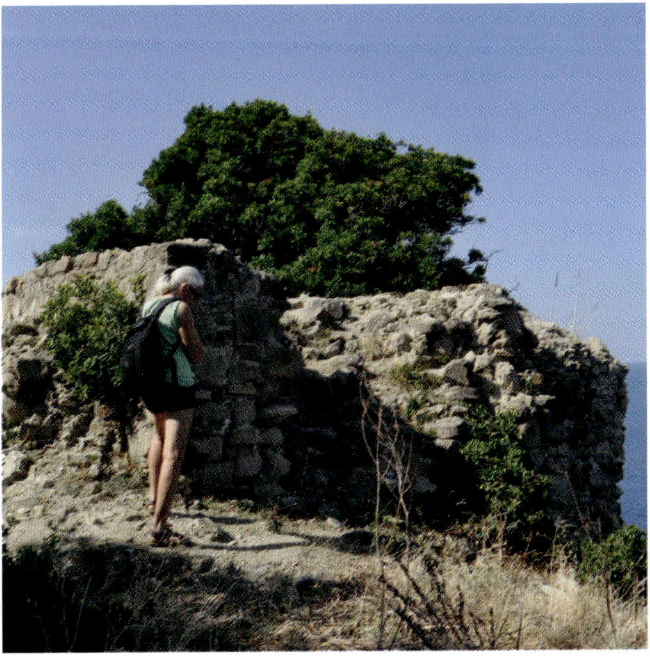

Punta Tresino

Auf dem Panoramaweg wandern Sie weiter und vor der Azienda Agricola S. Giovanni geht der Weg in einen Pfad über und führt bergwärts um das Weingut herum. Hier bei der Kreuzung geradeaus und durch einen kleinen Bachgraben. Der Pfad steigt nun leicht an, wird breiter und trifft auf einem **Sattel** 04 mit freiem Blick auf S. Maria und S. Marco auf einen Fahrweg, dem Sie nach rechts leicht abfallend folgen. Durch felsiges, mit Aleppokiefern bewachsenes Terrain führt der Fahrweg hinunter nach **Lago** 05, wo der Sandstrand beginnt, der sich bis **Santa Maria** 06 erstreckt.

Auf dem Weg dem Strand entlang nach Santa Maria können Sie nach dem Baden im Ristorante Lido dal Pincio vor Beginn des felsigen Strandabschnittes einkehren. Am Ende empfiehlt sich noch eine Schleife durch den Ort, der Busbahnhof liegt an der Piazza Matarazzo am oberen Ende des gleichnamigen Parks am Rande des alten Zentrums.

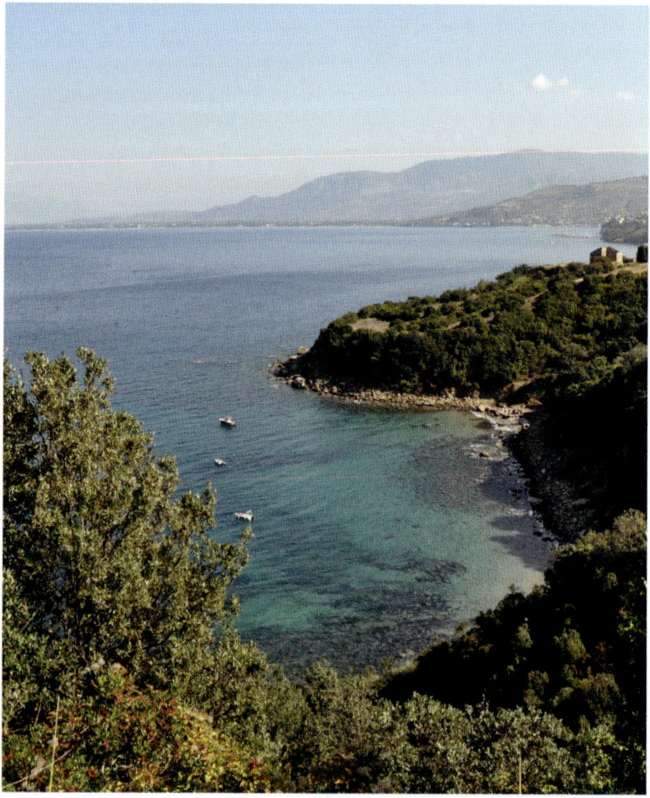

Baia del Sauco

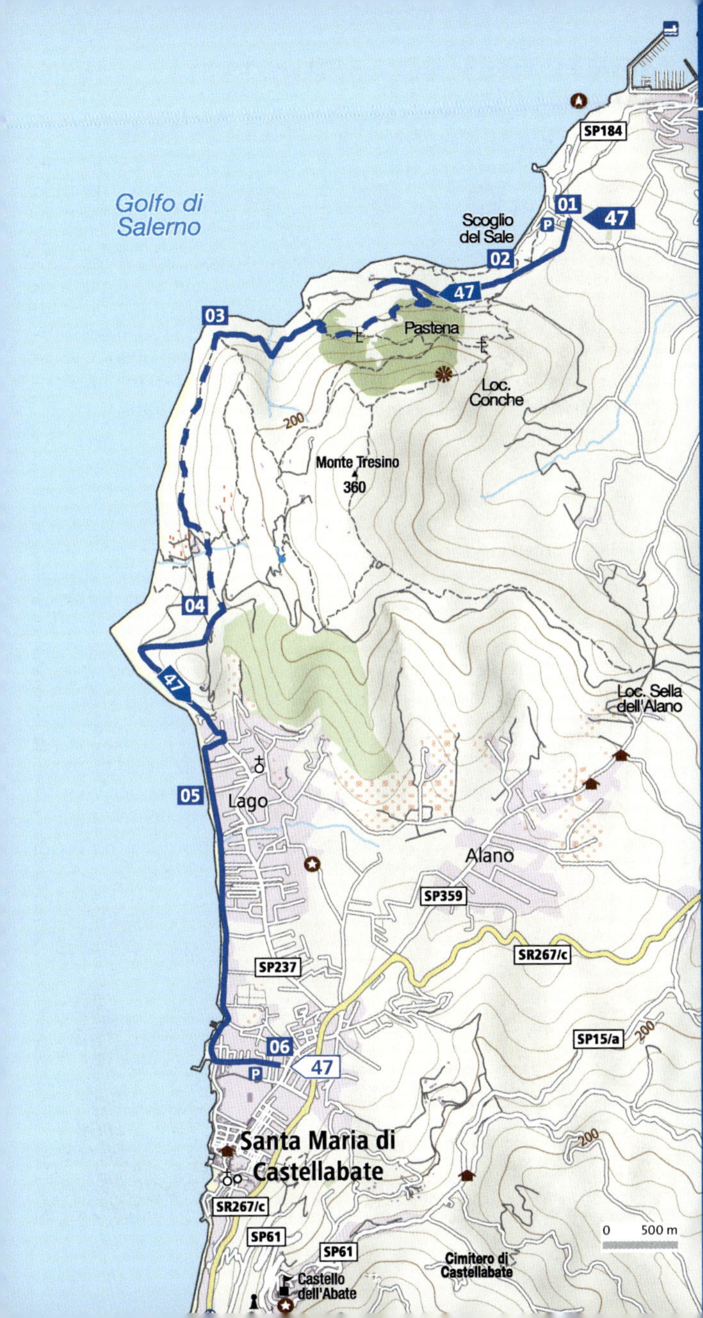
Golfo di Salerno
SP184
01
47
Scoglio del Sale
02
47
03
Pastena
Loc. Conche
200
Monte Tresino
360
04
47
Loc. Sella dell'Alano
05
Lago
Alano
SP359
SR267/c
SP237
200
SP15/a
06
47
Santa Maria di Castellabate
200
SR267/c
SP61
SP61
Cimitero di Castellabate
Castello dell'Abate
0 500 m

MONTE TRESINO • 360 m

Ehemals besiedelter Aussichtsgipfel an der Küste

9,7 km | 3:40 h | 330 hm ↗ | 330 hm ↘

START | Parkplatz oberhalb der Baia Trentova.
Anfahrt: Wie Tour 47.
[GPS: UTM Zone 33 x: 497830 m y: 4465804 m]
CHARAKTER | Ausgedehnte Rundwanderung durch die von Macchia und Wald bewachsenen Hänge und über den freien Gipfel des **Monte Tresino**. Gute Wege und Pfade, rot-weiß markiert, Nr. 701 und 702, überwiegend schattig.

Die Rundwanderung führt auch zur verlassenen kleinen Bergsiedlung **San Giovanni.** Am Monte Tresino gibt es mehrere Quellen, deshalb wurde das Gebiet im 10. Jahrhundert von Mönchen urbar gemacht und im Jahr 957 n. Chr. die Kirche San Giovanni auf einer Terrasse unterhalb des Gipfels errichtet; um die Kirche herum entstand dann ein kleines Bauerndorf. Rund 1.000 Jahre bestand die Siedlung, ehe sie in den 1950er Jahren vollständig verlassen wurde, heute künden gut erhaltene Ruinen noch von ihrer langen Geschichte.

▶ Sie starten die Wanderung wie Tour 47 am gebührenpflichtigen Parkplatz oberhalb der **Baia di Trentova** 01 und folgen zunächst dem Weg Nr. 700, nach 10 Minuten **zweigt links** 02 der Weg Nr. 701 zum verlassenen Borgo San Giovanni ab.

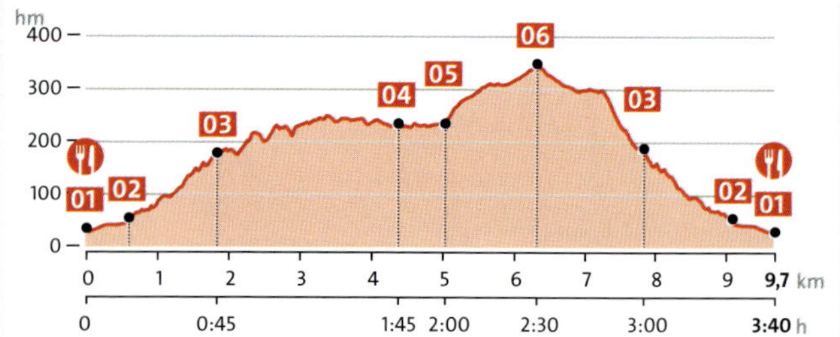

01 Baia di Trentova, 26 m; 02 Abzweigung links, 40 m; 03 Weggabelung, 180 m; 04 San Giovanni, 228 m; 05 Wegkreuzung, 228 m; 06 Monte Tresino, 356 m;

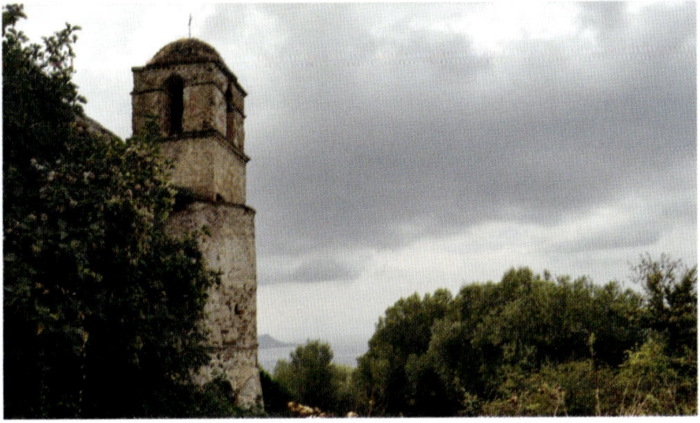

San Giovanni

Auf anfangs breitem Weg steigen Sie an und gehen vor einem Acker rechts auf dem Pfad weiter. Er führt durch längst verwilderte Terrassen; einige Trockenmauern zeugen noch von der früheren Nutzung des Hanges. Bei einer Terrasse dreht der Pfad nach links, führt dann an einer Hausruine in Panoramalage vorbei und in leichten Serpentinen steiler aufwärts. Bei einer **Weggabelung** 03 gehen Sie rechts, von links kommen Sie zurück. Nun folgt eine

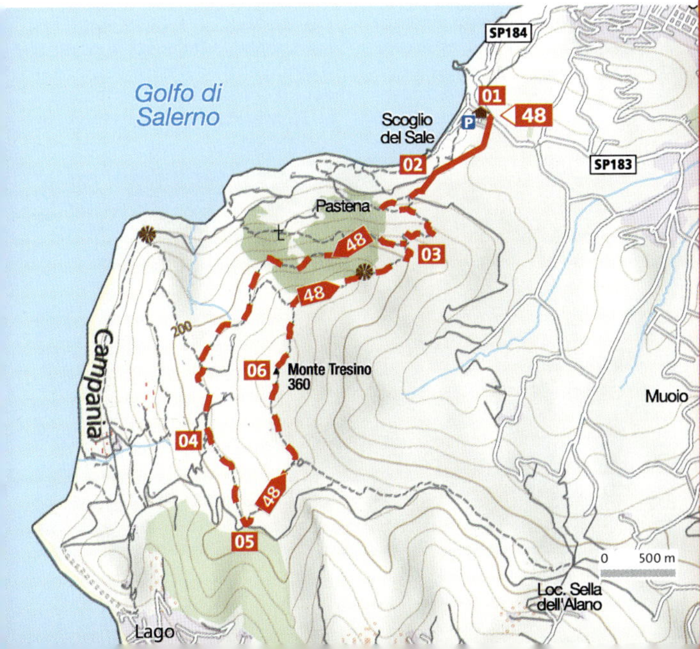

längere, sehr angenehme Passage durch Niederwald nur sanft ansteigend bis zu den Ruinen von **San Giovanni** 04 in ebener Lage unterhalb des Gipfels, heute ein stimmungsvoller Rastplatz.

Nach den Ruinen noch 10 Minuten auf dem Fahrweg weiter biegen Sie dann bei einer **Wegkreuzung** 05 in den Weg Nr. 701B nach links hinauf. Er führt als Höhenweg über den stellenweise mit Macchia bewachsenen Hang hinauf, einige Olivenbäume erinnern noch an die frühere Nutzung. Von rechts stößt der Weg Nr. 702 dazu, auf dem Sie dann den flachen Gipfel des Monte **Tresino** 06 erreichen.

Hier genießen Sie eine herrliche Panoramasicht, bevor Sie auf dem Pfad durch bald dichter werdende Macchia wieder absteigen. Bei einer Weggabelung geht es rechts, links ist der Wegweiser für die MTB-Strecke. Es folgen einige steilere Passagen hinunter, einmal zwischen schönen Schalensteinen. Nach 40 Minuten treffen Sie bei der **Weggabelung** 03 auf

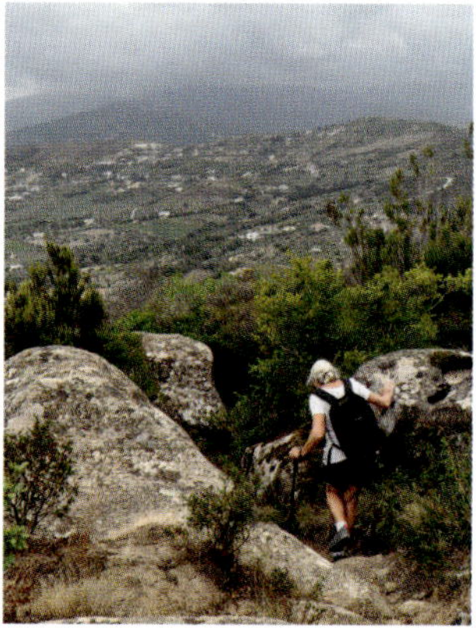

Felsenpassage beim Abstieg

den Hinweg, auf dem Sie dann zum **Ausgangspunkt** 01 zurückkehren.

Einkehren nach der Tour können Sie in der nahen Pizzeria/Bar New Blue Angel nahe dem Kreisverkehr mit Bushaltestelle. Zum Baden lädt der schöne Sandstrand der Baia Trentova ein. Auf der Küstenstraße kann man auch in 30 Minuten nach Agropoli zurückgehen.

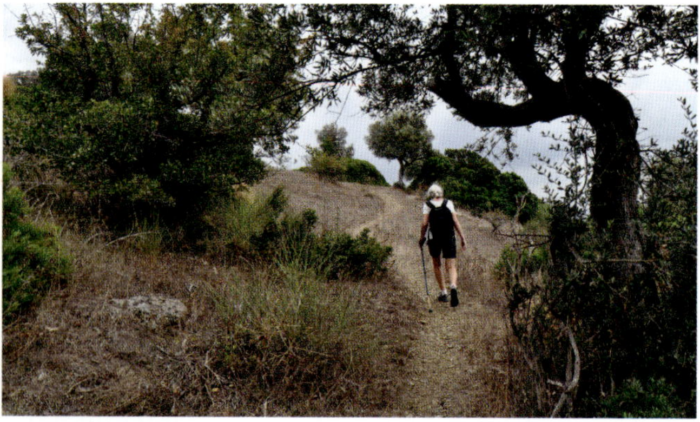

Am Monte Tresino

PUNTA LICOSA

Zum Sirenenkap

15,7 km 4:00 h 10 hm 10 hm

START | San Marco, Porto.
Anfahrt: Bus 34 von Agropoli/Tendostruttura.
[GPS: UTM Zone 33 x: 494456 m y: 4457483 m]
CHARAKTER | Schöne Küstenwanderung, bis Punta Licosa auf kaum befahrenem Fahrweg, danach Waldweg oder Küstenpfad bis Punta Ogliastro. Überwiegend schattig.

Die Landzunge mit Kap und vorgelagerter kleiner Insel verdankt ihren Namen der Sirene Leucosia. Der Sage nach suchte sie hier den Tod, nachdem Odysseus sich scheinbar nicht von ihrem verführerischen Gesang hatte beeindrucken lassen. Einst stand hier die griechische Stadt Leucosia, die nach einem gewaltigen Seebeben im 10. Jahrhundert im Meer versank, nur die kleine Sireneninsel mit dem Leuchtturm ragt noch über die Wasseroberfläche, die Ruinen der Stadt liegen knapp darunter.

Die von Schirmpinien bewachsene Küste zwischen **Punta Licosa** und **Punta Ogliastro** zählt zu den schönsten des Cilento. In den letzten Jahren gab es Berichte über den gesperrten näheren Zugang von Ogliastro her. Zur Zeit der Recherche 2021 war der Zugang offen, die Durchfahrt auf der Straße für Nichtautorisierte verboten, Fußgänger wurden toleriert. Dasselbe gilt für den kurzen Abschnitt an der Punta Licosa, wo ein Privatgrundstück auf der Straße umgangen werden muss. Bei der hier beschriebenen

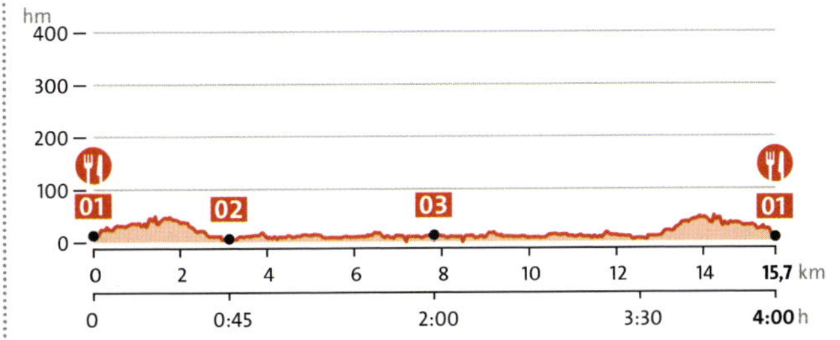

01 San Marco, 0 m; 02 Punta Licosa, 10 m; 03 Punta Ogliastro, 10 m;

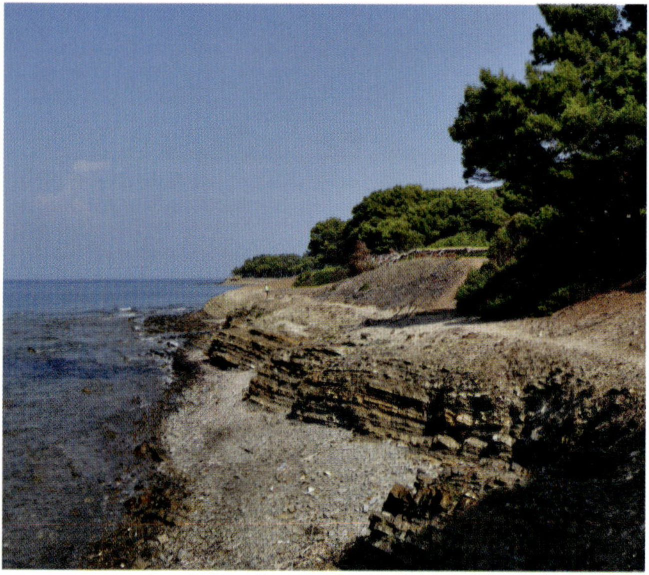

Punta Licosa

Strecke von San Marco her sollte es keine Probleme geben, außerdem ist diese Variante öffentlich besser machbar.

▶ Sie starten die Wanderung nach einem Kaffee am Hafen von **San Marco** 01 und gehen die kurz ansteigende schmale Straße Richtung Osten hinauf. Sie geht bald in einen Fahrweg über, gleich oberhalb des Hafens bietet sich ein schöner Blick zurück auf das Bergdorf Castellabate auf dem Hügel. Der Weg führt auf einer Terrasse oberhalb der Küste entlang, vorbei an einzelnen Häusern und Gärten. Aufwendige Trockenmauern verhindern die Erosion.

Nach einer halben Stunde passieren Sie eine Häusergruppe mit auffälligem, schön restauriertem Taubenturm. Danach wird die Terrasse breiter. Wein, Feigen und Oliven werden hier angebaut, einige Bauernhöfe wurden auch zu Ferienhäuser umfunktioniert.

Auf asphaltiertem Sträßchen erreichen Sie dann bei einem Kalvarienkreuz die Küste. Mächtige Pinien oberhalb der Steilküste, ein kleiner Hafen und der schöne Blick hinüber zur Sireneninsel prägen die Szenerie im Umkreis der **Punta Licosa** 02.

Vor dem kleinen Hafen biegen Sie nach links in die breite Privatstraße und umgehen das große Grundstück um den herrschaftlichen Palazzo, einer früheren Bischofsresidenz. Nach 8 Minuten schwenken Sie rechts in den Fahrweg der Mauer entlang zur Küste, rechts führt dann ein kurzer Abstecher zur Punta Licosa.

Nun folgt die schönste Passage der Tour. Streckenweise können Sie auf schmalem Klippenpfad direkt der Küste entlangwandern. Ein schöner, schattiger Weg führt parallel zur karstigen Küste durch den Pinienwald fast bis zur **Punta Ogliastro** 03; immer wieder gibt es schöne Plätze zum Verweilen. Auf demselben Weg kehren Sie dann zum Hafen von **San Marco** 01 zurück. Die Badestrände liegen neben dem Hafen, am Hafen gibts mehrere Einkehrmöglichkeiten. Auf einem aussichtsreichen Weg oberhalb der Steilküste und dann dem Strand entlang kann man auch nach S. Maria gehen (30 Minuten).

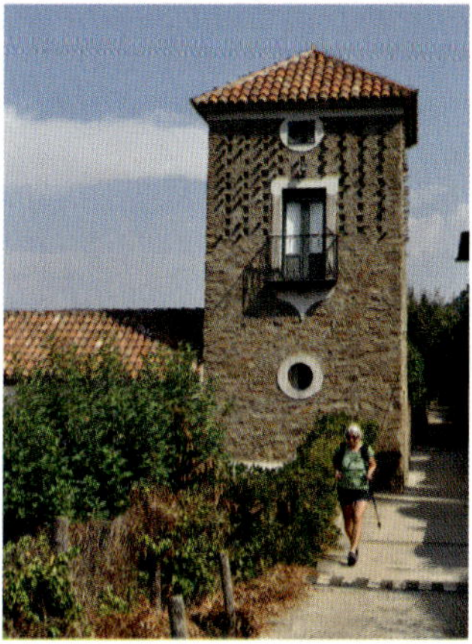

Alter Taubenturm

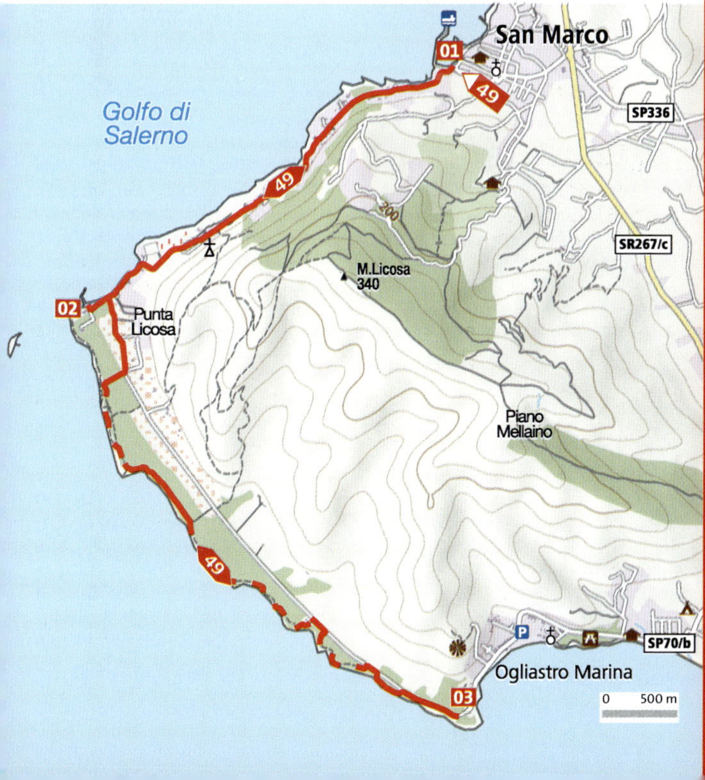

MONTE LICOSA • 340 m

Olivenhaine und weite Aussicht

8,5 km 2:40 h 305 hm 325 hm

START | Pietà, Bushaltestelle Bivio Ogliastro an der Straße 267c. An- und Rückfahrt: Bus 34.
[GPS: UTM Zone 33 x: 496688 m y: 4454743 m]
CHARAKTER | Aussichtsreiche Streckenwanderung über den Kamm des Monte Licosa. Breite Wege, ein kurzer steiler Abstieg, spärliche rot-weiße Markierung, im Aufstieg sonnig.

Der **Monte Licosa** ist ein kleines Bergmassiv an der Küste zwischen San Marco und Ogliastro. Auf seiner Ostseite finden sich ausgedehnte Olivenhaine, von seinem lang gezogenen Kamm bieten sich herrliche Aussichten über die Küste und ins Hinterland. Den besten Blick zur Punta Licosa und der Sireneninsel genießen Sie vom isolierten Hügel mit dem Ex-Semaforo.

▶ Sie starten Ihre Wanderung an der Straße 267c bei der Bushaltestelle **Bivio Ogliastro** 01 im Ortsteil Pietà und gehen die abzweigende Straße Richtung Meer. Nach drei Minuten biegen Sie nach rechts in die Via S. Maria delle Grazie (Wegweiser Monte Licosa) und nach 50 m dann in den Fahrweg halb links. Sie bleiben nun immer auf diesem Weg, er führt nach zwei Kehren immer mäßig ansteigend durch den Hang mit alten Olivenhainen hinauf, mächtige Trockenmauern stützen die Terrassen. Kurz vor dem **Piano Mellaino** 02 gehts

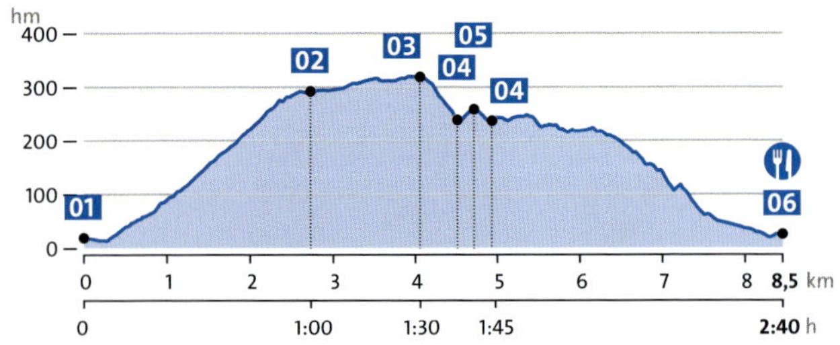

01 Bivio Ogliastro, 20 m; 02 Piano Mellaino, 290 m; 03 Monte Licosa, 340 m; 04 Sattel, 240 m; 05 Ex-Semaforo, 255 m; 06 San Marco, 0 m;

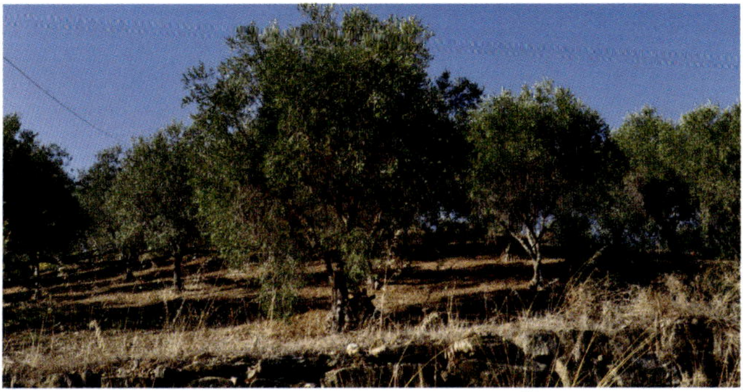

Olivenhain am Nordhang

durch Macchia, an der Wegkreuzung auf der Kuppe biegen Sie in den Weg nach links zum sichtbaren ersten Feuerwachturm.

Es folgt eine schöne Passage dem mit Pinien bewachsenen Kamm des **Monte Licosa** 03 entlang, immer wieder mit herrlichen Aussichten auf die Küste und Castellabate auf dem Hügel gegenüber. Nach dem dritten Feuerwachturm fällt der Weg ab, bald hinter einem Gebäude biegen Sie dann in der Kurve nach links zur sichtbaren Ruine eines alten Küstenwach-

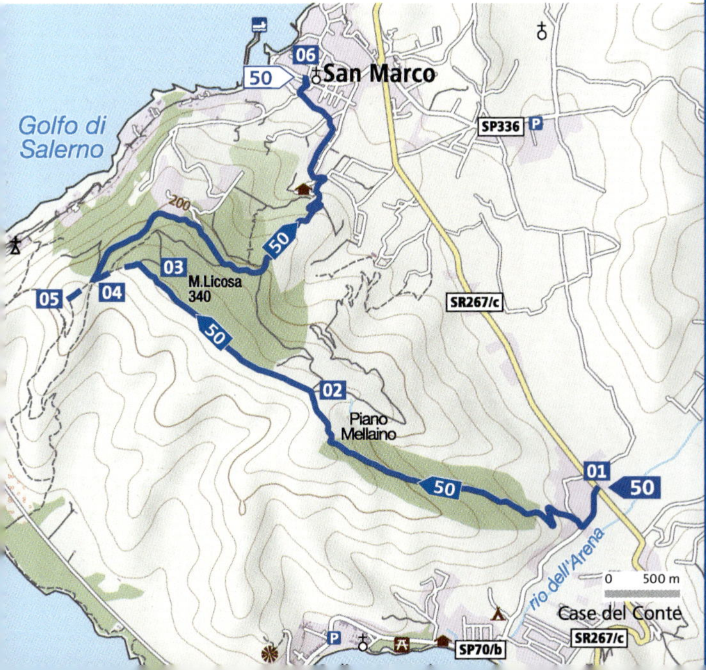

turmes. Durch eine Waldschneise auf steinigem Weg steil hinunter kommen Sie zu einem **Sattel** 04 und gehen dann geradeaus wieder ansteigend zur Turmruine, landläufig als **Ex-Semaforo** 05 bezeichnet, hinauf. Hier bietet sich ein wunderbarer Blick hinunter zur Punta Licosa und die vorgelagerte Sireneninsel (siehe Tour 49).

Zurück zum **Sattel** 04 biegen Sie jetzt in den ebenen Fahrweg nach links. Durch Kiefernwald kommen Sie zur Straße, dort geradeaus weiter und nach einem Picknickareal mit schönen Blicken auf Castellabate in Kehren hinunter nach San Marco. Am Ortsrand in der Kurve geradeaus in die kleinere Wohnstraße immer abwärts haltend gelangen Sie direkt zum Hafen von **San Marco** 06 mit mehreren Einkehrmöglichkeiten; die Badestrände liegen liegen links und rechts des Hafens.

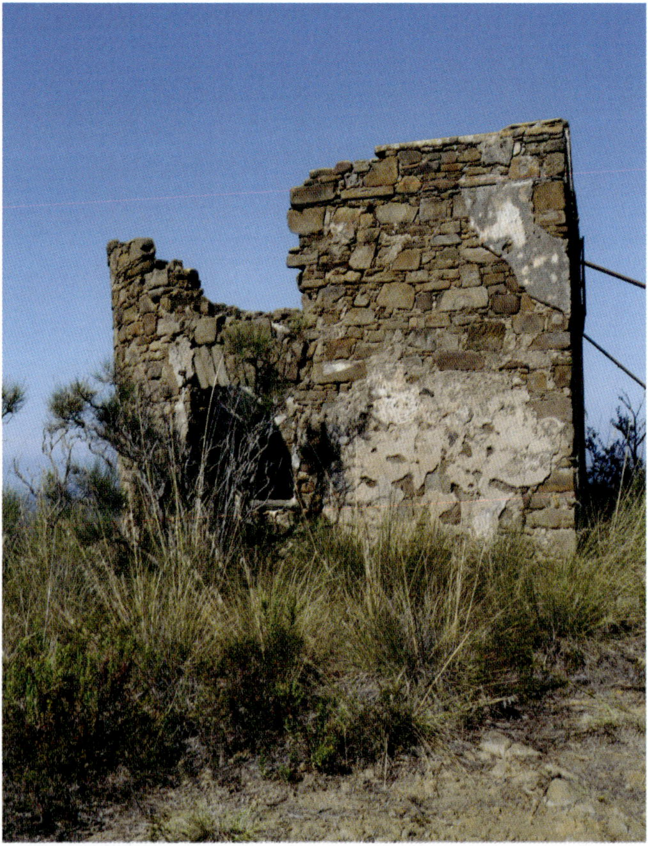

Ex-Semaforo am Monte Licosa

MONTE DELLA STELLA • 1130 m

Heiliger Aussichtsberg

8,9 km | 2:50 h | 485 hm | 485 hm

START | Abzweigung „Area Acqua della Morte“.
Anfahrt: Von Mercato Cilento Richtung Sessa Cilento und nach 700 m rechts auf die SP 46, nach 2 km knapp vor km 9 bei der Abzweigung des Fahrweges parken.
[GPS: UTM Zone 33 x: 503059 m y: 4456454 m]
CHARAKTER | Leichte Wanderung auf den küstennahen Aussichtsberg. Fahrwege und Pfade, kurzer steiler Ab- und Anstieg beim Castelluccio, anfangs gelbe, dann rot-weiße Markierung, halbschattig.

Der kegelförmige **Monte della Stella** ist seit Urzeiten ein heiliger Berg und ein klassischer Aussichtsberg. Früher thronte eine Langobardenfestung auf seinem Gipfel, heute eine Radarstation und das Santuario della Madonna della Stella. Im Mittelalter gründeten Basilianermönche einen ganzen Kranz von Bergdörfern auf halber Höhe rund um den Berg, zu Ferragosto findet die große Wallfahrt von allen Seiten zum Santuario statt.

Mehrere Wege und eine Straße führen auf den Gipfel mit Picknickzone, Santuario, Aussichtsplattform und Sendestation. Leicht und attraktiv ist der Anstieg über den ruhigen Vorgipfel Castelluccio mit fast ebenso herrlichem Panorama und dann vorbei an der kultischen Steinformation „Pietra della Mulacchia“.

▶ Die Wanderung beginnt bei der **Abzweigung** 01 des Fahrwe-

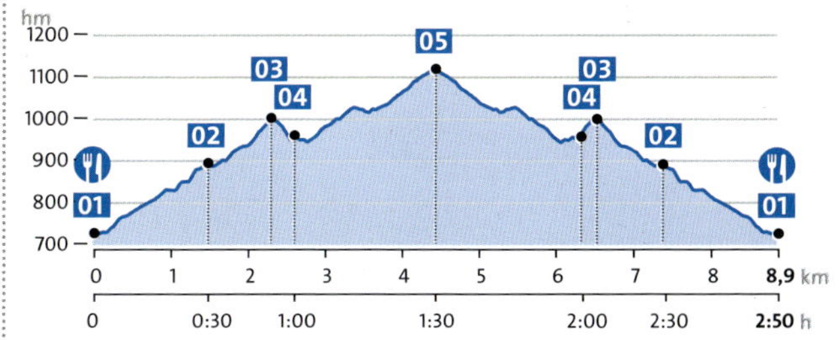

01 Abzweigung, 700 m; 02 Sattel Monte Corvara, 890 m; 03 Castelluccio, 1025 m; 04 Pianoro Castelluccio, 970 m; 05 Monte della Stella, 1130 m;

ges von der SP 46, („Area Acqua della Morte"). Auf dem zerfurchten Fahrweg steigen Sie durch gemischten Niederwald auf mit einer alten gelben Markierung. Die Linksabzweigungen werden ignoriert (die erste führt zum Picknickplatz „Area Acqua della Morte"). Nach einem Kastanienhain gehts durch jungen Kastanienwald in Serpentinen hinauf zum **Sattel** des **Monte Corvara** **02**. Beim Querweg biegen Sie hier links (Wegweiser) ab, jetzt genießen Sie eine weite Sicht zur Küste und ins Landesinnere. Nach zwei kurzen Anstiegen sind Sie beim Gipfel des **Castelluccio** **03** mit seinem weiten Panorama angelangt, Reste einer ehemaligen Langobardenburg sind noch zu erkennen.

Nach Südosten steigen Sie nun kurz steil ab zum Sattel **Pianaro Castelluccio** **04** und folgen anschließend der Gratlinie. Auf dem von Mischwald bestandenen Grat erreichen Sie die **Pietra della Mulacchia**, einen imposanten Dolmen und urgeschichtliche Kultstätte.

Danach passieren Sie die Picknickzone und steigen die letzten Meter auf der Straße hinauf zum Gipfel des **Monte della Stella** **05**, wo Sie von der hölzernen Aussichtsplattform nochmals das umfassende Panorama über die Küste mit Monte Licosa, Castellabate, Monte Tresino, den Golf von Salerno und die Cilentoberge im Landesinneren genießen können. Auf demselben Weg kehren Sie dann zum Ausgangspunkt zurück. Einkehren am Ende der Tour können Sie im Ristorante Il Castagneto am südlichen Ortsende von Mercato Cilento.

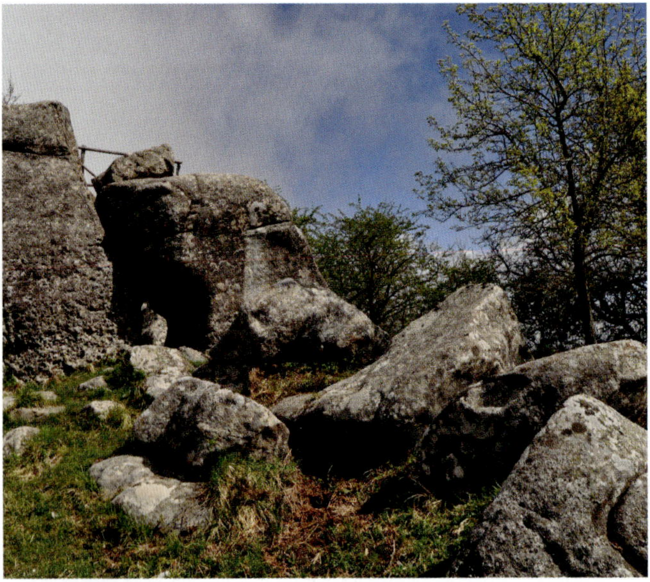

Pietra della Mulacchia

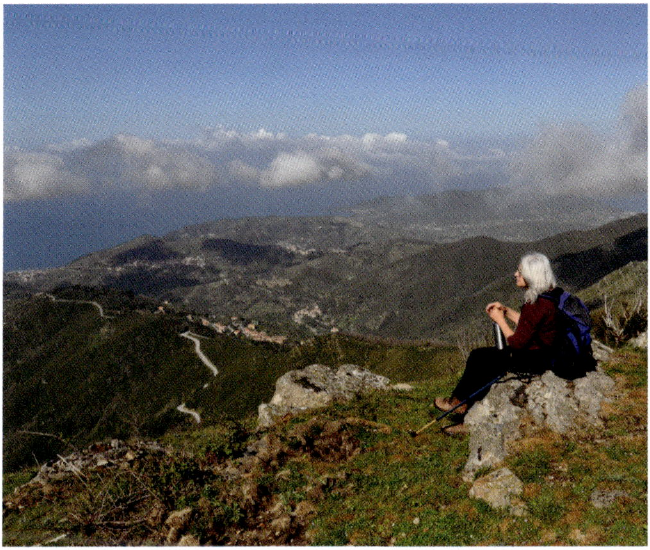

Blick vom Castelluccio

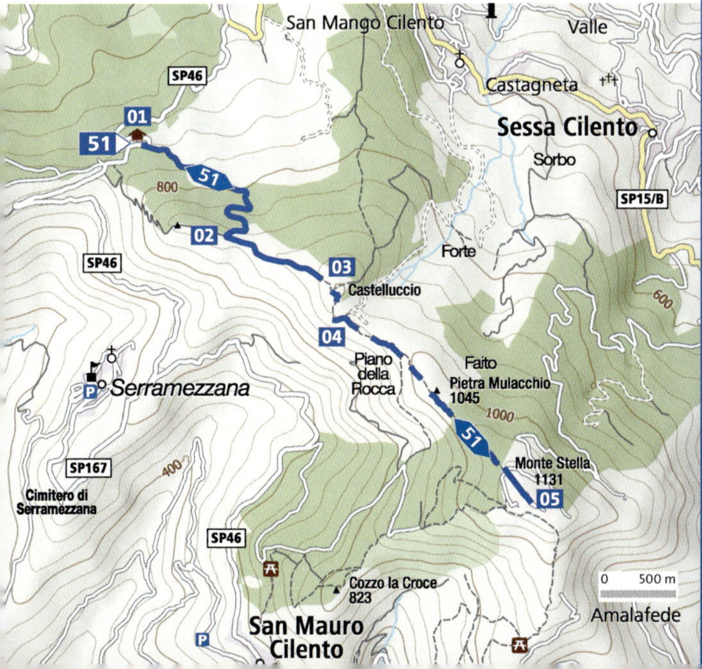

52

PISCIOTTA – CASTELLUCCIO DI PISCIOTTA • 701 m

Auf den Hausberg von Pisciotta

9,9 km 3:30 h 531 hm 531 hm

START | Pisciotta.
Anfahrt mit Auto: Pisciotta liegt an der SR447, Parkplatz am westlichen Ortsrand. Schlechte Busverbindung vom Bahnhof in den Ort. www.agenziainfantiviaggi.it
[GPS: UTM Zone 33 x: 519913 m y: 4439881 m]
CHARAKTER | Lohnende Rundwanderung mit einigen hervorragenden Aussichtspunkten. Steiler Anstieg auf gutem Weg, steiler Abstieg auf teils schottrigem Pfad. Überwiegend schattig, einige Wegweiser.

Pisciotta ist bekannt für sein Olivenöl; der Anstieg erfolgt durch Terrassen mit Olivenhainen. Der Höhenweg führt anschließend durch Niederwald und im zweiten Abschnitt als Panoramaweg zum Castelluccio di Pisciotta. Trotz seiner geringen Höhe ist der Hausberg von Pisciotta ein hervorragender Aussichtsplatz. Der Abstieg wird gegen Ende steil, hier sind Stöcke nützlich.

▶ Sie starten die Tour nach einem Kaffee in der Bar Germania – hier können Sie auch hauseigenes Olivenöl kaufen – an der zentralen Piazza R. Pinto in **Pisciotta** 01 und steigen auf der anderen Seite den breiten Treppenweg hinauf.

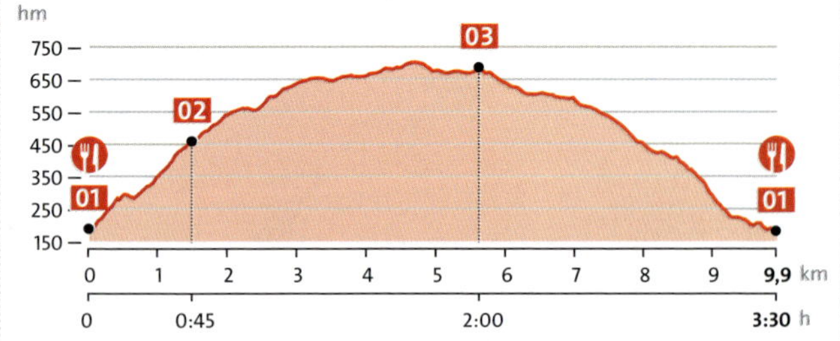

01 Pisciotta, 170 m; 02 Valico di S. Belardino, 466 m;
03 Castelluccio di Pisciotta, 701 m;

Er führt zuerst zwischen Häuser aufwärts und geht dann in ein Betonsträßchen über, auf dem Sie durch Olivenhaine weiter aufsteigen. Sie treffen auf eine Straße, gehen auf dieser kurz links der Terrasse entlang und biegen bei der Kurve rechts in den Betonweg hinauf (Wegweiser Castelluccio). Bei der Weggabelung beim letzten Haus nehmen Sie dann den linken Weg (eine alte Mulattiera), der zum **Valico San Belardino** 02 hinaufführt.

Auf dem Sattel mit freiem Blick ins gebirgige Hinterland steht nur noch ein letzter Rest einer Kapelle, hier biegen Sie nach rechts und nach 100 m wieder nach rechts. Auf breitem Weg durch Niederwald und Macchia mit vielen Steineichen, Erdbeerbäumen, später auch Ginster und Kastanien gehts noch kurz bergauf und dann dem Grat entlang; manchmal erinnern Felsen an den karstigen Untergrund.

Bei einem Sattel mit einem alten Kastanienhain beginnt eine Panoramastrecke auf einem Fahrweg mit herrlichem Blick zu den Cilento-Bergen mit Monte della Stella, Monte Gelbison und etwas später Monte Bulgheria. Auf der Kuppe geradeaus und nun leicht abfallend kommen Sie zu einem stimmungsvollen Rastplatz mit Blick zu den verstreuten Bergdörfern um den mächtigen Monte Bulgheria und im Hintergrund die Gebirgsketten der Basilikata.

Bald danach haben Sie den **Castelluccio di Pisciotta** 03 erreicht, wieder mit umfassenden Panorama. Nur der Name erinnert noch

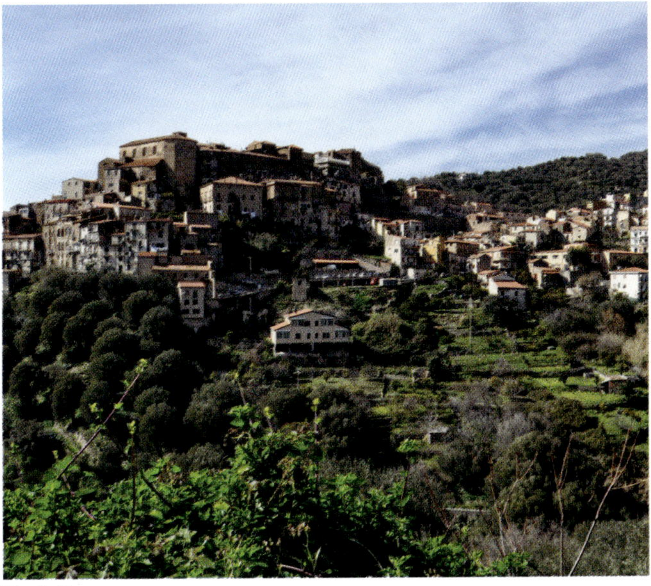

Pisciotta

daran, dass hier einst ein Wachturm stand.

Der Abstieg erfolgt in mehreren Etappen. Anfangs auf schönem Weg durch Niederwald, bei der ersten Abzweigung mit freiem Blick auf die Bucht von Palinuro nach rechts, bei der zweiten Abzweigung geradeaus (Wegweiser Pisciotta). Bei der zweiten Kehre geradeaus in den schmaleren Weg und bei Abzweigungen geradeaus halten. Der Weg ist nicht sehr gepflegt, fallweise ist er rot-weiß markiert. In kleinen Serpentinen

Olivenöl

Erstklassiges Olivenöl mit warmem Farbton und fruchtigem, intensivem Geschmack ist das grüne Gold des Cilento. Der von den Griechen eingeführte Olivenbaum fand hier ideale Bedingungen, jahrhundertealte Olivenhaine prägen vielerorts das Landschaftsbild. Die Olivenölherstellung im Nationalpark Cilento vom Meer bis zum Hinterland umfasst heute insgesamt 62 Kommunen und zwei Ursprungsbezeichnungen: D.O.P. Cilento für den südlichen und östlichen Teil sowie D.O.P. Colline Salernitane für den nördlichen Teil. Kultiviert werden die traditionellen, robusten Sorten Rotondella, Salella, Pisciottana, Ogliara, Frantoio und Leccio.

Die 1976 gegründete Landwirtschaftliche Genossenschaft „Nuovo Cilento“, heute Italiens größter Hersteller von biologischen Olivenölen, produziert und vermarktet drei Extra-Vergine-Olivenöle: das klassische „Terre di Casale“, die geschützte Herkunftsbezeichnung „Terre dei Monaci“ und das biologische „Terre Antiche“. www.nuovocilento.it

Zahlreiche kleine Ölmühlen produzieren ausgezeichnete Olivenöle oft nur für die lokale Gastronomie oder den lokalen Verkauf, z. B. Frantoio Germano Monzo. www.monzo.it

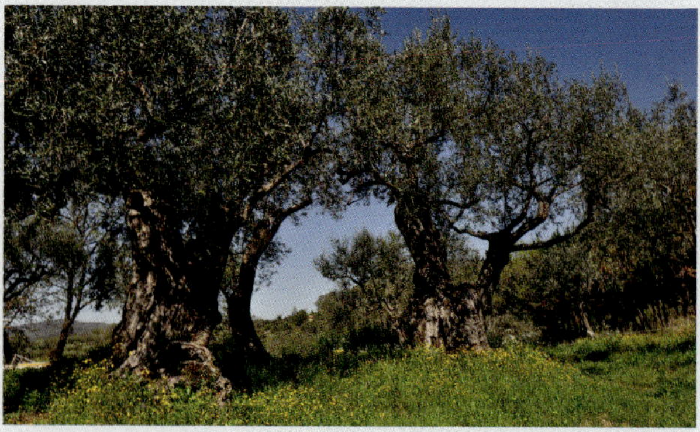

geht es den Hang hinunter. Nach einem schattigen Rastplatz dann auf steilem Pfad und gegen Ende einer Wasserleitungstrasse entlang. Sie queren den Carusellograben auf einer alten Holzbrücke bei vielen Kakteen und wandern auf nunmehr schönem Pfad zum ersten Haus und dann auf gepflegtem Weg durch Olivenhaine zurück zur Piazza Pinto in **Pisciotta** **01**.

Im Centro storico lädt das Ristorante Tre Gulfi mit Aussichtsterrasse beim Palazzo Marchesale zur Einkehr.

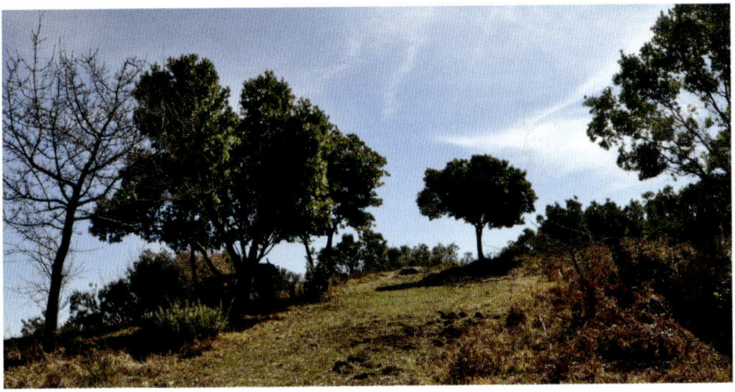

Castelluccio

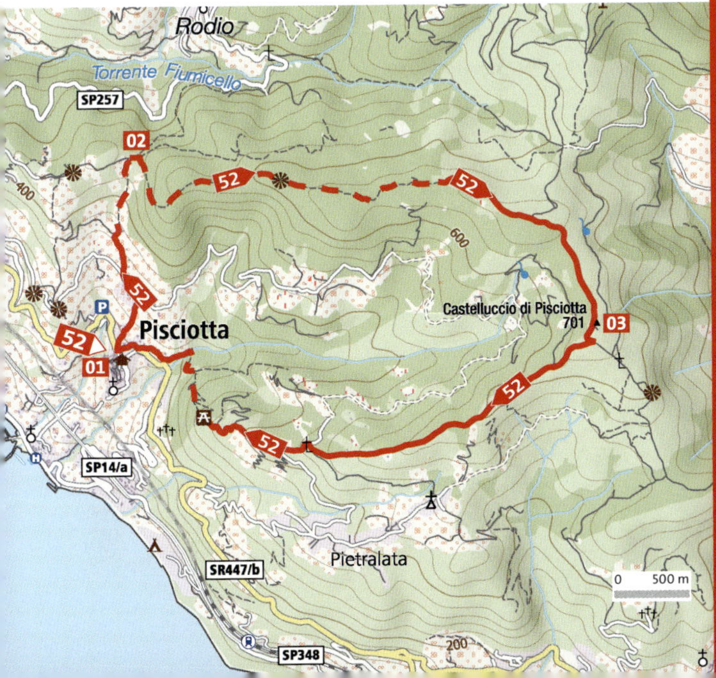

CAPO PALINURO

Bilderbuchkap des Cilento

6,5 km 2:30 h 260 hm 260 hm

START | Palinuro.
Anfahrt: Infantibus, dieselbe Haltestelle am südlichen Ortsrand für Hin- und Rückfahrt. Autofahrer können am gebührenpflichtigen Parkplatz am Hafen parken.
[GPS: UTM Zone 33 x: 524450 m y: 4431417 m]
CHARAKTER | Aussichtsreiche Rundwanderung über das steil zum Meer abfallende Kap Palinuro. Rot-weiß markierte, karstige Pfade, Wegweiser. Nicht bei Hitze oder Regen gehen, an mehreren Stellen ist bei steil abfallenden Felsen vor allem mit Kindern Vorsicht geboten, Abstieg durch schattigen Kiefernwald.

Schon den griechischen Seefahrern dienten die senkrecht aus dem Meer aufsteigenden Felsen des Vorgebirges als Orientierung. Benannt sind Kap und Stadt nach Palinurus, dem umsichtigen Steuermann in Vergils Äneis, er war das letzte Opfer der Irrfahrt des Aneas vom zerstörten Troja nach Italien. Heute gilt das Kap mit seinen mächtigen Felsen und sehenswerten Grotten als Wahrzeichen des Cilento. Der neu ausgeschilderte und gut markierte Sentiero Fortini e Torri verbindet die einstigen Küstenwachtürme und bietet herrliche Aussichten.

▶ Von der Bushaltestelle am südlichen Ortsrand von **Palinuro** 01 folgen Sie dem Wegweiser „Porto Turistico". In 10 Minuten

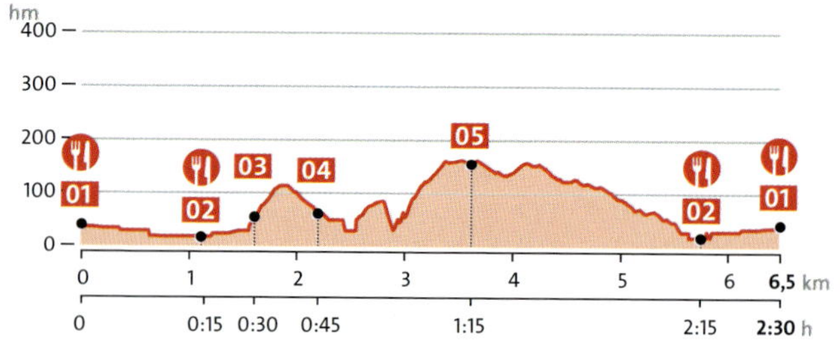

01 Palinuro, 20 m; 02 Hafen, 0 m; 03 Punta del Fortino, 20 m; 04 Torre della Quaglia, 100 m; 05 Faro di Palinuro, 190 m;

auf der aussichtsreichen Zufahrtsstraße sind Sie am **Hafen** 02 am Fuße des Caps mit Parkplatz, Sandstrand und Restaurants. Vor der Mole zweigt links bei einem Holzgeländer der rot-weiß markierte Pfad ab, der mit schöner Aussicht hinauf zur **Punta del Fortino** 03 mit den Resten einer Festung und eines alten Wachturmes führt. Hier bietet sich ein schöner Blick hinüber zur Grotta Azzurra unterhalb der Punta della Quaglia. Kurz zurück biegen Sie dann beim Wegweiser in den Pfad nach rechts hinauf. Durch den spärlich mit Macchia und niederen Kiefern bewachsenen karstigen Hang steigen Sie auf, auf der Höhe dann rechts zum **Torre della Quaglia** 04 hinunter.

Vor der Turmruine zweigt links der Pfad zur Punta Jacco ab, nach einem kurzen Abstieg bietet sich

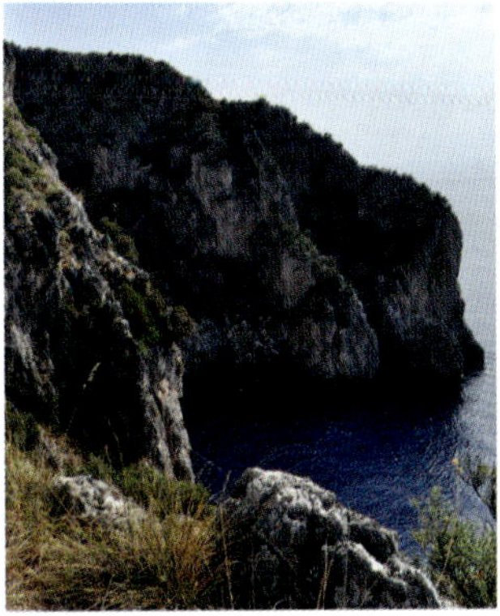

Felskap Palinuro

rechts ein herrlicher Blick auf die senkrecht ins Meer abfallenden Felsen der Punta Quaglia. Der Pfad führt dann nahe der Felskante mit viel Wolfsmilch entlang und steigt vor den mächtigen Felsen der Cala Ribatto wieder an;

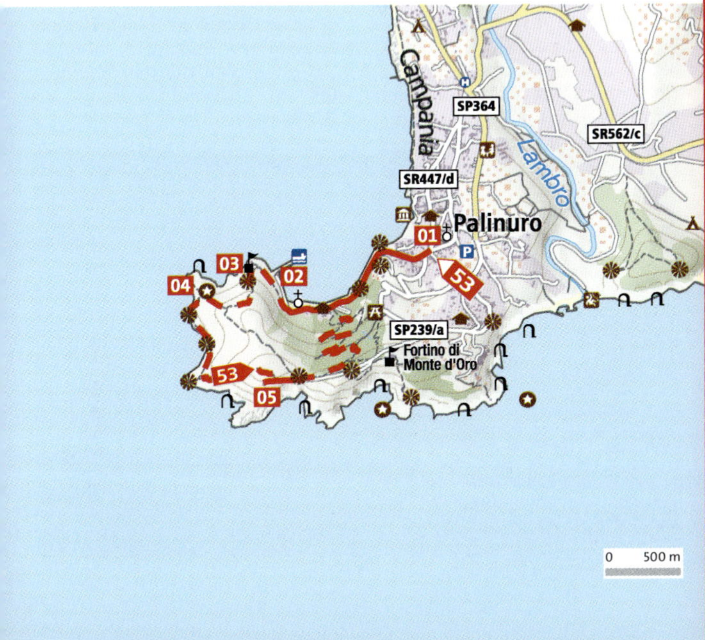

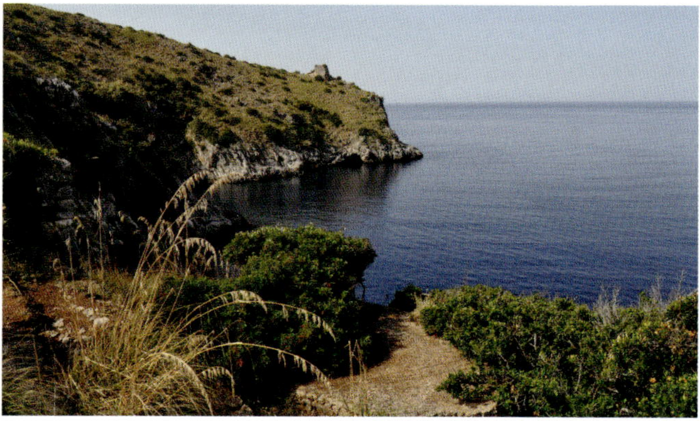

Küste mit dem Torre della Quaglia

zur Torre di Punta Jacco zweigt ein Stichpfad nach unten ab. Von den Felskanzeln bieten sich beim Aufstieg zum Faro spektakuläre Blicke auf die zerklüftete Steilküste, am Weg blühen im Sommer wilde Narzissen. Der alte Leuchtturm, **Faro di Palinuro** 05, ist von neuen Sendeanlagen umgeben. Wo der Pfad auf die Straße trifft, bietet sich ein letzter imposanter Tiefblick auf die grotten- und buchtenreiche Steilküste.

Auf der Zufahrtsstraße nun nach links und nach 5 Minuten bei einem Zaundurchlass zu einem Picknickplatz. Ein schöner Waldweg mit Holzgeländer führt dann in Serpentinen und beim breiten Querweg links hinunter zum **Hafen** 02. Hier werden auch Bootsausflüge zu den Grotten angeboten. Einkehren können Sie am Hafen oder in **Palinuro** 01 im Ristorante Pergola im Zentrum.

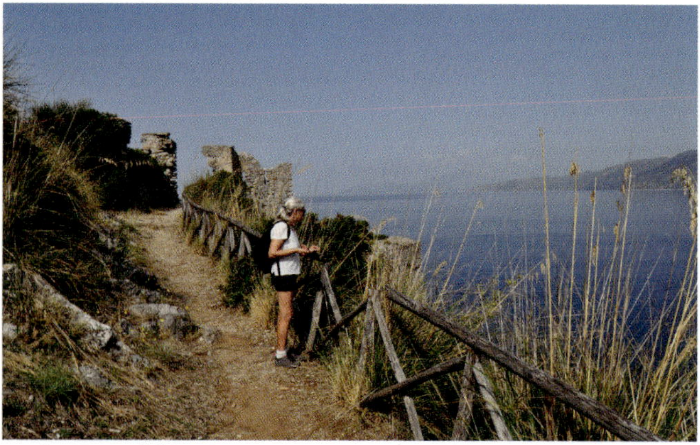

An der Punta del Fortino

MARINA DI CAMEROTA – BAIA DEGLI INFRESCHI

Zu schönen Badebuchten an der Costa degli Infreschi

13,4 km | 3:45 h | 420 hm ↗ | 420 hm ↘

START | Marina di Camerota, Bushaltestelle beim Hafen. Anfahrt: Infanti-Bus; mit dem Auto bis zum Parkplatz bei der Spiaggia Lentiscella.
[GPS: UTM Zone 33 x: 531883 m y: 4427825 m]
CHARAKTER | Lohnende Wanderung auf Fahrwegen und Pfaden durch Olivenhaine und von Macchia bewachsenes ehemaliges Bauernland zu drei schönen Badebuchten. Wegweiser, überwiegend sonnig, Kiesstrände in den Buchten, Einkehr in der Spiaggia di Pozzallo.

An der Costa degli Infreschi stehen Land und Meer unter Naturschutz, eine schöne Bucht reiht sich an die andere. Die Spiaggia di Pozzallo und die Baia degli Infreschi wurden von der italienischen Umweltorganisation Legambiente zu den schönsten Buchten Italiens gekürt, vielleicht ist deshalb die nicht minder schöne Cala Bianca die ruhigste der drei. Der Wanderweg trägt ab Pozzallo das Prädikat „Sentiero Mediterraneo" – wegen der Macchia mit duftendem Rosmarin, Thymian, Salbei und Mastixstrauch.

▶ Nach einem Kaffee in einer der Bars in **Marina di Camerota** 01 starten Sie die Wanderung

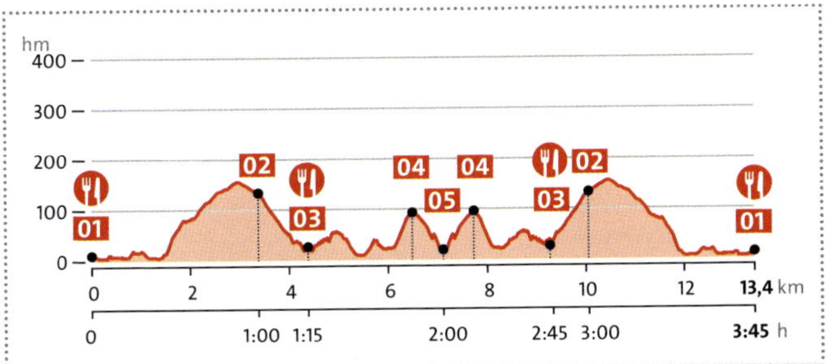

01 Marina di Camerota, 0 m; 02 Kuppe, 130 m; 03 Spiaggia di Pozzallo, 0 m; 04 Plateau, 80 m; 05 Baia degli Infreschi, 0 m;

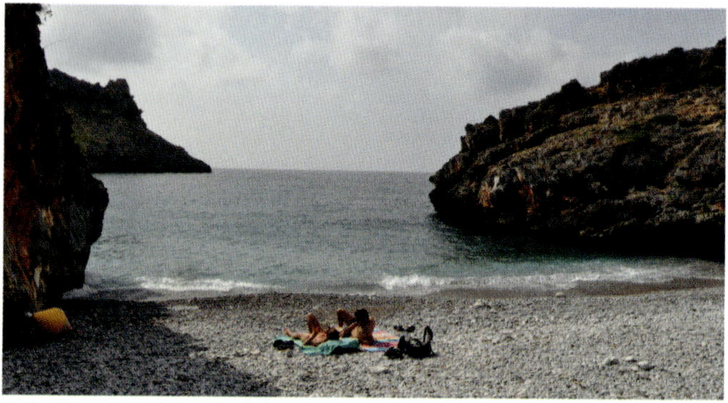

Cala Bianca – ruhige Bucht

und gehen zum Hafen. Dahinter beginnt der Strand San Domenico, der durch eine kleine, bei ruhiger See passierbare Felsbarriere vom Strand **Lentiscelle** getrennt ist. Bei höherem Wellengang gehen Sie auf der Straße zum Strand Lentiscella, wo beim Friedhof hinter dem Parkplatz der Wanderweg beginnt (Wegweiser).

Auf stufigem Weg steigen Sie durch Niederwald auf bis zu einer Schotterstraße, auf dieser links und gleich wieder rechts in das asphaltierte Sträßchen (Wegweiser Pozzallo). Kurz weiter ansteigend führt das Sträßchen durch Olivenhaine über den flachen Rücken des Monte di Luna. Bei der Abzweigung rechts in den Fahrweg, weiter durch Olivenhaine und an aufgelassenen Bauernhöfen vorbei kommen Sie zur **Kuppe** 02 mit mehreren Parkplätzen. Danach fällt der Weg stetig ab und führt der Kante oberhalb des Taleinschnittes Viamonte entlang. Immer wieder bieten sich weite Blicke über die Bucht, die Steilküste und die Erhebungen der Serra degli Infreschi. Sie steigen in die Bucht ab, kurz vor dem Ende erreichen Sie auf einem Abstecher die **Spiaggia di Pozzallo** 03. In der von Felsen umrahmten Bucht mit ihrem Kiesstrand lädt die Bar-Ristoro Il Pozzallo nach dem Baden zur Einkehr.

Zurück zur Abzweigung queren Sie nun das im Sommer trockene

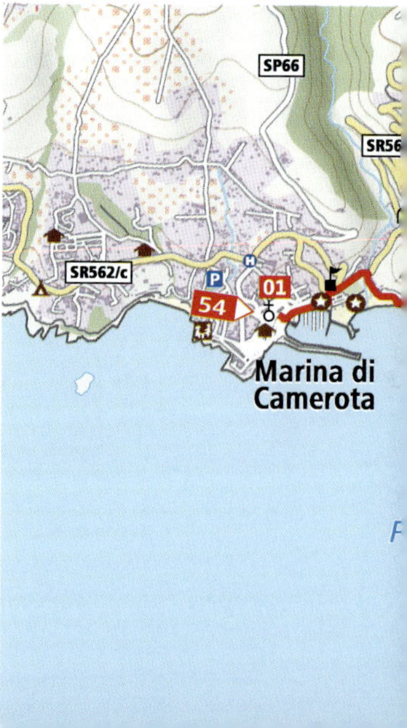

Bachbett des Vallone Viamonte und steigen auf dem Pfad wieder an, er führt dann durch verwilderte Terrassen oberhalb der **Cala Bianca**. Zur schönen, einsameren Bucht absteigen können Sie auf einem beim Roteerdeboden rechts abzweigenden Pfad, dann links haltend oder danach auf dem mit roten Punkten markierten Pfad dem trockenen Bachbett des Vallone Cerza di Lazzo entlang.

Nach einem weiteren Anstieg, vorbei an von mit Macchia überwucherten Terrassen, treffen Sie auf dem **Plateau** 04 auf einen Fahrweg. Einige Bauernhäuser werden als Feriendomizile genutzt, einkehren können Sie in der Azienda Agricola Oasi Infreschi. Hier zweigt der Pfad nach rechts ab, auf dem Sie mit schönem Blick auf den Golfo di Policastro und die Punta degli Infreschi mit dem Wehrturm

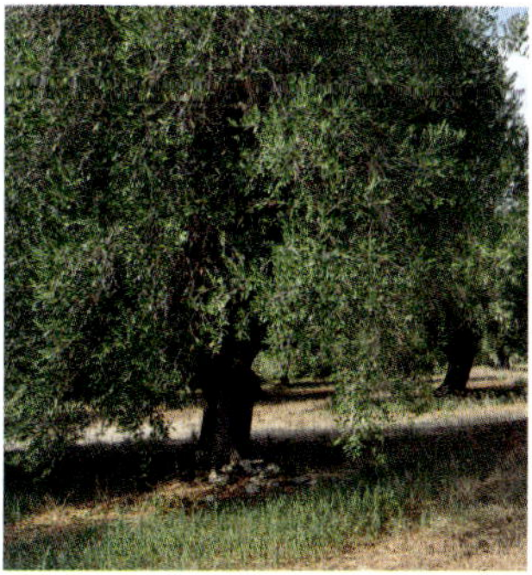

Olivenhain am flachen Rücken des Monte di Luna

Torre del Frontone, vorbei an der Seefahrerkapelle S. Lazzaro, zur **Baia degli Infreschi** 05 gelangen. Nach einem Bad kehren Sie auf demselben Weg oder mit einem Taxiboot, am besten vorher im Hafen reservieren, nach **Marina di Camerota** 01 zurück.
www.coopcilentomare.com

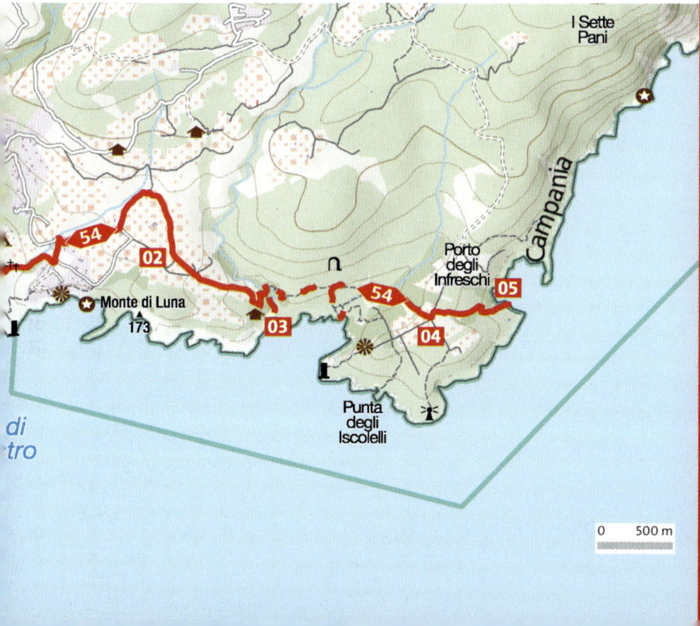

CASELLE IN PITTARI – GROTTA SAN MICHELE

Auf dem alten Pilgerweg

6,2 km 2:30 h 168 hm 168 hm

START | Caselle in Pittari, zentrale Piazza Viala Roma, parken in der Umgebung des Zentrums.
Anfahrt: Von Policastro Bussentino an der Küste auf der SS517var 15 km bis Caselle in Pittari.
[GPS: UTM Zone 33 x: 546399 m y: 4447041 m]
CHARAKTER | Leichte, aussichtsreiche Tour auf breitem Karstweg mit etlichen Stufen. Wegweiser, halb schattig. Die Grottenkapelle San Michele ist offen und kann besichtigt werden.

Im Kalkgestein des Cilento finden sich viele Karsterscheinungen in besonders eindrucksvoller Form. Grotten dienten bereits in vorchristlicher Zeit oft als Kultplätze. Manche, wie die im Monte San Michele, wurden im Mittelalter von byzantinischen Mönchen zu Kapellen ausgebaut und sind bis heute beliebte Wallfahrtsorte, die Prozession des Schutzpatrons S. Michele findet am 8. Mai statt.

Ein faszinierendes Karstphänomen kann man auch am Fiume Bussento beobachten. Der Bach entspringt am Fuße des Monte Cervati und verschwindet bei Caselle in Pittari im Schluckloch „Inghiottitoio del Bussento“ im Karst, um nach 8 km unterirdischem

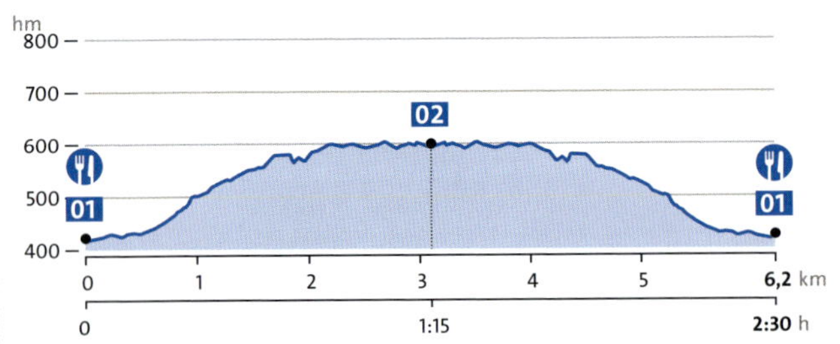

01 Caselle in Pittari, 430 m; 02 Grotta S. Michele, 598 m;

Lauf unterhalb von Morigerati als große Karstquelle wieder aufzutauchen. Ein ausgeschilderter Weg und eine Sesselbahn führen von Morigerati zur Felsschlucht.

▶ Sie beginnen die Wanderung in **Caselle in Pittari** 01 beim Municipio an der zentralen Viale Roma und gehen links an der Kirche vorbei über die Straße und die einmündende Straße leicht ansteigend bis zur Kreuzung. Hier links über die Piazza mit Kinderspielecke; nach einer flachen Kuppe treffen Sie bei einer Kreuzung wieder auf die Hauptstraße. Sie überqueren die Straße und folgen nun den Wegweisern „Sentiero S. Michele" nach 30 m in der einmündenden Straße rechts. Der gepflasterte Weg geht bald in einen breiten, gut erhaltenen Karstweg über, der erste Abschnitt ist auch als Kreuzweg gestaltet. Nach einem kurzen Anstieg genießen Sie herrliche

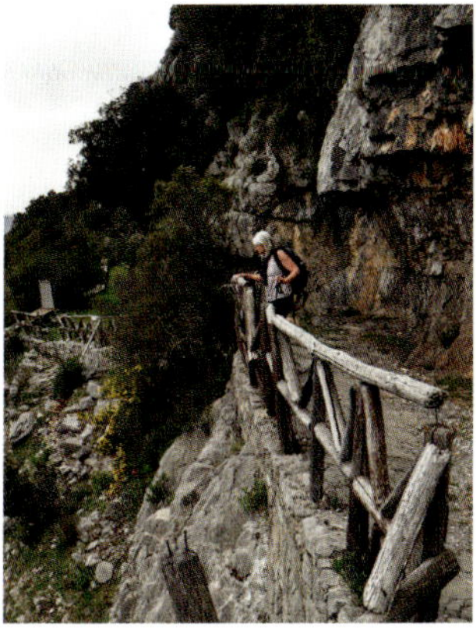

Weg zum Grottenheiligtum

Blicke auf den alten Ortskern auf dem felsigen Hügel. Der Weg steigt in Etappen weiter an und vorbei an interessanten Karstformationen gelangen Sie zu einem Karstkegel mit Holzkreuz, dem aussichtsreichen Rastplatz der Prozession.

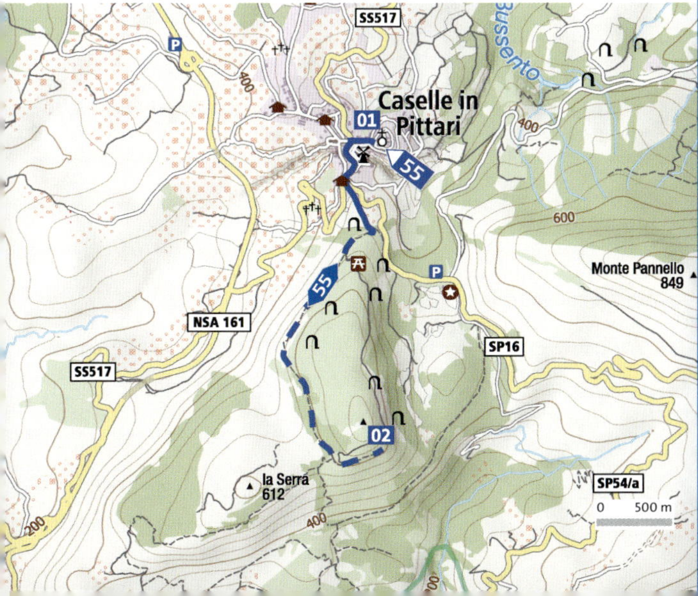

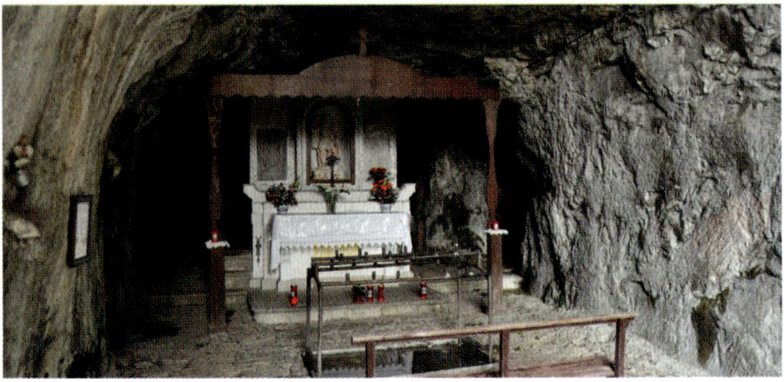

Grotta S. Michele

Danach dreht der Weg langsam nach Süden. In leichtem Auf und Ab wandern Sie durch den mit artenreichem Macchia-Niederwald bewachsenen karstigen Hang und passieren eine mächtige Felswand mit kleinen Grotten. Wenig später stößt von rechts der Weg von Sicili und Morgerati herauf hinzu. Bald sind Sie nun bei der **Grotta San Michele** 02, wo Sie von der Aussichtsterrasse, einer kleinen Blumenwiese, einen herrlichen Blick über die Talschlucht des Bussento, zum Golf von Policastro und den Bergketten des lukanischen Apennin genießen.

Auf demselben Weg kehren Sie wieder nach **Caselle in Pittari** 01 zurück, wo Sie in der bekannten Trattoria Zì Filomena neben dem Rathaus gut essen können.

Karsterscheinungen

Der Begriff **Karst** leitet sich vom eingedeutschten Namen der slowenischen Landschaft Kras = dünner Boden ab, weil hier die Formen und typischen Verwitterungsmerkmale zum ersten Mal systematisch beschrieben wurden. Kalk ist durch Kohlensäure lösbar, die sich wiederum durch die Lösung von Kohlendioxid in Wasser bildet. Durch diese Lösungsverwitterung bilden sich die typischen Karstformen:

Karren und Rillen: Schmale, furchenartige, scharfkantige Rippen an der Oberfläche
Dolinen: Karsttrichter, sie können durch Verwitterung oder Höhleneinstürze entstehen
Poljen: Lang gestreckte, wannenförmige Karstsenken, hier sammelt sich, wie auch bei den Dolinen, am tiefsten Punkt der Humus
Schlucklöcher: Öffnungen im Boden, in die das Regenwasser oder ein ganzer Bach abfließt, der dann durch
Höhlen und Spalten im Untergrund nach kurzer Zeit als große **Karstquelle** am Fuße eines Berges wieder an die Oberfläche tritt.

ROFRANO – FORRA DELL'EMMISI

Durch die Faraoneschlucht

6,6 km 2:00 h 230 hm 230 hm

START | Rofrano. Parkplatz am westlichen Ortsrand.
Anfahrt: Rofrano liegt an der SP93, 7 km nördlich von Alfano.
[GPS: UTM Zone 33 x: 536274 m y: 4451448 m]
CHARAKTER | Interessante Rundwanderung durch die bewaldete Talschlucht des Faraone. Gute Wege mit vielen Stufen auf und ab, überwiegend schattig, Wegweiser, rot-weiße Markierung.

Bei Rofrano hat sich der Faraone in Jahrmillionen tief in den Flysch gegraben. Das Zentrum der Schlucht bildet eine 500 m lange Klamm (Forra) mit bis zu 30 m hohen überhängenden Wänden. Kajakfahrer fahren durch die Schlucht, Wanderer umgehen die Felsen. In diesem auch vor der Sonne geschützten Abschnitt lebt eine Fischotterpopulation. Im feuchten Mikroklima wächst eine üppige und vielfältige Vegetation mit Buchen, Ahornen, Zerreichen, Kastanien und Herzblättrigen Erlen, an Blumen finden sich auch Beinwell, Hahnenfuß, Anemonen, Zyklamen und Knabenkräuter.

▶ Vom Parkplatz am westlichen Dorfende von **Rofrano** 01 gehen Sie in die von unten kommende Straße und auf dieser am Rande des alten Ortsteils steil hinunter. Bei der Abzweigung geradeaus (von links kommen Sie zurück) bis zur Hauptstraße und auf dieser nach links zwei Serpentinen hinunter; ein markierter Pfad kürzt diese ab. Auf der **Brücke** 02 überqueren Sie die Schlucht des

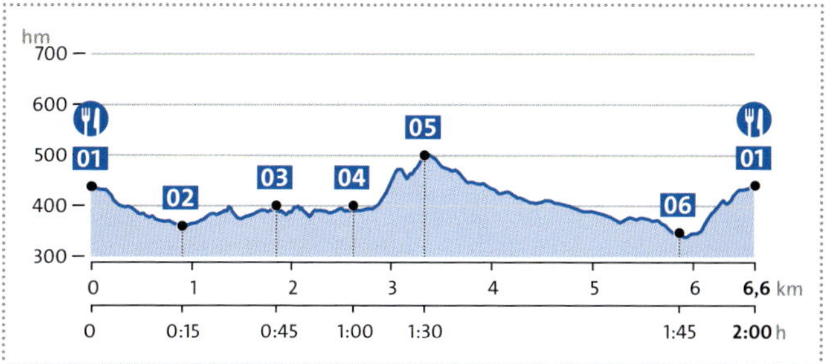

01 Rofrano, 440 m; 02 Brücke, 360 m; 03 Rastplatz, 380 m;
04 Campo Malaina, 400 m; 05 Straße, 500 m; 06 2. Brücke, 350 m;

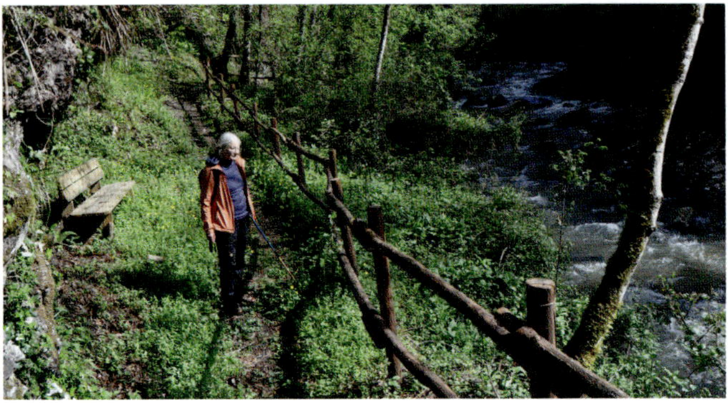

In der Schlucht

Faraone, 200 m danach beginnt rechts bei der Infotafel der „Sentiero Emmisi – Salice“. Der gut ausgebaute und mit einem Holzgeländer gesicherte Weg führt mit vielen Stufen in stetem Auf und Ab durch die Schlucht; zweimal ganz hinunter zum Bach. Anfangs passieren Sie einen ehemaligen Kalkofen (Carcara) wo Kalk und Keramik gebrannt wurde. Den Schluchtgrund erreichen Sie bei einem **Rastplatz** 03, knapp dahinter strömt der Bach bei geschichteten Felsplatten aus der engen Klamm heraus. Eine besonders eindrückliche Stelle.

Vom Rastplatz biegt der Weg links hinauf, umgeht die steilen Felsen, fällt dann wieder zum Schluchtgrund ab und biegt schließlich wieder hinauf zum Rastplatz beim **Campo Malaina** 04 neben einem kleinen Wasserfall eines Seitenbaches.

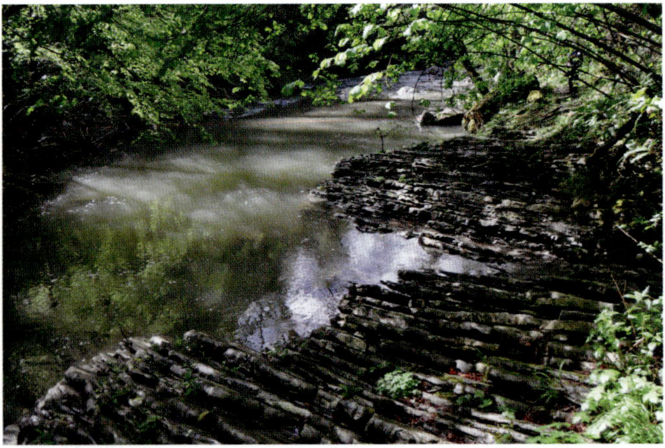

Forra dell'Emmisi

Am Rastplatz vorbei führt ein breiter, bewachsener Querweg, auf dem Sie nun nach links talauswärts wandern; anfangs knapp oberhalb des Hinweges. Nach 10 Minuten biegen Sie bei der Kreuzung nach rechts in den ansteigenden Weg mit Holzgeländer. Teils über Stufen ansteigend kommen Sie zu einer **Straße** 05 und gehen hier links durch bäuerliche Kulturlandschaft hinunter zur Hauptstraße. Auf dieser wieder links und nach 200 m in der Kehre geradeaus in den Fahrweg.

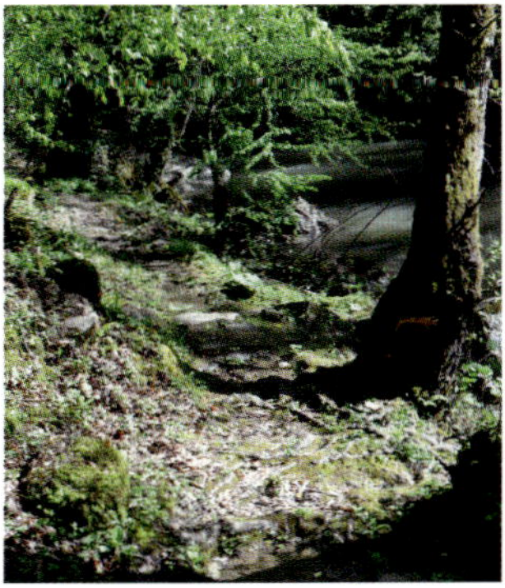

Am Uferweg

Auf diesem gelangen Sie mit schönem Blick auf Rofrano zu einer **2. Brücke** 06 über den Faraone und biegen 50 m nach der Brücke in den gepflasterten Weg nach rechts hinauf. Er führt zum Hinweg, auf dem Sie die letzten Meter steil hinauf zum Parkplatz in **Rofrano** 01 zurückkehren.

Im Ort gibt es mehrere Bars und das Ristorante Regina zur Einkehr, etwas oberhalb im Ortsteil Toro liegt das Agriturismo Il Convivio.

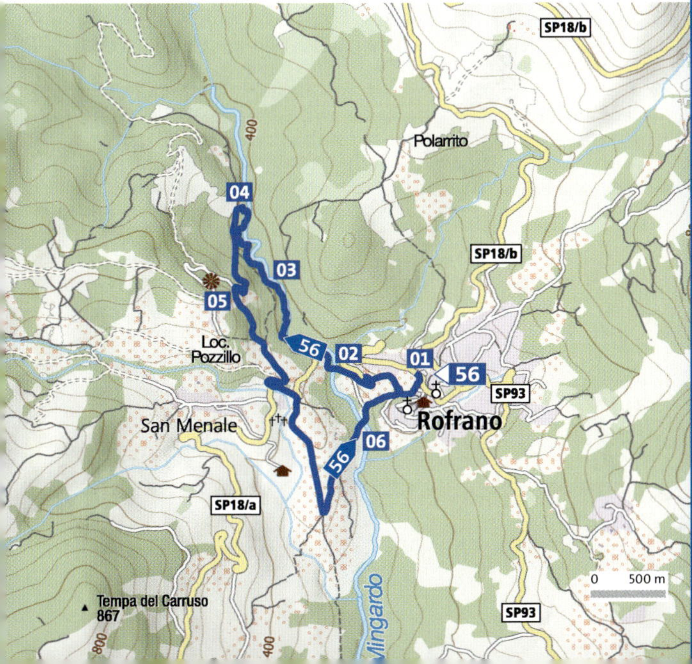

CAPIZZO – MAGLIANO VETERE

Auf dem „Weg der verlassenen Bergkapellen“

7,2 km 3:20 h 418 hm 418 hm

START | Capizzo. Parkplatz in der Ortsmitte bei der Bushaltestelle. Anfahrt mit dem Auto: Capizzo liegt bei Km 25 an der SP13. Peluso-Bus von Salerno nach Piaggine.
[GPS: UTM Zone 33 x: 518476 m y: 4467039 m]
CHARAKTER | Lohnende Rundwanderung zu zwei verlassenen Bergkapellen an den Felsen oberhalb von Capizzo und Magliano Vetere über dem Alentotal mit herrlicher Aussicht im zweiten Teil. Wegweiser, im ersten Abschnitt schattig.

Eremitisch lebende Mönche des aus Griechenland stammenden Basilianerordens bauten im Mittelalter Grotten in den Felsen des Monte Faito und der Rupa Rosse zu Bergkapellen aus und schmückten sie mit Fresken. Die Bergkapelle bei Capizzo ist dem heiligen Maurus geweiht, die bei Magliano Vetere der heiligen Lucia. Beide wurden renoviert, sind jedoch nicht zu besichtigen.

▶ Die Wanderung beginnt bei der Aussichtsterrasse von **Capizzo** 01 mit schönem Blick auf die Chiesa San Fortunato in einem Olivenhain. Auf der Straße kurz nach Osten biegen Sie bei den Infotafeln in die gepflasterte Via Arco links durch ein Torhaus aufwärts. Nach einem Rechtsknick führt eine neue Betontreppe zur Cappella dell'Annunziata. Hier beginnt der alte Verbindungsweg mit teils hohen Stufen in Serpen-

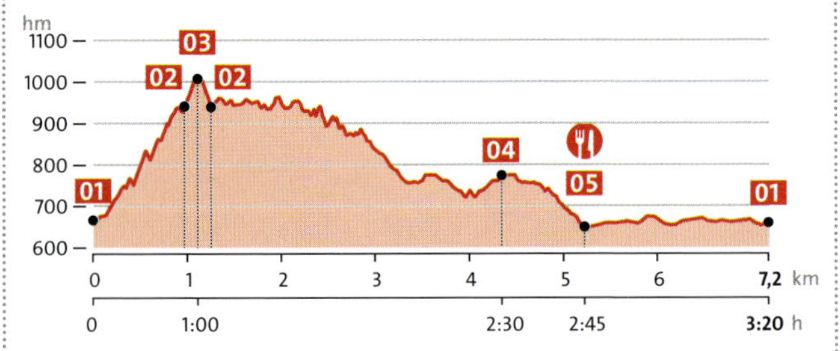

01 Capizzo, 660 m; 02 Abzweigung, 940 m; 03 S. Mauro, 1078 m; 04 S. Lucia, 743 m; 05 Magliano Vetere, 650 m;

tinen den bewaldeten Steilhang hinauf zur Cappella San Mauro. An zwei Kehren mit freier Sicht laden Rastbänke zum Verschnaufen ein. Nach rund 50 Minuten gelangen Sie zur **Abzweigung** 02 des Pfades nach S. Lucia. Hier machen Sie den kurzen Abstecher zur großen, an eine Felswand gebauten Cappella **San Mauro** 03 mit schönem Portal und Rastbänken.

Zurück bei der **Abzweigung** 02 nehmen Sie nun den Pfad nach Santa Lucia, der gut angelegte, aber nicht sehr gepflegte Pfad quert in leichtem Auf und Ab den mit Steineichen bewachsenen Steilhang unterhalb der Felsen des Monte Faito und des Rupe della Noce. Gegen Ende wird der Weg steiniger und die Sicht über das Alentotal mit dem Stausee frei. Sie gelangen zu einer Sendeanlage an der Kante der

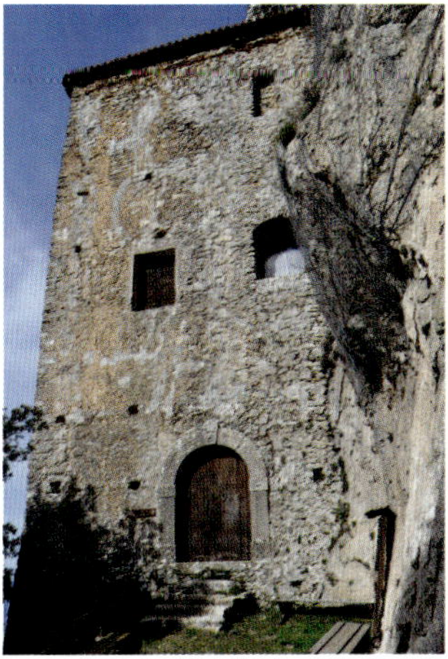

S. Mauro

Caloreschlucht und folgen nun dem Wegweiser S. Lucia. Der Pfad führt über den aussichtsreichen Grat mit spektakulärem Blick in die Schlucht und zum Felszacken

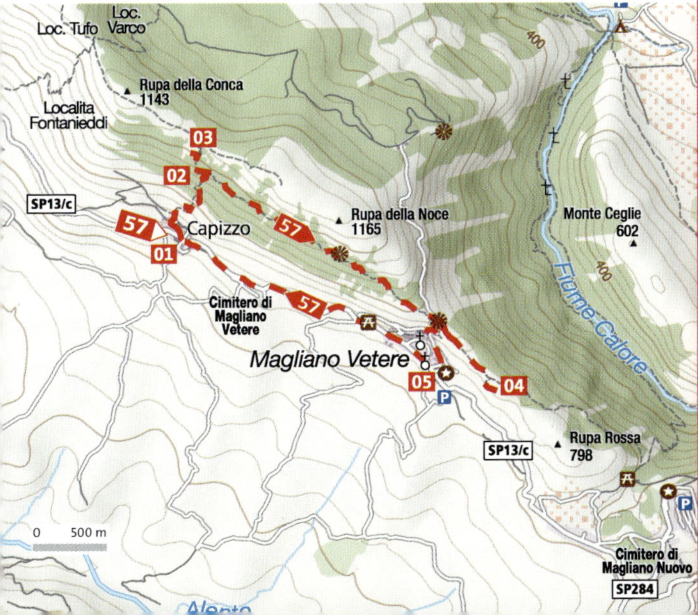

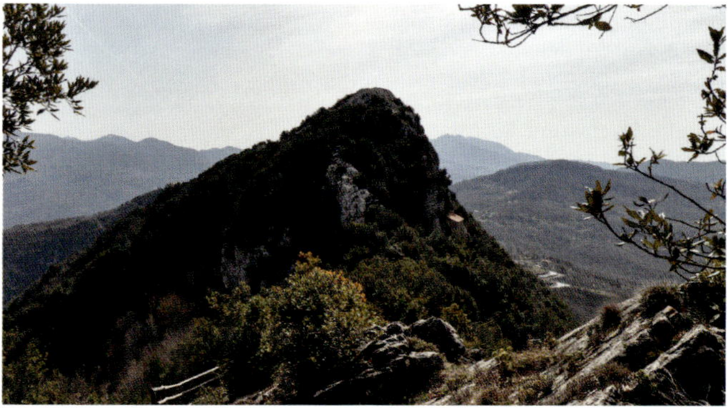

S. Lucia am Felsen

Rupa Rossa mit der Kapelle S. Lucia an der Felswand.

Nach einem kurzen steilen Abstieg zu einem Sattel – hier zweigt der Pfad in die Schlucht ab – gehts noch kurz weiter hinunter und bei der Abzweigung wieder aufwärts zur Cappella **Santa Lucia** 04. Die Glastür erlaubt einen Blick ins Innere der Grottenkapelle, vom Vorplatz bietet sich ein weites Panorama über das Alentotal, Magliano Vetere und den beherrschenden Rupe della Noce. Zurück zur Abzweigung steigen Sie nun auf dem schön angelegten Treppenweg entlang von Felswänden ab und beim Ortseingang von **Magliano Vetere** 05 gleich hinunter zur Straße. An der Straßenpiazza gibts zwei Bars zur Einkehr, bevor Sie auf der wenig befahrenen Straße nach **Capizzo** 01 zurückkehren; nachmittags fährt auch ein Bus.

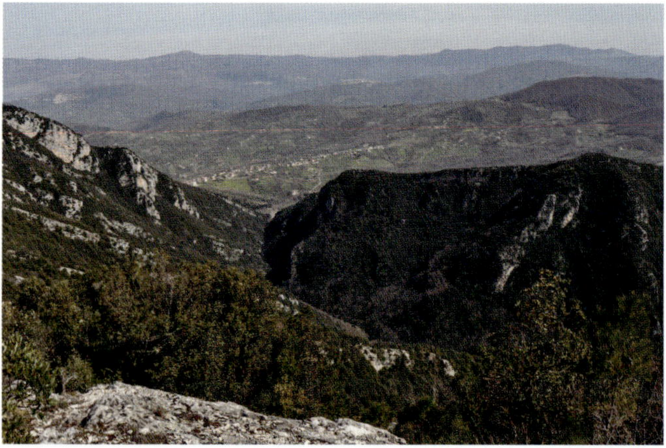

Blick vom Grat in die Caloreschlucht

GOLE DEL CALORE

Durch die bewaldete Karstschlucht

4,5 km 2:10 h 198 hm 198 hm

START | Felitto/Remolino, Parkplatz. Man kann auch von der zentralen Piazza in Felitto in die Schlucht absteigen und dem Bach entlang bis Remolino wandern; 30 Minuten.
Anfahrt mit dem Auto: Von Felitto Richtung Laurino, nach 1 km rechts nach Remolino, Parkplatz und Trattoria am Schluchteingang. SITA-Bus über Roccadaspide nach Felitto.
[GPS: UTM Zone 33 x: 521437 m y: 4468473 m]
CHARAKTER | Schattige Schluchtwanderung auf zwei unterschiedlichen Wegen bis Ponte Pretatetta. Orografisch links in deutlichem Auf und Ab bis zur Naturbrücke, orografisch rechts auf leichtem Weg zu den Gumpen und wieder zurück zum Ausgangspunkt.

Insgesamt fünf Schluchten durchfließt der **Calore** von der Quelle an den Hängen des Monte Cervati bis zum Meer; die eindrucksvollste ist die zwischen Felitto und Magliano. Da der Cilento reich an Niederschlägen ist führt der Calore ganzjährig Wasser und ist seit 1991 ein durch den Nationalpark geschützter Lebensraum für die seltenen Fischotter. Manchmal haben sie Gesellschaft – bei passendem Wasserstand durchqueren auch erfahrene Kajakfahrer die Schlucht.

▶ Die Wanderung beginnt am Park- und Picknickplatz von **Remolino** 01 bei Felitto direkt am Bach. Für die Rundwanderung

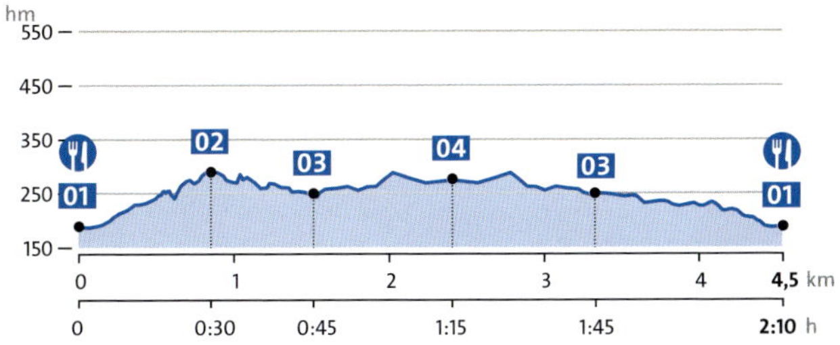

01 Felitto/Remolino, 182 m; 02 Scheitelpunkt, 290 m;
03 Ponte Pretatetta, 210 m; 04 Gumpen, 300 m;

gehen Sie über das massive Stauwehr, dort beginnt der anfangs rot-weiß markierte Pfad orografisch links taleinwärts. Nach wenigen Minuten können Sie links einen Abstecher zu einer kleinen Eisenbrücke machen. Der steinige Weg steigt danach deutlich an, bei freien Felsen bieten sich schöne Blicke in die Schlucht. Nach der Abzweigung zur Grotta Bernardo gehts noch weiter aufwärts bis zum **Scheitelpunkt** 02 bei wenigen flachen Metern. Hier geradeaus und den aufwärtsführenden Pfad ignorieren. Nach einem Aussichtsfelsen führt der Weg kurz steil zwischen Felswänden hinunter und dann wieder in leichtem Auf und Ab zum **Ponte Pretatetta** 03, davor zweigt der Pfad nach Magliano ab.

Über die imposante Naturbrücke aus zwei mächtigen Felsblöcken mit Steg und Leitern wechseln Sie ans andere Ufer und wandern noch rund 25 Minuten weiter durch Steineichen- und Hainbuchenwald talaufwärts. Wo sich der Weg gabelt gehen Sie rechts zu einem schönen Rastplatz bei großen **Gumpen** 04. An heißen Tagen bieten sie eine willkommene Abkühlung, der Weiterweg zur mittelalterlichen Brücke von Megliano ist in schlechtem Zustand und nicht empfehlenswert.

Auf demselben Weg kehren Sie zum **Ponte Pretatetta** 03 zurück und wandern dann gemütlich immer nahe dem Bach orografisch rechts nach **Remolino** 01, wo Sie in der gleichnamigen Trattoria einkehren können.

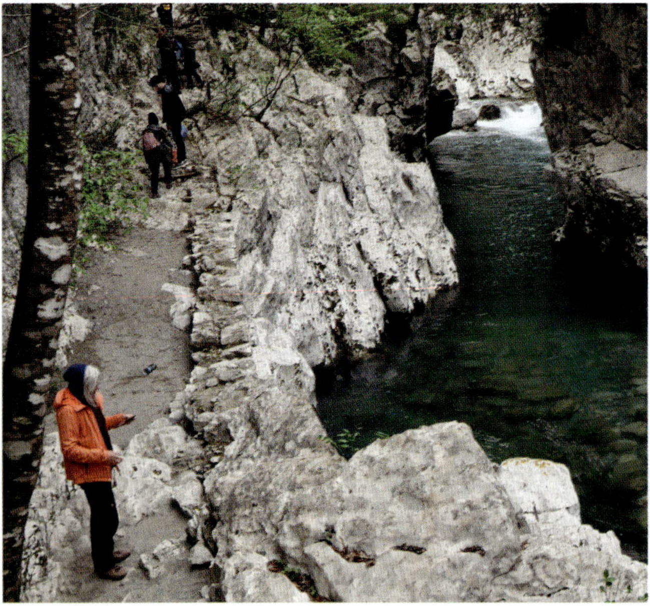

Caloreschlucht

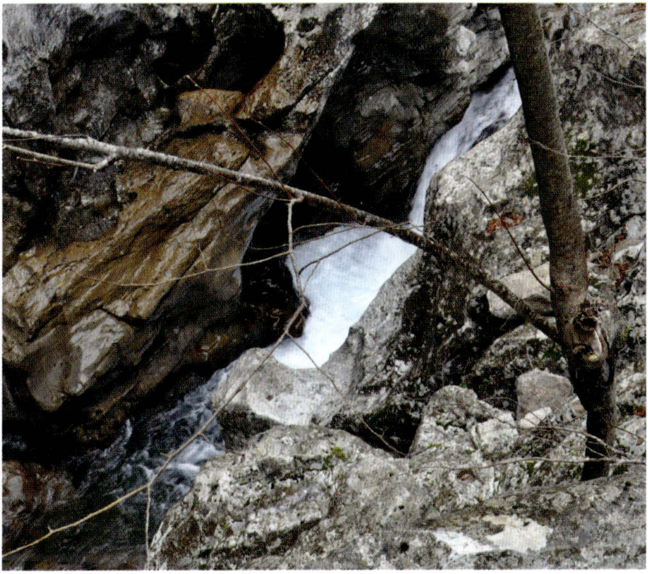

Caloreschlucht

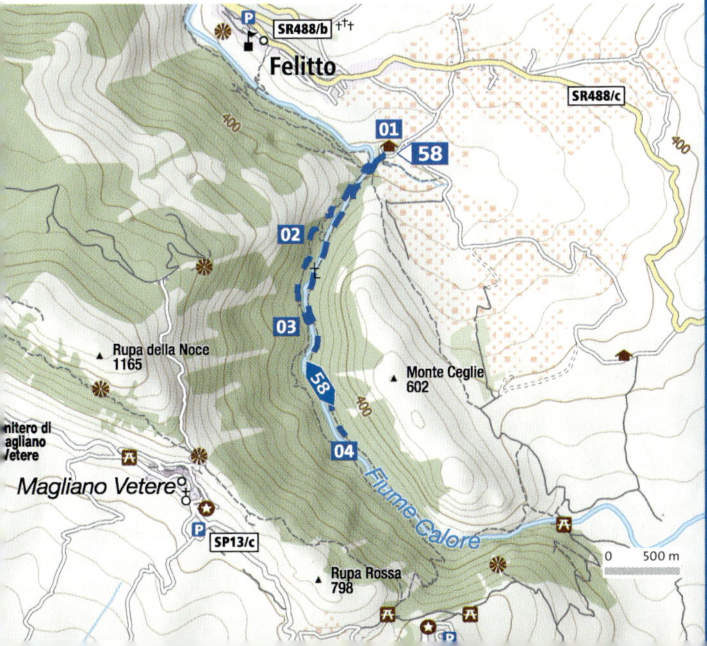

ROSCIGNO VECCHIA – MONTE PRUNO • 878 m

Verlassene Siedlung und Aussichtsberg

10,4 km | 3:45 h | 379 hm | 379 hm

START | Roscigno Vecchia.
Anfahrt: Von Roscigno an der SP342 einen Kilometer den Wegweisern nach Roscigno Vecchia folgen, Parkmöglichkeit vor dem Ort. [GPS: UTM Zone 33 x: 528765 m y: 4472412 m]
CHARAKTER | Aussichtsreiche und historisch interessante Rundwanderung auf Fahrwegen, Maultierwegen und Pfaden, keine durchgehende Markierung. Der Abstieg vom Monte Pruno auf undeutlichem Pfad erfordert Orientierungssinn, der ganze Berg ist Weidegebiet mit zwei leichten Drahtabsperrungen am Weg.

Der **Monte Pruno** ist ein strategisch wichtiger Berg am südlichen Ende der Alburnikette beim Zugang vom Valle del Calore zum Vallo di Diano und trotz seiner geringen Höhe ein hervorragender Aussichtsgipfel. Das Plateau war ein alter Siedlungsplatz. Ausgrabungen konnten eine lukanische Siedlung aus dem 4. Jh. v. Chr. nachweisen. In einem Fürstengrab wurden auch eine silberne Krone und ein Kriegswagen als Grabbeigaben geborgen, zu sehen im Archäologischen Museum in Salerno.

▶ Sie starten die Wanderung nach einem Rundgang durch den verlassenen Ortskern von **Roscig-**

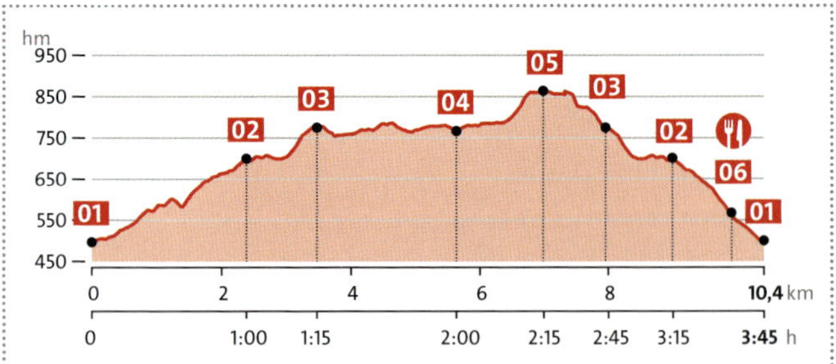

01 Roscigno Vecchia, 500 m; 02 Weggabelung, 700 m; 03 Querweg, 775 m; 04 Abzweigung, 775 m; 05 Monte Pruno, 879 m; 06 Roscigno, 570 m;

no Vecchia 01, gehen rechts an der Kirche vorbei und auf dem rot-weiß markierten Weg (Sentiero Rurale Casalicchio) zwischen den Ruinen durch. Auf der ehemaligen Mulattiera steigen Sie durch einen Hohlweg an, gelangen zu einem Stichsträßchen, überqueren eine Straße und wandern auf der anderen Seite weiter durch Olivenhaine und dann durch Wald aufwärts bis zur Straße. Hier biegen Sie nach links, (die Markierung weist nach der Serpentine nach links) und gehen auf der Zufahrtsstraße mit weiter Aussicht bis zur **Weggabelung** 02.

Der angezeigte Weg zur Area Archeologico Monte Pruno nach rechts ist bald hermetisch abgezäunt, Sie gehen also nach links (Wegweiser Area Archeologico Cuozzi). Nach 10 Minuten auf dem Fahrweg biegen Sie bei der Abzweigung, Markierung auf der Holztafel beachten, nach rechts in die ansteigende Mulattiera. Durch schütteren Eichenwald mit viel Ginster gelangen Sie hinauf zu einem **Querweg** 03 und gehen hier rechts durch einen Weidezaun, von oben kommen Sie später zurück.

Auf dem breiten Weg wandern Sie nun in leichtem Auf und Ab durch niederen Mischwald am Nordhang des Monte Pruno entlang. Immer wieder bieten sich schöne Blicke zu den Monti Alburni mit den Dörfern Ottati und S. Angelo a Fasanella (Tour 60) am Südhang. Nach rund 40 Minuten biegen Sie bei der **Abzweigung** 04 bei einer Wiese in den Fahrweg im spitzen Winkel nach rechts zurück und wandern oberhalb der Straße auf den Monte Pruno zu. Nachdem Sie einen weiteren Weidezaun

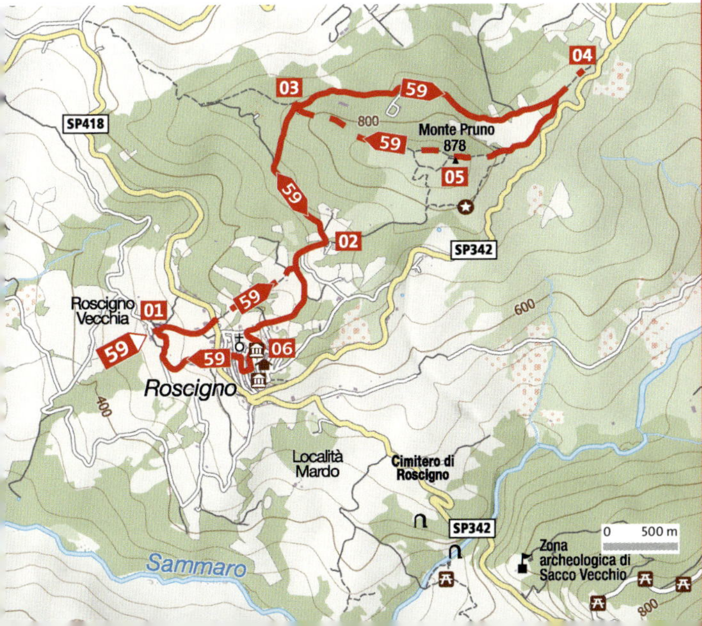

passiert haben. gehts steil hinauf zum Gipfel. Vom höchsten Punkt des Plateaus bietet sich eine herrliche Rundumsicht. Wie in einem Amphitheater gruppieren sich die Alburnikette und die höchsten Cilentoberge um den **Monte Pruno** **05**.

Am rechten Rand des Plateaus entlang geht es weiter und am Ende stehen bei einem Rastplatz noch einige Mauerreste der antiken Siedlung. Der Weiterweg führt nun immer der nördlichen Geländekante entlang. Beim Ende des Zaunes geht es geradeaus weiter, der links abzweigende Pfad ist später zugewachsen. Der Pfad geradeaus wird auch undeutlicher, hier ist aber die Grundrichtung der Kante entlang eindeutig. Durch einen Hohlweg nahe der Kante gehts steil hinunter, dann einem bewachsenen Grat entlang hinunter zu einem verwilderten Rast- und Ausgrabungsplatz und weiter abfallend zum **Querweg** **03**.

Auf dem Hinweg gehen Sie nun zurück und bleiben bei der Abzweigung des Weges von Roscigno Vecchia auf der Straße bis **Roscigno** **06**.

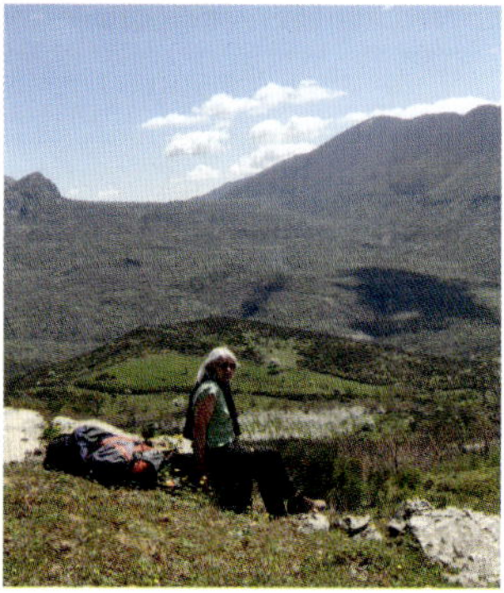

Weite Aussicht vom Monte Pruno

Von der Kirche und der Bar steigen Sie die Treppen hinunter, dann auf der gepflasterten Straße abwärts und auf der Asphaltstraße links (Wegweiser Roscigno Vecchia). Nach dem letzten Haus führt ein markierter Abkürzungspfad über einen Hügel mit Olivenbäumen zum Ausgangspunkt der Tour, dem verlassenen **Roscigno Vecchia** **01**.

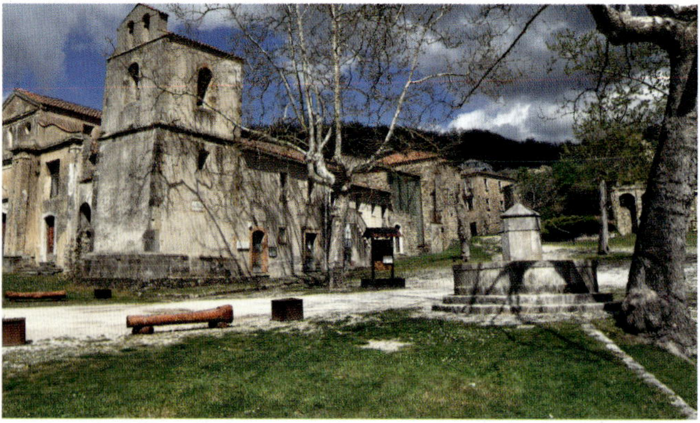

Roscigno Vecchia – Kirche

CORLETO MONFORTE – SANT'ANGELO A FASANELLA

Zur Karstquelle Cascate Auso

8,7 km 2:50 h 278 hm 430 hm

START | Corleto Monforte, Torre mediovale, Parkplatz.
Anfahrt: Corleto Monforte liegt an der SS166 zwischen dem Vallo di Diano und Roccadaspide.
[GPS: UTM Zone 33 x: 532214 m y: 4476424 m]
CHARAKTER | Lohnenswerte Wanderung auf gutem, alten Saumweg und Zufahrtsstraßen zwischen zwei Bergdörfern zur Karstquelle „Risorgenza dell'Auso", wo der Bach Auso nach mehreren Kilometern unterirdischen Verlaufs wieder an die Oberfläche tritt (Info Karst siehe Tour 55).
Unvollständige rot-weiße Markierung, überwiegend schattig, steiler Ab- und Aufstieg zu und von der Karstquelle.

Ein mittelalterlicher, befestigter Ortsteil auf einem Sporn bildet das historische Zentrum von Corleto Monforte, Sant'Angelo a Fasanella liegt lang gestreckt an der Südabdachung der Monti Alburni. Außer für die **Cascate Auso** ist das kleine Dorf auch für die sehenswerte Grottenkirche San Michele bekannt (geöffnet Samstag bis Sonntag von 10 bis 13 Uhr und 16 bis 19 Uhr).

▶ Vom beherrschenden Torre mediovale an der Straße in **Corleto Monforte** 01 gehen Sie in

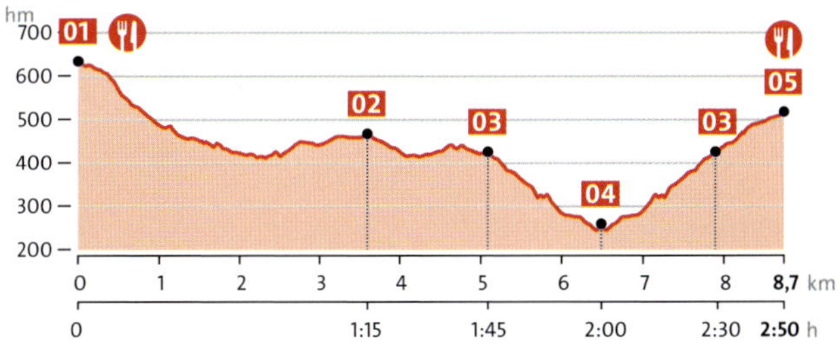

01 Corleto Monforte, 672 m; 02 San Vito, 460 m; 03 Weggabelung, 420 m; 04 Cascate Auso, 242 m; 05 Sant`Angelo a Fasanella, 520 m;

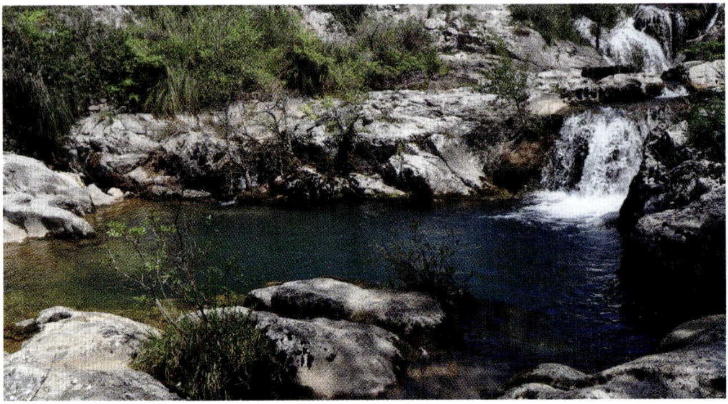

Cascate Auso

den mittelalterlichen Ortsteil mit dem hohen Uhrturm auf einem Felssockel an der kleinen Piazza Diana. Geradeaus weiter biegen Sie dann nach 150 m in den breiten Weg nach rechts hinunter (rot-weiße Markierung am Boden). Vorbei am alten Dorfwaschbrunnen wandern Sie talabwärts und überqueren bei der Ruine einer kleinen Mühle das heute trockene Bachbett. Auf dem schön angelegten alten Saumweg gehts nun, stellenweise von Felswänden begleitet, dem mit Mischwald bewachsenen Hang entlang. Nach einem Olivenhain treffen Sie auf die Stichstraße, der Sie nach rechts folgen. Durch ausgedehnte Olivenhaine leicht ansteigend biegen Sie dann bei der Weggabelung nach links und gelangen zur Kapelle **San Vito** **02**.

Die angezeigte Abkürzung auf dem Fahrweg ist später vollkommen zugewachsen, daher hier links abwärts und auf der rechten Straße weiter bis zur Kreuzung und dort rechts. Die Wegweiser Cascate Auso geradeaus gelten für die Autofahrer. Auf der Nebenstraße 10 Minuten durch Olivenhaine, knapp nach der Rechtsabzweigung eines steilen Weges in den Ort hinauf biegen Sie nach links, wieder Wegweiser für Autofahrer in Gegenrichtung, und wandern auf der Straße weiter bis zur **Weggabelung** **03**. Rechts gehts in den Ort hinauf, links steil hinunter, gegen Ende auf einem Fahrweg, zum großen Picknickplatz bei der **Cascate Auso** **04**.

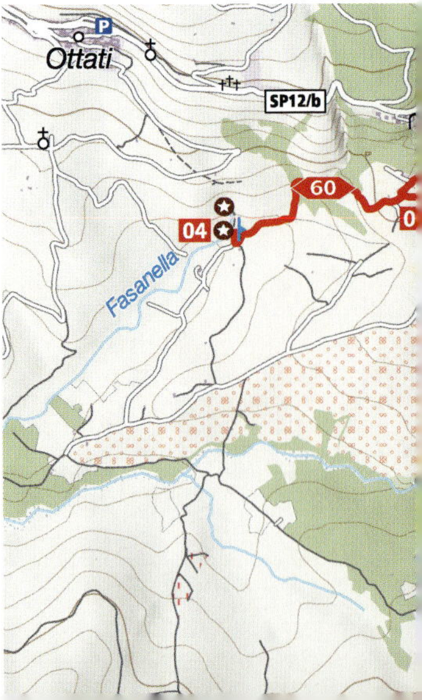

Hier bietet sich eine stimmungsvolle Szenerie. Eine große Karstquelle – sie ist nur schwer über schräge Felsplatten zugänglich – strömt aus der Schlucht und wird gestaut. Die Staumauer bildet eine große Kaskade, darunter liegen mehrere natürliche Kaskaden mit Gumpen und einer mittelalterlichen Bogenbrücke. Eine kleine Mühle nutzte früher die Wasserkraft. Die Karstquelle heißt Auso, der Bach danach Fasanella. Nach einer Rast kehren Sie auf demselben Weg zur **Weggabelung** 03 zurück und biegen nun hinauf nach S. Angelo a Fasanella. Durch einen Torbogen betreten Sie das Dorf und über die Piazza Matteotti und die schmale Treppengasse Via San Nicola gehen Sie durch das historische Zentrum des alten, lang gestreckten Ortes. Vorbei am verlassenen Castello Baronale und der Kirche Santa Maria Maggiore gelangen Sie zur **Straßenpiazza** 05 mit Bushaltestelle und Einkehrmöglichkeiten.

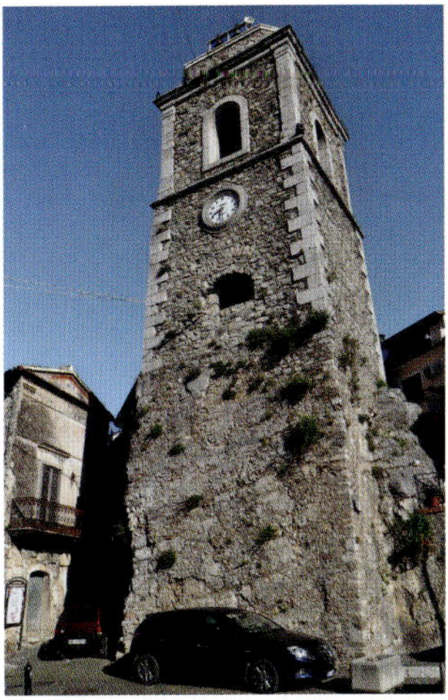

Corleto Monforte – Uhrturm

Zurück nach **Corleto Monforte** 01 kommen Sie entweder mit dem Bus, Autolinee Pecori, Montag bis Freitag 14.30 bis 18.50 Uhr, auf der Straße (4 km) oder auf dem Hinweg.

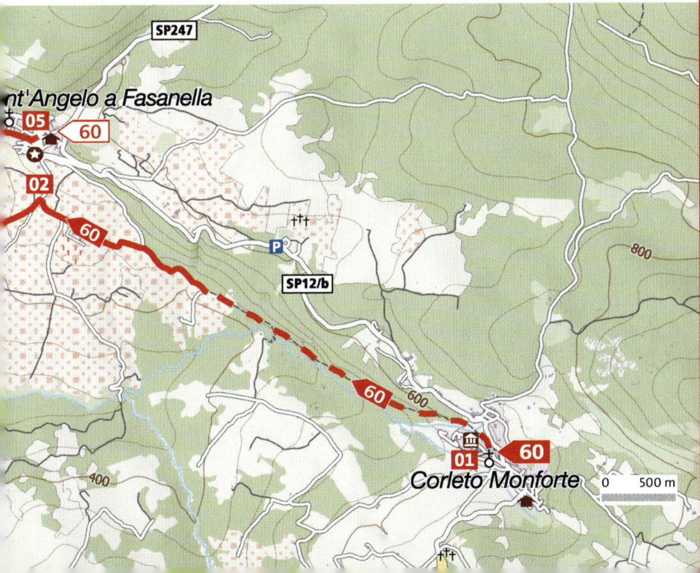

MEINE EMPFEHLUNG FÜR …

… Neapel

Macht und Pracht am Hafen

Ende des 13. Jahrhunderts kam es zu einer bedeutenden Veränderung der antiken Stadtstruktur durch Karl I. von Anjou. Er gab das Castel Capuano als Residenz auf und ließ eine Festung als neues Machtzentrum am Hafen errichten. Diese Festung und Residenz wurde seit dem Baubeginn 1279 mehrfach verändert und 1347 durch die Armee Ludwig I. von Ungarn weitgehend zerstört. Ab 1442 ließen die neuen Machthaber, Alfons und Ferrante von Aragon, auf den Ruinen das heutige **Castel Nuovo**, eine neue königliche Festung, die im Volksmund weiterhin Maschio Angioino (großer Burgfried von Anjou) genannt wird, errichten. Ein Meisterwerk der Renaissance ist das Monumentalportal. Ein marmorner Triumphbogen zwischen zwei massiven Türmen zeigt den Siegeszug Alfons I. von Aragon, der die Herrschaft der Anjou 1442 beendete.

Heute beherbergt das Castel Nuovo das Museo Civico, das Museum der Stadtgeschichte.

Anfang des 17. Jahrhunderts ließen sich die spanischen Vizekönige nebenan den **Palazzo Reale** als repräsentative Königsresidenz erbauen, von den Bourbonen wurde sie später glanzvoll erweitert. Nach schweren Schäden durch die Bombardements 1943 wurde die ehemalige Königsresidenz mit dem fürstlichen Treppenhaus, den Königlichen Gemächern, Thronsaal, Kapelle und Hoftheater sorgfältig renoviert und ist heute einer der Hauptanziehungspunkte für Neapel-Besucher.
www.palazzo-reale.tickets-naples.com

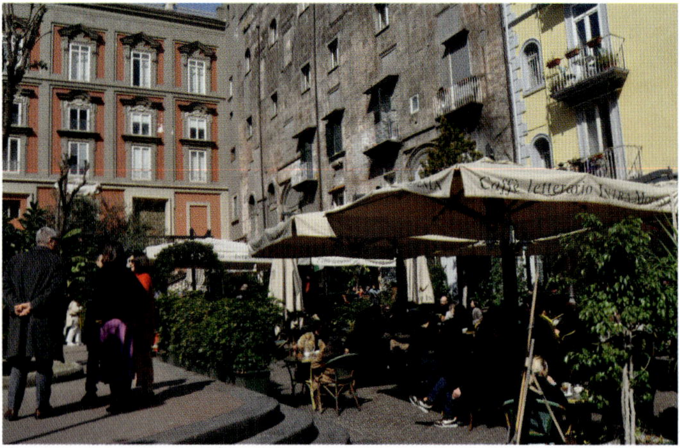

Neapel – Ruhige Cafés an der Piazza Bellini

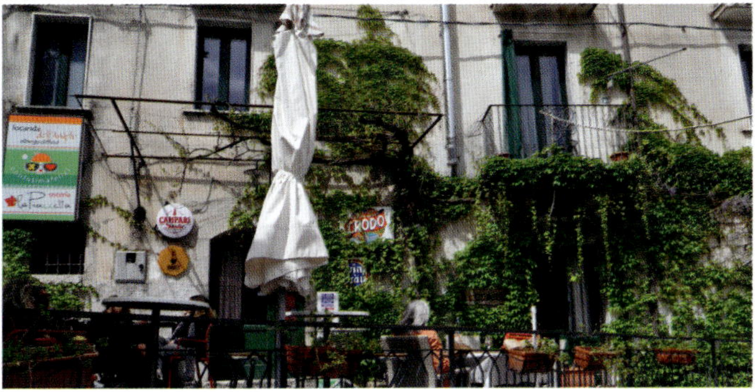

Valle dell'Angelo – Osteria La Piazzetta

Zum höfischen und gesellschaftlichen Leben, das sich in diesem Viertel entwickelte, gehörten auch das Teatro San Carlo, die Galleria Umberto I. und das Cafè Gambrinus. Mit dem 1737 eingeweihten **Teatro San Carlo** setzte sich Karl III. von Bourbon ein prunkvolles Denkmal; das 3.000 Zuschauer fassende Opernhaus galt seinerzeit als schönstes und größtes der Welt. Ein Meisterwerk aus Glas und Eisen entstand Ende des 19. Jahrhunderts in der Nachbarschaft: Die **Galleria Umberto I.**, eine kreuzförmige Geschäftspassage mit einer 57 Meter hohen Glaskuppel im Stil der Neorenaissance. Das Nobelcafé **Gambrinus** war zur Belle-Époque-Zeit Treffpunkt der Künstler und Intellektuellen und ist bis heute unverändert erhalten.

Vomero

Bis ins 19. Jahrhundert war der **Vomero**, der 250 Meter hohe Hügel nahe der Altstadt, nur spärlich besiedelt. Zwei kleine Dörfer, Bauernhöfe, herzogliche Villen mit riesigen Parkanlagen, das Kartäuserkloster San Martino und die gewaltige Festung Sant'Elmo auf der Spitze prägten das Bild. Das änderte sich, als ab der Mitte des 19. Jahrhunderts Straßen und Seilbahnen (Funiculari) den Vomero erschlossen. Rasch entwickelte sich ein schickes Viertel im Belle-Époque-Charakter. Sein Ende besiegelten die Bauspekulationen in der Nachkriegszeit. Dichte Wohnsiedlungen ersetzten die Villen und Gärten. Die Certosa di San Martino, das Castel Sant'Elmo und die Villa Floridiana erinnern noch heute an die alten Zeiten.

Mit ihrer barocken Klosterkirche, dem gotischen Kreuzgang, dem Garten mit Panoramablick und Museum präsentiert sich **Certosa** heute vielfältig. Karl von Anjou legte 1325 den Grundstein zum Bau des Kartäuserklosters, der malerische Kreuzgang stammt noch aus dieser Zeit. Im Laufe der Jahrhunderte wurde die gotische Anlage erweitert und im 17. Jahrhundert barockisiert. Seit 1866 ist in dem um zwei Kreuzgänge angelegten Kloster das Museo Nazionale di San Martino untergebracht, das neben Ansichten des alten Neapel Möbel, Kunstgewerbe und die einzigartige Sammlung neapolitanischer Krippen präsentiert.

Castel Sant'Elmo, die Krone des Vomero, wurde von Robert dem Weisen 1343 als Fort angelegt und unter Vizekönig Don Pedro di Toledo Mitte des 16. Jahrhunderts zur uneinnehmbaren Festung ausgebaut. Sie beherbergte jahrhundertelang eine Garnison, das Gericht und ein eigenes Gefängnis. Die starke Befestigung wurde ihr fast zum Verhängnis. Als 1587 der Blitz in das Munitionslager einschlug, wurden 150 Menschen getötet, die Kirche und der Burgherrentrakt zerstört. Letzterer wurde wieder aufgebaut, das sorgfältig restaurierte Fort dient heute als Kongress- und Ausstellungszentrum.

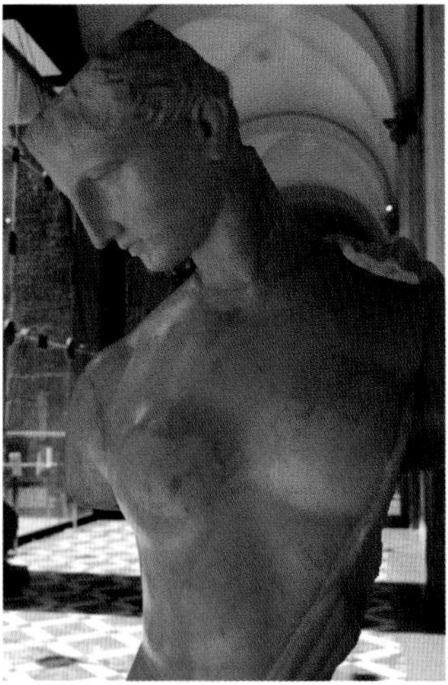

Psyche, archäologisches Museum (Neapel)

Die **Villa Floridiana** ließ König Ferdinand I. 1817 bis 1819 für seine Gemahlin Lucia, Herzogin von Floridia, in aussichtsreicher Lage über der Stadt bauen. Die klassizistische Villa im terrassenförmigen Park mit vielen Wegen, Belvederes, künstlichen Ruinen und Brunnen gilt als eine der schönsten ihrer Art in Neapel und ist seit 1910 in Staatsbesitz. Sie beherbergt heute das Porzellan- und Majoliken-Museum mit wertvollen Stücken aus den wichtigsten europäischen und orientalischen Manufakturen. www.de.napolike.com

Archäologisches Nationalmuseum
Der großzügige Museumsbau Palazzo dei Regi Studi, ursprünglich als Kaserne konzipiert, war von 1616 bis 1777 Sitz der Universität. Nach der wahren Flut von Marmorstatuen, Bronzen, Fresken und Mosaiken, die in Pompeji und Herculaneum ausgegraben wurden, beschloss Ferdinand IV. diese neuen Schätze mit den Beständen seiner **Farnesischen Sammlung** in einem großen enzyklopädischen Museum zu vereinen. Das 1818 fertiggestellte Museum widmet sich ganz der Antike und ist das weltweit größte seiner Art. Zu den herausragenden Objekten zählen der Farnesische Stier, die größte Figurengruppe der Antike, der Farnesische Herkules, ein Koloss von 3,17 m Größe und eines der schönsten Mosaike des Altertums. Die Alexanderschlacht, die vormals den Boden im Haus des Fauns in Pompeji zierte. www.museo-archeologico.tickets-naples.com

Capodimonte – Museum und Park
Park und Königspalast sind ein Beispiel für das harmonische Nebenei-

nander von Natur und Architektur. 1738 gab Karl III. von Bourbon den Auftrag, in der herrlichen Landschaft am Capodimonte-Hügel, seinem beliebten Jagdrevier, einen Park mit Königspalast für die wertvolle Farnesische Sammlung zu errichten, die später in das Archäologische Nationalmuseum überführt wurde.
Im **Museumspalast** in Capodimonte verblieb eine der umfangreichsten Sammlungen Europas an Gemälden: Andrea Mantegna, Pieter Bruegel d. Ä., Raffael, Tizian, Masaccio, Corregio, Parmigianino, Caravaggio, Goya – fast alle große Namen der italienischen und europäischen Malerei vom Mittelalter bis ins 19. Jahrhundert sind mit hervorragenden Werken vertreten. Bemerkenswert sind auch die Gobelin- und Waffensammlung sowie das Porzellankabinett, das an die berühmte Porzellanmanufaktur Capodimonte erinnert.

Den Palast umgibt ein weitläufiger **Park** von 124 Hektar Größe. Den bewaldeten Teil gestaltete Ferdinando Sanfelice als fächerförmige Anlage mit Mischvegetation aus Steineiche, Linde, Ahorn und Sträuchern. Franz I. von Bourbon ließ 1828 in der Mitte des Fächers einen Fürstenpavillon errichten und das Gelände um den Königspalast im Stil einer englischen Parkanlage umgestalten. Seither prägen weitläufige Rasenflächen, unterbrochen von frei stehenden Baumgruppen, das Bild im vorderen Teil des Parks. www.museocapodimonte.tickets-naples.com

Stätten der Wissenschaft und Volksbildung
Im 19. Jahrhundert wurden auch in Neapel wissenschaftliche Institutionen geschaffen, die ihre Funktion in etwas veränderter Art bis heute erfüllen und als herausragende Beispiele neoklassizistischer Architektur gelten.

Das **Observatorium** auf dem Miradois-Hügel, das **Aquarium** – das älteste Europas – in der Villa Comunale, der ersten öffentlichen Gartenanlage Neapels, und der 12 Hektar große **Orto Botanico**. Er dient vor allem wissenschaftlichen Zwecken, steht aber begrenzt auch der Bevölkerung offen:
Von Montag bis Freitag von 9 bis 14 Uhr kann man hier zwischen 9.000 Pflanzenarten spazieren.

Pompeji und Herculaneum: Versunkene Römerstädte
Ein unerwartet heftiger Ausbruch des Vesuvs im Jahr 79 n. Chr. erstickte die vitale Handelsstadt Pompeji mit ihren reich bemalten Häusern, Geschäften, Tavernen, Thermen, Forum und Amphitheater unter einer 5 m dicken Decke aus Asche und Lapilli, das kleinere Herculaneum wurde von einer Schlammlawine begraben. Was für die Bewohner eine Katastrophe war, entpuppte sich für die Nachwelt als Glücksfall – die 1748 begonnenen und bis heute andauernden systematischen Grabungen fördern immer wieder spektakuläre Funde zu Tage und machten Pompeji zur berühmtesten Ausgrabungsstätte der Welt. Neben aller Pracht sind am berührendsten die Gipsabgüsse von fliehenden und sterbenden Menschen, die der Katastrophe nicht entkommen konnten.

Anfahrt mit der Circumvesuviana, Station Pompei Scavi.
www.pompeiisites.org

... Capri

Villa San Michele und Axel-Munthe-Museum

Geschäfte mit Kunstgewerbeartikeln und prachtvolle Villen säumen die Via Axel Munthe, die zum einstigen Wohnsitz des Leibarztes der schwedischen Königin Victoria am Rande von Anacapri führt. 1887 hatte sich Axel Munthe (1857 bis 1949) auf Capri niedergelassen und ein Landgut mit Ruinen einer römischen Villa und der mittelalterlichen Kapelle San Michele gekauft. Hier erfüllte er sich ab 1896 seinen Lebenstraum, den Bau einer Villa in Panoramalage am oberen Ende der phönizischen Treppe. Die Ruinen wurden weitgehend erhalten und in den Garten integriert, ebenso die Kapelle. Munthe sammelte antike Kunstwerke, die das Innere der Villa sowie die Terrassen, Pergolen und Loggien zieren, Prunkstück ist die rotmarmorne ägyptische Sphinx als Wächterin auf der Balustrade mit herrlichem Blick über den Golf von Neapel.

Die Villa und ihr Bau sind ein zentrales Thema des autobiografischen Romans und in mehr als 50 Sprachen übersetzten Bestsellers „Das Buch von San Michele", mit dem Axel Munthe 1929 dem Capri-Tourismus einen entscheidenden Impuls gegeben hatte.

Heute befindet sich die Villa im Besitz der schwedischen Axel-Munthe-Stiftung, sie ist täglich geöffnet, das Café Casa Oliv von April bis Oktober, im Sommer finden Kulturveranstaltungen statt. www.sanmichele.org

... Badefreunde

Schöne und viel besuchte Badestrände gibt es in der gesamten Region: Die Spiaggia dei Maronti ist der längste und bekannteste Strand auf **Ischia**, die Baia di San Montano bei Lacco Ameno gilt vielen als der schönste. Das beliebteste Baderevier der **Halbinsel von Sorrent** und

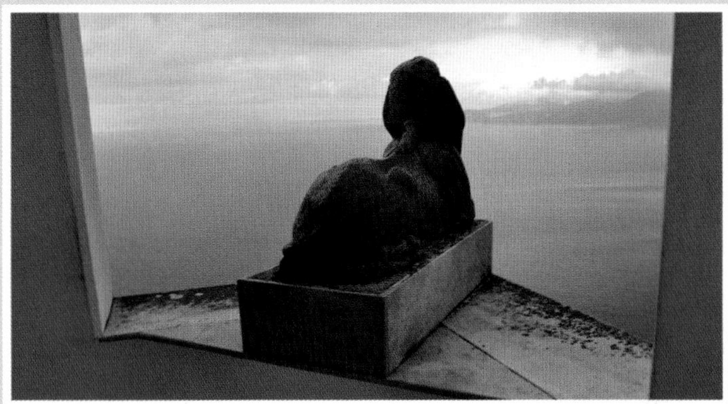

Sphinx in der Villa San Michele

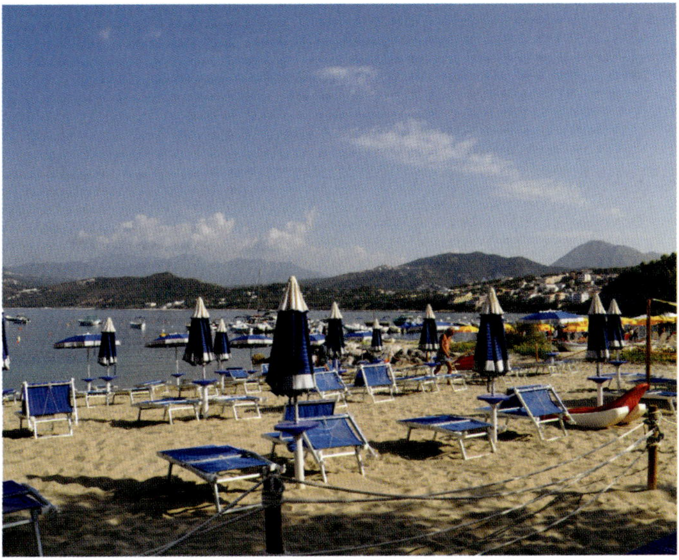

Strand bei Palinuro

im Hochsommer entsprechend voll ist Marina del Cantone, besonders romantisch sind die von Kalkfelsen eingerahmten Buchten von Recommone und Crapolla.

Kilometerlange familienfreundliche Sandstrände und versteckte Buchten in Felsküsten laden im **Cilento** von April bis Anfang Oktober zum Baden ein. Unansehliche Massenquartiere findet man hier nicht, das Meer ist sauber und klar, seit Jahren weht die blaue Flagge über den Stränden von Castellabate, Acciaroli, Pioppi, Ascea und Pisicotta. Nur im Hochsommer pulsiert italienisches Strandleben, in der Vor- und Nachsaison ist's angenehm ruhig.

… Naturliebhaber

In den Kalkregionen des Cilento gibt es zahlreiche eindrucksvolle Karsterscheinungen wie das große Schluckloch des Bussento bei Caselle in Pittari oder die Dolinen am Monte Cervati. Besonders spektakulär sind die **Tropfsteinhöhlen** von **Castelcivita** im Valle del Calore und die **Grotta di Pertosa** nördlich des Valle di Diano. Beide Höhlen sind Touristenattraktionen und bieten geführte, mehrere Kilometer lange Rundgänge zu prächtigen Tropfsteinformationen an. Die Temperatur in den Höhlen beträgt konstant 16 Grad, festes Schuhwerk ist erforderlich.
www.grottedicastelcivita.com
www.grottedipertosa-auletta.it

ÜBERNACHTUNGSVERZEICHNIS

Neapel

Neapel .... Plz 80148
Hotel Piazza Bellini, 80148 Napoli, Via S. M. Di Costantinopoli 101, Tel. +39081451732
Domus Studio 25, 80148 Napoli, Via Giovanni Palodino 25, Tel. +393756148989
B&B Casa del Monacone, Via Sanità 124 0817443714 www.casadelmonacone.it

Ischia

Ischia Porto .... Plz 80077
Albergo Rivamare, Via Enea 28, Tel. 081992121 www.rivamareischia.it

Sant'Angelo .... Plz 80070
Agriturismo Il Gardino del Nonno, Via Fondolillo 9, Tel. 081999833
www.ilgiardinodelnonno.it

Forio .... Plz 80075
Appartamenti Villa Annunziata, Via Cesa 4, Tel. 3887562367

Lacco Ameno .... Plz 80076
Hotel Villa Angelica, Via IV. Novembre 22, Tel.: 081994524 www.villaangelica.it

Casamicciola Terme .... Plz 80074
Grifo Hotel, Via Mote Tabor 29, Tel. 081980182 www.grifohotel.it

Capri

Capri .... Plz 80073
Belvedere e Tre Re, Via Marina Grande 264, Tel. 0818370345
www.Belvedere-tre-re.com
B&B La Musa, Via Marina Piccola 22, Tel. 0818378019 www.lamusacapri.com
Anacapri: B&B Il Vicolo, Via Boffe 47, Tel. 0818371377 www.ilvicoloanacapri.it

Sorrent

Sorrento .... Plz 80067
B&B Casa Astarita, Corso Italia 67, 0818774906 www.casastarita.com
Chalet Lidia, Via Sopra de Mura 11, Tel. 3331029346 www.chalet-lidia.business.site
Camping Santa Fortunata Campogaio, Tel. 0818073574 www.santafortunata.com

Sant'Agata sui due Golfi .... **Plz 80061**
Agriturismo Fattoria Terranova, 80064, Via Nastro Azzurro 23, Tel. 0815330234
www.fattoriaterranova.it

Amalfi

Agerola .... **Plz 84011**
Agriturismo Mare e Monti, Via Santa Lucia 26, Tel. 3401577236
www.agriturismocostieraamalfitana.com
Jugendherberge, Camping: Ostello Beata Solitudo, Piazza G. Avitabile 4,
Tel. 0818025048 www.beatasolitudo.it

Atrani .... **Plz 84010**
B&B Me.Fra, Via Giardinello 12, Tel. 3334231222 www.mefracamere.it

Minori .... **Plz 84010**
Casa Amorino, Via Villamena 3, Tel. 089853375 www.casaamorino.it

Maiori .... **Plz 84010**
Hotel De Rosa, Via degli Orti 24, Tel. +39089877031
Maiori Dream House, Via Vecchia Chiunzi 41, Tel. 0393339583036

Cilento

Santa Maria di Castellabate .... **Plz 84048**
Casino di Mare, I Traversa di Lungomare Bracale, Tel. 3280170599
www.casinodimare.it

Valle dell'Angelo .... **Plz 84070**
B&B, Osteria La Piazzetta, Piazza Canonico Iannuzzi 1, Tel. 0974942008

Corleto Monforte .... **Plz 84020**
B&B La Veduta, Via Sandro Pertini, Tel. 3385927587

Rofrano .... **Plz 84070**
Agriturismo Il Convivio, Loc. Torno 16, Tel. 3398246159

Pisciotta .... **Plz 84066**
La Casa sul blu, Via Praiano 2, Tel. 3381955502 www.lacasasulblu.it

Allgemeine Infos und Ferienhäuser im Cilento: www.cilentonelmondo.it

TOURISMUSBÜROS, NOTRUF

TI Neapel
Piazza Castello
Maschio Angioino
I-80133 Neapel
Tel. 0812 75202
www.de.napolike.com

TI Ischia
Via Iasolino 7
I-80077 Ischia Porto
Tel. 0819 84163
www.pithecusa.com

TI Capri
Piazza Umberto I.
Im Glockenturm
I-80073 Capri-Stadt
Tel. 0818 370686
www.capritourism.com

TI Sorrent
Via Luigi de Maio 35
I-80067 Sorrento
Tel. 0818 074033
www.sorrentotourism.com

TI Amalfi
Via delle Repubbliche Marinare
I-84011 Amalfi
Tel. 0898 71107
www.amalfitouristoffice.it

TI Cilento
Via Lungomare Trieste 7/9
I-84121 Salerno
Tel. 0892 31432
www.eptsalerno.it

Parco Nazionale del Cilento e Valle di Diano
Vallo della Lucania
I-84078
Tel. 0974 7199200
www.cilentoediano.it

Notrufe
Vorwahl Italien: 0039
Allgemeiner Notruf: 112

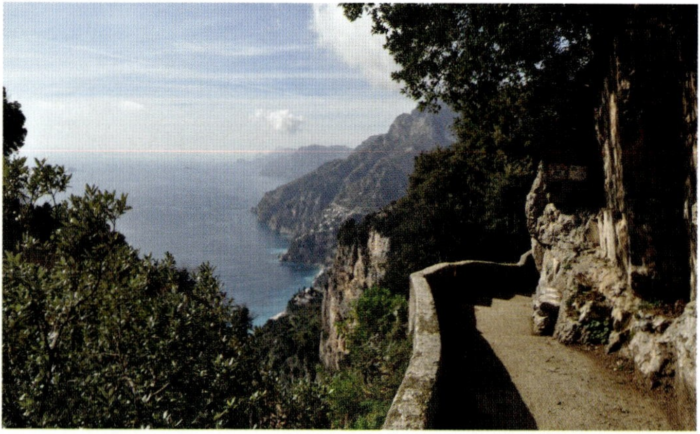

Bei Nocelle (Tour 28)

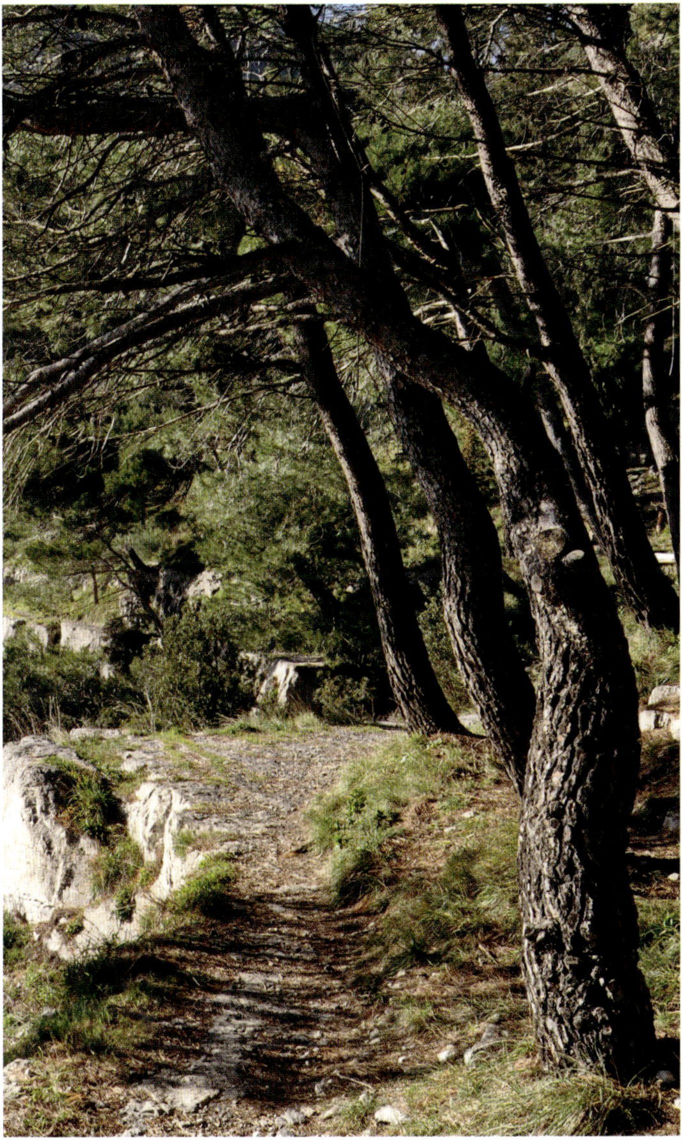

Weg nach Montepertuso

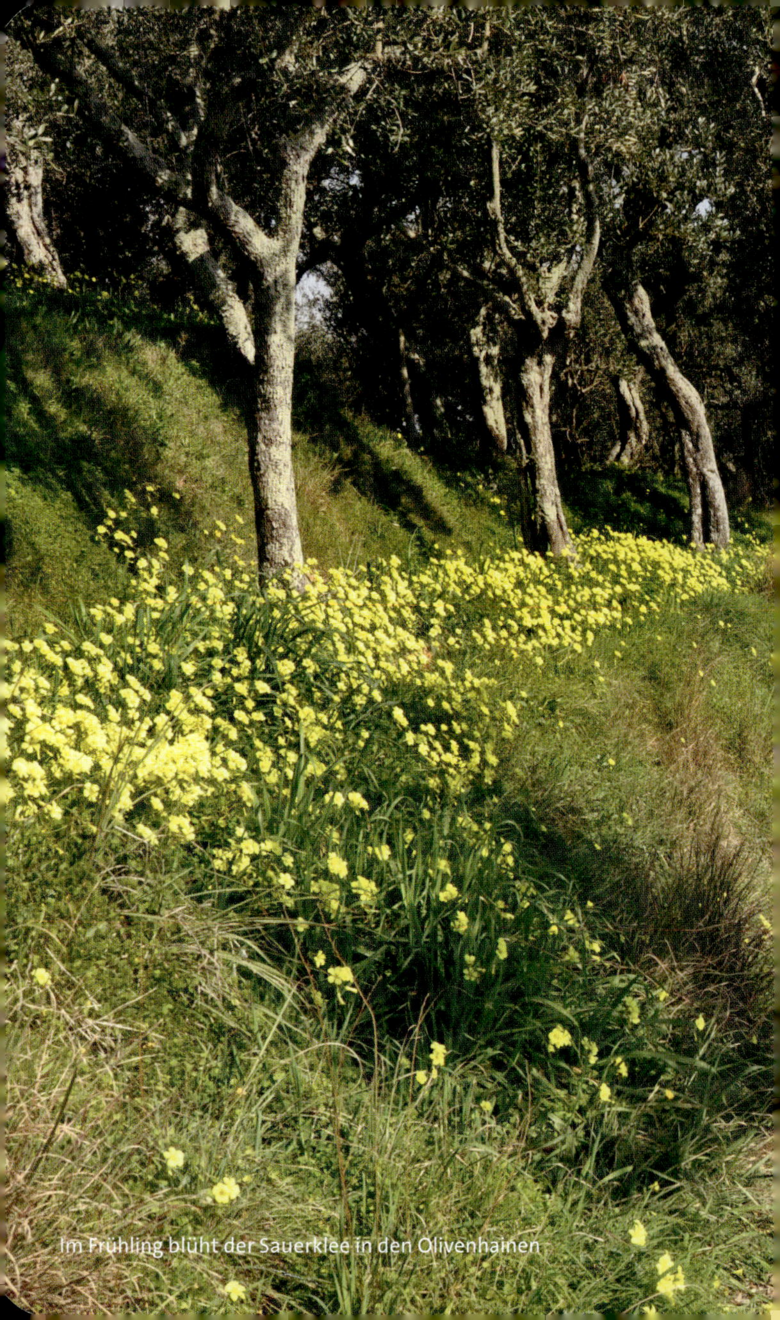

Im Frühling blüht der Sauerklee in den Olivenhainen

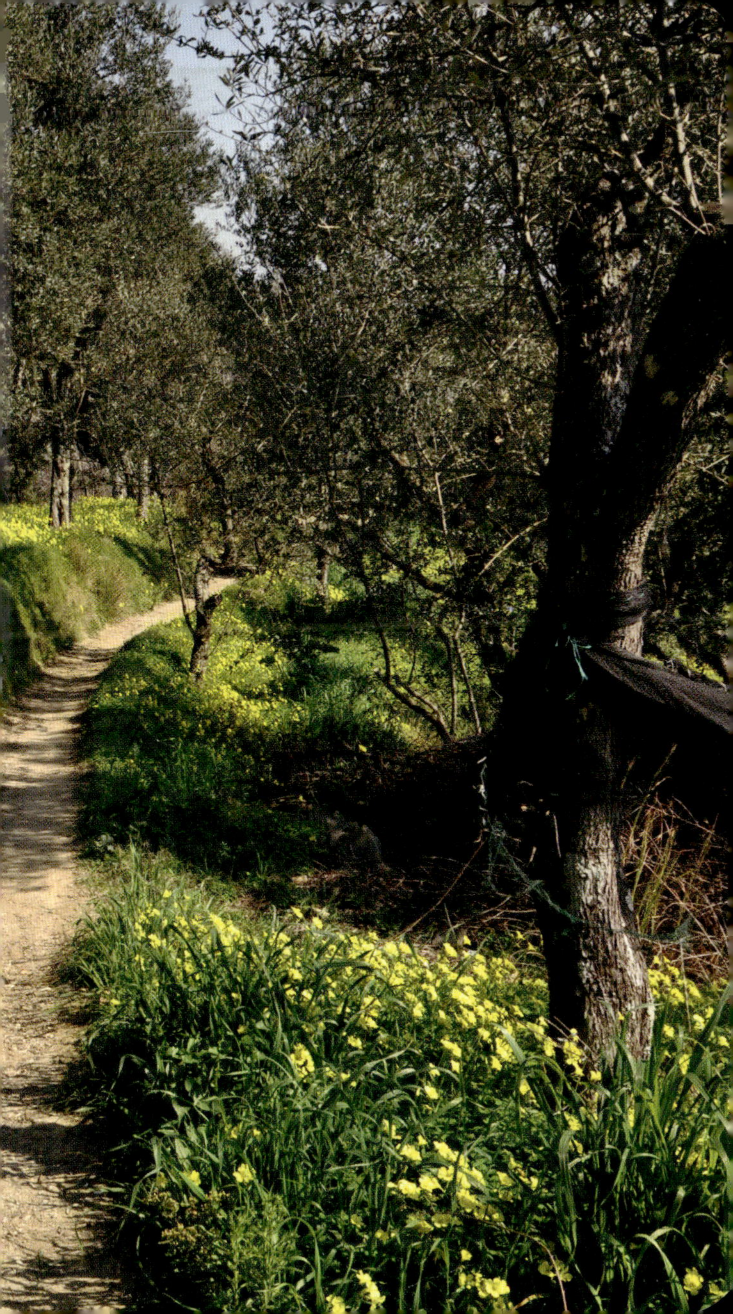

IMPRESSUM

1. Auflage 2023 Verlagsnummer 5775 ISBN 978-3-99121-678-0

Text und Fotografie: Franz Wille

Titelbild: Capri, Steilküste bei den Faraglioni (© Franz Wille)

Grafische Herstellung und Wanderkartenausschnitte:
© KOMPASS-Karten GmbH
OpenStreetMap Contributors (www.openstreetmap.org)
Kartengrundlage für Gebietsübersichtskarte S. 12-13, U4:
© MairDumont, D-73751 Ostfildern 4

Alle Angaben und Routenbeschreibungen wurden nach bestem Wissen
mäß unserer derzeitigen Informationslage gemacht. Die Wanderungen w
den sehr sorgfältig ausgewählt und beschrieben, Schwierigkeiten werc
im Text kurz angegeben. Es können jedoch Änderungen an Wegen und
aktuellen Naturzustand eintreten. Wanderer und alle Kartenbenützer m
sen darauf achten, dass aufgrund ständiger Veränderungen die Wegzust
de bezüglich Begehbarkeit sich nicht mit den Angaben in der Karte decl
müssen. Bei der großen Fülle des bearbeiteten Materials sind daher vere
zelte Fehler und Unstimmigkeiten nicht vermeidbar. Die Verwendung c
ses Führers erfolgt ausschließlich auf eigenes Risiko und auf eigene Gefa
somit eigenverantwortlich. Eine Haftung für etwaige Unfälle oder Schäc
jeder Art wird daher nicht übernommen. Für Berichtigungen und Verbes
rungsvorschläge ist die Redaktion stets dankbar. Korrekturhinweise bitte
folgende Anschrift:

KOMPASS-Karten GmbH
Karl-Kapferer-Straße 5, A-6020 Innsbruck
www.kompass.de/service/kontakt

FSC
www.fsc.org
MIX
Papier aus verantwortungsvollen Quellen
FSC® C015829